Bera

RAËL
Journal d'une infiltrée

Brigitte McCann

RAËL
Journal d'une infiltrée

QUEBECOR MEDIA

Données de catalogage avant publication
McCann, Brigitte
  Raël : journal d'une infiltrée
  ISBN 2-7604-0957-0
  1. Mouvement raëlien.
  2. Raël, 1946-.
  3. Mouvement raëlien canadien. I. Titre.
  BP605.R338M32   2004   299   C2004-940379-6

Le Journal de Montréal est le propriétaire de l'histoire qui fait la matière du présent ouvrage.

Infographie et mise en pages : Folio infographie

Maquette de la couverture : Danielle Péret

Photographie de la page couverture : Chantal Poirier

Les Éditions internationales Alain Stanké remercient le ministère du Patrimoine canadien, le Conseil des Arts du Canada, la Société de développement des entreprises culturelles du Québec (SODEC) et le Programme de crédit d'impôt du Gouvernement du Québec du soutien accordé à son programme de publication.

Tous droits de traduction et d'adaptation réservés ; toute reproduction d'un extrait quelconque de ce livre par quelque procédé que ce soit, et notamment par photocopie ou microfilm, est strictement interdite sans l'autorisation écrite de l'éditeur.

© 2004, Les Éditions internationales Alain Stanké

Les Éditions internationales Alain Stanké
7, chemin Bates
Outremont (Québec) H2V 4V7
Tél. : 396-5151
Téléc. : 396-0440
editions@stanke.com

Stanké international, Paris
Tél. : 01.40.26.33.60
Téléc. : 01.40.26.33.60

Dépôt légal :
2ᵉ trimestre 2004

ISBN : 2-7604-0957-0

Diffusion au Canada : Québec-Livres
Diffusion hors Canada : Vivendi (VUP'S)

Nous avons préservé l'anonymat de tous les membres du mouvement raëlien n'occupant aucun poste ou n'ayant aucune responsabilité. Leurs noms ont donc été changés. Seules les réelles identités des dirigeants et de divers responsables ont été dévoilées.

Les visages de ces dirigeants et responsables apparaissent tels quels sur les photographies de cet ouvrage. Quant aux simples membres du mouvement, leur visage a été brouillé afin de préserver leur anonymat.

*Je ne peux pas prouver que ce que je dis est vrai,
mais vous ne pouvez pas prouver que ce que je dis est faux.*

Raël
(Entrevue avec le quotidien *Le Monde*, décembre 2002)

Préface

La vie dans une salle de rédaction est souvent bien différente de l'image que s'en fait le public. Au cinéma, les journalistes roulent au volant de grosses voitures, vivent dans des appartements somptueux et publient des *scoops* tous les deux jours. La réalité est tout autre. Le journalisme au quotidien est beaucoup moins *glamour* et souvent monotone.

En 40 ans de carrière, des dizaines de collègues m'ont confié leur plus grand rêve : se lancer dans une enquête de longue haleine ! Hélas, bien peu y parviennent. Mes collègues du *Journal de Montréal*, Brigitte McCann et Chantal Poirier, ont eu l'occasion d'enquêter, pendant neuf mois, sur le mouvement raëlien et ses soi-disant bébés clonés.

Une telle recherche apporte son lot insoupçonné de difficultés. D'abord, rares sont ceux qui échappent aux contraintes de productivité des salles de rédaction. Peu de médias ont les moyens de se passer d'un journaliste pendant des mois pour le laisser approfondir un seul sujet. Rentabilité oblige, la plupart des enquêtes visent à obtenir un reportage-choc en quelques jours.

Ensuite, pour le même salaire, peu de journalistes sont prêts à subir la dose supplémentaire de risques, de pression et de stress invariablement liée à une enquête au long cours. La plupart préfèrent se cantonner dans l'horaire « normal » d'un journaliste d'actualité, lequel déborde régulièrement les limites du 9 à 5.

S'il est parfois envié parce qu'il a le champ libre, le journaliste d'enquête est aussi « seul devant la bête ». Le niveau d'impact de son reportage repose entièrement sur l'énergie qu'il mettra à fouiller toutes les pistes et à trouver les réponses aux questions qui surgissent en chemin. Il s'agit presque toujours d'une véritable course contre la montre. Le sujet envahira sa vie jusqu'à ce qu'il se bute au fil d'arrivée du *deadline*.

Les risques de poursuites ne simplifient en rien la tâche du journaliste. Plus un reportage aura de l'impact, plus les individus concernés, qui n'ont parfois plus rien à perdre, seront portés à se tourner vers les tribunaux. Justifiées ou non, les poursuites ne sont jamais des à-côtés agréables pour les journalistes, déjà aux prises avec bien d'autres pressions. Malheureusement, je peux aussi témoigner des risques bien réels de représailles physiques, ayant moi-même été victime d'une tentative d'assassinat en raison de mes enquêtes sur le crime organisé québécois.

Le journalisme d'enquête est primordial dans notre société. Si, à la base, ce genre de reportage informe, il fait aussi réfléchir le public et provoque d'importants changements.

Brigitte et Chantal ont démontré beaucoup de courage. De tous les journalistes qui ont enquêté sur ce mouvement dirigé par des imposteurs, aucun n'est allé aussi loin qu'elles. Il en est résulté une série étoffée, composée d'articles percutants et troublants. Publiée du 7 au 13 octobre 2003, cette série-choc a fait le tour du monde. Tous les faits sont là, fruit de neuf mois de sueur, de ténacité et de débrouillardise.

Le document que vous avez entre les mains est le récit détaillé d'une infiltration riche en rebondissements et, surtout, un témoignage unique qui vous mènera au cœur d'un mouvement religieux des plus étranges.

Ce livre de bord est une belle aventure journalistique qui fait la lumière sur un canular d'envergure internationale — un grand reportage comme on n'en voit que très peu.

Bonne lecture à tous.

MICHEL AUGER
Journaliste

Prologue

Le 27 décembre 2002, le Dr Brigitte Boisselier, « évêque » du mouvement ufologique des raëliens, annonce aux médias du monde la naissance d'un premier clone humain lors d'une conférence de presse tenue dans un hôtel d'Hollywood, en Floride.

Seule devant le micro, la directrice scientifique de Clonaid affirme avec aplomb qu'une Américaine de 31 ans a donné naissance, la veille, à son propre clone. Baptisée Ève, la petite fille de 3,2 kilos serait née par césarienne, dans un lieu gardé secret.

Chimiste française, Boisselier, 46 ans, ne présente aucune preuve de sa prétendue révolution scientifique. Elle n'est accompagnée ni du soi-disant bébé cloné ni de ses parents. L'ex-chargée de cours du collège Hamilton, dans l'État de New York, promet cependant d'apporter des preuves dans les prochains jours. Sa seule caution, dans l'immédiat : un journaliste de la chaîne de télévision ABC, Michael Guillen. Présent à la conférence de presse, celui-ci affirme avoir accepté de superviser des tests d'ADN sur la mère et l'enfant.

Il n'en fallait pas plus pour que l'annonce se répande comme une traînée de poudre dans le monde entier. CNN, France 2, *AFP*, *Le Monde*... Affamés par la pénurie d'actualités en cette période des fêtes, les plus grands médias s'arrachent les entrevues avec Boisselier et son « prophète », Claude Vorilhon, alias Raël.

Des douzaines de journalistes des quatre coins du globe débarquent au Québec pour visiter UFOland, le quartier général du mouvement raëlien. Situé au milieu de nulle part, entre les champs et les forêts de Maricourt, à quelque 150 kilomètres au sud de Montréal, le Musée d'interprétation de la vie extraterrestre est assailli par les caméras des télévisions canadiennes, américaines et européennes.

Les dirigeants raëliens jubilent. Ils profitent des entrevues pour faire la promotion de leur groupe religieux, dont la doctrine affirme que des extraterrestres ont « cloné » les premiers humains en laboratoire, il y a 25 000 ans.

La nouvelle ébranle la communauté scientifique internationale, dont les spécialistes soupçonnent vite un « coup de bluff ». Les créateurs de Dolly, la première brebis clonée en 1996, affirment être indignés et dégoûtés face aux risques énormes pour la santé de la petite Ève.

« On est vraiment dans l'absurde et le scandaleux ! », s'insurge le généticien français Axel Kahn, dans une entrevue à l'*AFP*. Le chercheur souligne que le taux de réussite du clonage est tout au plus de 1 % chez les animaux, qualifiant le clonage humain reproductif de « crime contre l'humanité ».

Même le Vatican condamne le présumé clonage d'un humain comme étant « l'expression d'une mentalité brutale, dénuée de toute considération éthique et humaine », selon une entrevue de l'*Associated Press*.

Des experts de plusieurs pays réclament des lois interdisant le clonage humain. L'Agence américaine des aliments et drogues[1] ouvre une enquête visant à déterminer si les raëliens ont violé la loi américaine.

Le 31 décembre, un avocat de la Floride, Bernard Siegel, dépose une plainte à la Cour afin que la justice américaine retire la garde du présumé clone à ses parents, affirmant que le bébé est un « cobaye humain » au centre d'une « dangereuse expérience médicale ». Le juge rejette la cause lorsque Boisselier affirme sous serment que le bébé ne se trouve pas en sol américain.

Tous ces rebondissements n'empêchent pas la directrice de Clonaid d'annoncer la naissance non prouvée d'un second clone le 5 janvier. Elle défraie de nouveau les manchettes. Le même jour, RDI[2] diffuse un vidéoclip montrant Raël et Boisselier enregistrés à leur insu avant une entrevue. « Il faut faire pleurer les familles », dit Vorilhon. « Oui », répond Boisselier. « Pour que les familles, là, les mères, qu'elles sortent les mouchoirs… », renchérit le gourou.

Deux jours plus tard, le journaliste Michael Guillen, seule caution de Clonaid, renonce à son rôle de vérificateur, évoquant la possibilité d'une « supercherie élaborée destinée à apporter une publicité au mouvement raëlien ».

---

1. Food and Drug Aministration ou FDA.
2. Réseau de l'information de Radio-Canada.

À la fin janvier, coup de théâtre : Boisselier affirme sous serment n'avoir jamais eu de contact avec Ève. «Je n'ai pas vu le bébé. Je n'ai vu que des vidéos», dit-elle à un tribunal de la Floride, selon l'*AFP*.

Au moment d'écrire ces lignes, Vorilhon déclare à qui veut l'entendre que l'annonce du clonage humain a rapporté l'équivalent de 750 millions de dollars de publicité au mouvement raëlien. Et, malgré ses nombreuses promesses, Brigitte Boisselier n'a toujours fourni aucune preuve de son soi-disant exploit...

PREMIÈRE PARTIE
L'initiation

mardi 21 janvier

Ce n'était même pas mon idée.
Hier, c'était mon dernier jour de congé. J'ai encore la tête pleine de souvenirs des vacances de Noël. À mon bureau, dans la salle des nouvelles à moitié vide, je consulte tranquillement mes courriers électroniques. Surtout des envois automatiques des unes du *New York Times*. Pas de *scoops*. Juste la routine. Tiens, notre Raël national démarre une pouponnière de clones. Qu'est-ce qu'il ne ferait pas pour...
Tout à coup, mon boss, Dany Doucet, crie mon nom sans lever le nez de son ordinateur.
Aussitôt, je vais le rejoindre dans son bureau vitré, situé face au mien. Après une petite pause, il se tourne vers moi et me pose *la* question :
— Est-ce que ça te tenterait de devenir raëlienne ?
Silence.
J'ouvre grands les yeux.
Son regard rivé sur le mien, mon boss attend. Il faut que je me décide, et vite. Il n'aime pas les journalistes qui manquent d'enthousiasme. Surtout lorsqu'il leur offre le reportage de leur vie sur un plateau d'argent. Après quatre secondes, je sens que le délai expire. D'instinct, je réponds :
— Euh... ou... oui.
Dans les minutes qui suivent, j'imagine toutes les possibilités d'une telle « mission » : les coulisses du groupe religieux le plus médiatisé au monde, le clonage, le sexe, les extraterrestres, l'argent... Rapidement, je me rends compte aussi que j'ai le physique de l'emploi. Je ne suis ni belle ni laide. Je n'attire pas l'attention avec mes 29 ans, mon mètre 75, mes éternels jeans, mes cheveux et mes yeux foncés et mes allures de garçon manqué.
Je n'ai qu'une réticence : pas question de bâcler ça en trois semaines.
— J'ai combien de temps ?
— Le temps que tu veux.
— Des mois ?

— Oui.
Bonnes réponses.
— O.K., je vais le faire.
Je sors de son bureau.
C'est tout. Pas d'autres questions, Votre Honneur. Une décision éclair comme il s'en prend souvent, sans flafla, dans la salle du *Journal de Montréal*.
Mais, cette fois, je ne savais vraiment pas dans quoi je m'embarquais.
Lorsque je suis lâchée sur une nouvelle enquête, je sens toujours le même enivrement me gagner. J'ai l'impression que tout est possible.

J'ai eu un *feeling* semblable ces derniers mois en lançant mes dossiers sur les cours d'écoles abandonnées, l'obésité morbide, des alcootests défectueux, un vieil homme trompé par son tuteur. Toutefois, en quatre ans de métier, je n'ai jamais fait de journalisme d'infiltration. Dans la presse, au Québec, bien peu s'y sont aventurés. Cette technique d'investigation ne figure pas au programme des études universitaires de journalisme. Comment m'y prendre? Par où commencer?

Bizarrement, je déniche les principes de base de l'infiltration dans un de mes films préférés : *Reservoir Dogs*, un classique du cinéma américain, de Quentin Tarantino. Un agent double de la police reçoit ces précieux conseils avant d'infiltrer une bande de gangsters :

> Pour faire ce job, il faut que tu sois un merveilleux acteur. Il faut que tu sois naturel, naturel à l'os. [...] Tu mémorises ce qui est important, et le reste, tu te l'appropries, O.K.? Les choses dont tu dois te rappeler sont les détails. Ce sont les détails qui racontent ton histoire. Ce que tu dois faire, c'est de prendre tous les détails et te les approprier. Et pendant que tu fais ça, il faut que tu te rappelles que cette histoire, c'est la tienne.

Le policier meurt à la fin, mais bon.

Il me faut donc une identité fictive. Un nom, un métier, une adresse, un passé, que je connaîtrai sur le bout de mes doigts. Je décide de protéger ma véritable identité, mais sans trop m'en éloigner pour m'éviter des erreurs.

D'abord, ma vraie histoire. Dans le métier, je suis considérée comme une recrue. Je fais du journalisme d'enquête depuis quatre mois au *Journal de Montréal*, après y avoir couvert pendant un an meurtres, accidents, accouchements inusités et autres faits divers. J'ai été embauchée en 2001 par Dany Doucet. À l'époque, je travaillais comme suppléante au quotidien *La Presse* les week-ends et comme journaliste permanente à *La Voix de l'Est*, la semaine. C'est dans ce petit quotidien de Granby que j'ai fait mes classes pendant deux ans avant d'y être pêchée par le *Journal*, à l'automne 2001. Deux *scoops* peu banals m'ont valu mon job. En marge du 11 septembre, j'ai pincé un douanier en train de regarder un film pornographique pendant qu'une alerte à la bombe secouait le poste frontalier voisin. J'ai aussi obtenu la réaction exclusive de la Fondation Brigitte Bardot contre le projet de Delphinarium du zoo de Granby (le projet était abandonné peu après).

J'ai découvert mon futur métier dans un cours pris par hasard au cégep[1] Champlain de Lennoxville, en 1998. Mes tout premiers articles se sont retrouvés dans le journal de l'Université Bishop et dans le journal local, *The Record*. Ce fut le coup de foudre.

Cinq ans d'université et quatre ans de journalisme plus tard, mon job me passionne toujours au point d'y consacrer presque toute mon énergie, au détriment de ma vie sociale qui, je l'avoue, est quasi inexistante. Mais je ne m'en plains pas. La bière est bonne entre collègues. Pas de copain, pas d'enfant, pas de comptes à rendre sur mon horaire de fou. Pas le temps, de toute façon.

Maintenant, mon identité fictive. Après mûre réflexion, je décide de garder mon prénom. Ça évitera les malentendus. Par exemple, je pourrais tomber par hasard sur un ami alors que je me trouve avec un raëlien. Pour rire, je décide de m'appeler Brigitte Doucet, un nom assez courant inspiré par mon boss.

Mon personnage doit être crédible tout en m'assurant une marge de manœuvre. Je serai la fille gâtée et un peu paresseuse d'un riche PDG, fabricant de pièces de machinerie. La compagnie en question existe réellement. Elle appartient à une connaissance qui accepte de m'aider. En cas d'appels, la réceptionniste est avertie : mon nom fictif figure sur la liste des employés.

Ce n'est pas tout. J'ai besoin d'une position sérieuse, mais peu pointue, pour éviter les questions techniques auxquelles je ne pourrais répondre. Je choisis la tenue de livres. Je serai donc responsable des commandes, des factures, des chèques de paie, etc.

---

1. Collège d'enseignement général et professionnel. Prend place entre le secondaire et l'université.

Je décide aussi que mon personnage aura de très bonnes relations avec son père. J'aurai donc facilement beaucoup d'argent et un horaire flexible. J'espère que ça fera de moi une candidate intéressante pour le mouvement.

Il me reste un problème à régler : les communications. Pour ne pas éveiller de soupçons, Brigitte Doucet doit pouvoir être jointe en permanence par le mouvement. J'ai donc besoin d'une adresse électronique, d'une adresse postale et d'un numéro de téléphone anonymes.

Je crée un courriel au nom de Brigitte Doucet dans le site Internet de Hotmail. Pour 28 dollars, je loue une boîte postale pour trois mois dans un bureau de poste du quartier Hochelaga. J'adapte le message de la boîte vocale de mon téléphone cellulaire. Pendant neuf mois, j'y recevrai les appels des raëliens en plus de tous mes appels réguliers. Ce sont les seules coordonnées que je donnerai aux membres et à l'administration du mouvement.

Bon. Je suis prête.

J'ouvre Internet et je tape l'adresse du mouvement : www.rael.org. J'y trouve le calendrier des activités et un numéro de téléphone. J'apprends qu'il y a des rencontres d'information tous les mercredis. J'appelle.

Une dame répond. Je lui explique brièvement que je suis intéressée à me joindre au mouvement. Elle me renvoie à un certain Jean. Elle a juste le temps de me cracher son numéro de téléphone avant de se mettre à tousser à s'en arracher la gorge. Elle raccroche en râlant. Va-t-elle s'étouffer ?

Je téléphone à Jean. Il me confirme que les réunions hebdomadaires du mercredi sont destinées aux personnes désirant s'informer sur le mouvement. Elles attirent de deux à quatre curieux chaque semaine. Mais ce n'est pas lui non plus qui s'en occupe.

Il me donne un troisième numéro, celui de Martin Hétu. Il m'indique aussi deux adresses : celle des réunions du mercredi, rue Laurier, et celle des réunions mensuelles, à la salle du Gésu, rue Bleury. Avant de raccrocher, il m'offre d'acheter un livre sur le clonage. Je refuse poliment, étonnée par son mercantilisme.

Je compose le numéro du téléavertisseur de Martin Hétu en espérant enfin tomber sur la bonne personne. Il ne me rappelle pas.

Merde ! Tout ça est bien compliqué ! C'est la première fois — et ce ne sera pas la dernière — que je pesterai intérieurement contre cette organisation si... désorganisée.

Je fais un nouvel essai trois heures plus tard. Martin Hétu finit par me rappeler. Il me dit simplement de me présenter rue Laurier à 19 h 30, le lendemain.

J'y serai.

Avant de quitter le bureau, je lis tout ce qu'on possède en archives sur les raëliens. Dans le lot, je survole la série d'articles de *La Presse* publiée à la mi-janvier. Malgré les apparences de canular, le quotidien a jugé bon d'envoyer un journaliste jusqu'à Ambert, la ville française où Claude Vorilhon, alias Raël, a passé son enfance, pour dresser un portrait du gourou et de son mouvement.

mercredi 22 janvier

Mon premier contact avec le monde tordu de Raël aura lieu dans un logement au-dessus d'une pittoresque cantine, royaume du hamburger et de la frite. À 19 h 30 tapantes, je me présente avenue Laurier, à l'angle de la rue Chambord, sur le plateau Mont-Royal. Je sonne une fois. Deux fois.

Pas de réponse.

Il fait –22 °C. Je suis complètement gelée.

— Hellooo! E.T. phone home!?

Je tourne la poignée. La porte n'est pas verrouillée. J'entre et je monte les escaliers où flotte une odeur de frites graisseuses.

J'ai gravi cinq marches lorsqu'un grand mince en pantoufles ouvre une porte. C'est Martin Hétu, assistant-prêtre, raëlien depuis 22 ans. Les cheveux longs, blonds, il doit avoir près de 40 ans.

Il m'accueille avec un grand sourire et m'invite à passer au salon. Je passe devant la cuisine où discute un couple tout aussi souriant. Les locataires du logement?

Je suis Martin jusqu'au salon.... désert. Pas un chat. Où sont les autres «nouveaux»? Je me retrouve seule avec l'assistant-prêtre. À sa demande, je m'assois entre une table couverte de livres raëliens à vendre, une grande télévision et un futon. Je suis sur mes gardes. Toutes sortes de rumeurs courent sur les mœurs sexuelles dissipées des disciples de Raël. Plusieurs les soupçonnent de s'adonner à des orgies lors de leurs fameuses «méditations sensuelles». Que va-t-il se passer? Je m'installe tout au bout du futon, prête à bondir au moindre geste déplacé. Pas de méditation sensuelle privée pour moi ce soir!

À mon grand soulagement, Martin s'asseoit à l'autre bout. D'une voix douce, il me demande pourquoi je suis là. À moi de jouer. Je récite ma réponse :

— Je pense que c'est impossible qu'on soit seuls dans l'univers. Avec tout ce qu'on raconte sur vous dans les médias, j'ai voulu voir par moi-même qui vous êtes.

— Ah oui ? Eh bien, j'admire ton honnêteté intellectuelle ! C'est tout à ton honneur, ça ! Les médias racontent tellement n'importe quoi !

Touché. Atterrissage réussi, Houston. « *The Eagle has landed*[2]. »

Sans perdre une minute, il monologue ensuite sur les sujets suivants, dans l'ordre :

Le pape est un criminel.

Les médias ignorent délibérément les communiqués de presse des raëliens.

Nous sommes la création d'extraterrestres appelés Elohim.

Je l'écoute en m'efforçant de ne pas rire lorsque quatre jeunes anglophones aux vêtements griffés entrent dans le salon. Martin a l'air ravi de voir des nouveaux en aussi grand nombre. Je me dis qu'il se réjouit un peu trop vite.

Les quatre gaillards prennent des chaises et s'assoient, un sourire en coin. Celui qui se laisse tomber à côté de moi pue la marijuana.

— Nous sommes là par curiosité, on a entendu parler de vous dans les médias, explique Toby, en anglais.

Martin ne comprend rien. Il est unilingue. Gêné, il se tourne vers moi.

— Est-ce que tu peux faire ma traductrice ?

Oh ! mon vieux, la soirée va être longue !

Je traduis. Les quatre gars me prennent tout de suite pour une raëlienne. Je devrais m'en réjouir, mais ça me rend très mal à l'aise.

Lorsqu'il a compris, Martin avertit Toby :

— Les médias, c'est de la merde.

Pas besoin de traduction.

Un homme et une femme dans la vingtaine arrivent. Tout le monde est là, apparemment. Martin démarre une vidéo de cinq minutes présentée à chacune des sessions d'information du mercredi soir.

---

2. Phrase historique de Neil Armstrong à l'adresse de la NASA, peu après son alunissage en 1969. (L'Aigle a atterri.)

J'y apprends que Claude Vorilhon a été conçu en décembre 1945, le jour où une bombe nucléaire tombait sur Hiroshima. C'est à ce moment que les Elohim auraient constaté l'évolution scientifique des humains. Pour ces extraterrestres, il était temps de leur révéler la « vraie » histoire de leur création : des clonages en laboratoire.

Les Elohim auraient emmené Colette, la mère de Claude, dans un OVNI pour l'inséminer, avant d'effacer toute cette histoire de sa mémoire « afin de ne pas la déséquilibrer psychologiquement ».

Ah bon ?

Mais les extraextraterrestres, c'est pas méchant ? demande Matt, à la fin de la vidéo.

Je traduis.

— Bien sûr que non, répond Martin. Pour qu'un peuple sorte de son système solaire à l'aide de la science, il faut qu'il ait maîtrisé son agressivité. Sinon, ses connaissances ne serviront qu'à l'autodétruire.

Ah.

Après une demi-heure, les quatre jeunes anglophones sont prêts à partir. Ils ont peine à retenir leur fou rire.

— C'est quand vos fiestas ? demande celui qui a ri pendant le film.

— Ah ça, je sais pas, répond Martin. La plupart du temps, c'est dans un hôtel, mais on ne le sait pas d'avance.

Ils sortent. Du salon, je les entends se bidonner jusque dans l'escalier.

À 21 h, j'en ai assez. Je mets mon manteau, je sors 25 $ de ma poche et j'achète le livre de Raël, *Le vrai visage de Dieu, le message donné par les extraterrestres*. Une grosse faute d'orthographe dans le sous-titre attire tout de suite mon attention : *La sience [sic] remplace enfin la religion*. Mais je constate vite que j'ai intérêt à ne pas rire. Une note insérée dans le livre me sert un dur avertissement.

> L'orthographe est la science des imbéciles disait un célèbre écrivain français. C'est sans doute pour cela que, sur la couverture de ce livre, le mot « science » a été par erreur écrit « sience » car il ne s'adresse pas aux imbéciles qui ne manqueraient pas de le remarquer.

Hou là là ! Me voilà prévenue. Pas de place pour la critique ici.

Finalement, mon rôle de traductrice d'un soir a été à mon avantage. Martin m'invite à une rencontre avec un évêque du mouvement, réservée à ceux qui sont « vraiment intéressés », le 3 février. Même heure, même endroit. Je lui dis qu'il peut compter sur moi. Je me félicite : le poisson est ferré.

lundi 3 février

Pierre Bolduc a réponse à tout. L'évêque raëlien de Montréal revient justement d'un stage d'évangélisation dans les rues de New York. La rencontre a lieu de nouveau dans le logement de la rue Laurier. Mes questions et celles d'Alfred, la seule autre recrue présente, sont loin de l'ébranler. Dans la quarantaine, le grand mince aux cheveux longs grisonnants en a vu d'autres. Et il en est fier. Il est là pour répondre aux questions des nouveaux, assis autour de verres d'eau et d'une assiette de biscuits au chocolat. Il sourit beaucoup, nous regarde droit dans les yeux et veut «faire entrer les Elohim dans nos cœurs».

Pierre Bolduc, évêque raëlien.

Contrairement à mon habitude de journaliste, je ne pose aucune question agressive.

— Pourquoi les Elohim, les extraterrestres créateurs, ne viennent pas nous voir?

— Parce qu'ils s'imposeraient. De toute façon, j'ai pas besoin de les voir. Ça serait une insulte à mon intelligence.

— Alors, pourquoi viendront-ils en 2035?

— Parce que nous aurons été mis en contact avec les vraies valeurs humaines, avec l'aide des nanorobots.

— Les nanorobots ?

— Des robots de l'infiniment petit qui pourront créer n'importe quoi à partir d'un atome. Comme nous n'aurons plus besoin de rien, l'argent ne vaudra plus rien. Tu sais, il est fort probable que plusieurs hommes riches se suicident.

— Ah...

Après 12 visites à New York, Pierre dit avoir fait cinq ou six disciples. Il veut y retourner avec une caravane surmontée d'un grand panneau portant la mention en majuscules : GOD IS DEAD, THERE IS NO SOUL[3]. Je reste impassible, mais je n'en pense pas moins : il est complètement fêlé. Et c'est lui, l'ambassadeur des raëliens à New York ? Il faut absolument que j'y aille avec lui. Pendant qu'il continue ses discours sans queue ni tête, j'imagine déjà un grand titre : « *Le Journal* à New York avec les raëliens ». Ça serait trop *cool*. Demain matin sans faute, j'en parle à mon boss.

Manon et Stéphanye, deux raëliennes dans la vingtaine, écoutent religieusement les paroles de l'évêque, tout comme Martin Hétu, un « niveau 3 ». Manon est caissière dans une petite épicerie du quartier Côte-des-Neiges. Elle étudie l'allemand à l'université. Stéphanye apprend la danse contemporaine.

Pour eux, les paroles de Pierre sont de l'or. L'évêque est un « niveau 5 » et membre du cercle des intimes de « Sa Sainteté » Raël qui règne seul au niveau 6.

Pendant les monologues interminables de Pierre, Manon, une boulotte nerveuse qui parle très vite, sourit sans rien dire. Stéphanye, une jolie brune élancée, lance des dizaines de petits « c'est clair ! » en hochant la tête. L'évêque profère une tonne d'affirmations sur les extraterrestres, les relations humaines pourries, le complot des médias, et j'en passe. J'ose encore lui poser une question.

— Est-ce que vous vous mariez, dans votre mouvement ?

À chaque question, son regard s'allume. Je viens de susciter encore 15 minutes de discours décousu, mettant ma patience à rude épreuve.

— Oui. Pendant une minute, une heure, une journée, 100 000 minutes... Mais ça ne m'empêche jamais de mettre ma main sur sa jambe, comme ça, dit l'évêque, en passant doucement sa main à l'intérieur de la cuisse de Stéphanye.

---

3. Dieu est mort, il n'y a pas d'âme.

Il s'agit de mon premier épisode de tripotage typiquement raëlien. Stéphanye ne bronche pas. Malgré son air détaché, je soupçonne qu'elle n'apprécie pas. Est-ce que je fais de la projection ? En tout cas, elle ne répond pas à sa caresse.

Après une longue apologie des vertus de l'amour libre, l'évêque se tourne vers Alfred, un Libanais d'origine, qu'il a presque ignoré depuis le début de la rencontre.

— C'est rare qu'on ait des gens de ces pays-là, lui dit-il, abruptement.

À ma grande surprise, Alfred n'a pas l'air insulté. Il donne plutôt des détails sur ses origines. Pierre l'interrompt sans gêne pour redémarrer son moulin à paroles. Je constate qu'il n'aime pas qu'on lui vole la vedette.

— Raël a expliqué qu'il ne faut pas laisser entrer trop d'immigrants pauvres dans les pays riches, dit-il. Sinon, le niveau de richesse baisse et les femmes ne sont plus respectées... C'est un pas en arrière !

Sa remarque blessante me choque. Je suis sur le point de protester quand je constate que Martin, Manon et Stéphanye approuvent avec de grands hochements de tête. Pauvre Alfred ! Je suis certaine qu'il va mettre fin à son expérience raëlienne *illico* en envoyant paître l'évêque. Mais il reste là sans rien dire, alors, moi aussi.

— Vous avez lu *Le vrai visage de Dieu* ? nous demande l'évêque, enthousiaste. J'ai toujours considéré ce livre comme un test d'intelligence.

Je lui dis que oui, que j'ai lu le livre en question. Cette semaine, j'ai appris comment Raël, à 27 ans, a rencontré les Elohim, les soi-disant créateurs de l'au-delà.

Un beau jour, un message télépathique aurait incité l'éditeur d'un petit magazine français consacré à la course automobile à se rendre dans le cratère du Puy-de-Lassolas, en France, « un lieu idéal pour être à l'abri des regards importuns », écrit-il. Les Elohim, des extraterrestres appartenant à une civilisation très avancée, l'auraient fait monter dans leur soucoupe volante pour lui confier une mission : révéler aux humains qu'ils ont été créés dans leurs laboratoires il y a 25 000 ans. « Vous écrirez tout ce que je vous dirai et ferez publier le livre regroupant ces écrits », aurait ordonné un extraterrestre cité dans *Le vrai visage de Dieu*. Trente ans plus tard, Vorilhon récolte toujours les profits de la vente de ce livre vendu 25 $ par les membres de son mouvement.

Du jour au lendemain, le journaliste est donc devenu « dernier des prophètes » et « frère » de Jésus, Bouddha, Mahomet et compagnie. Sa première tâche : expliquer « la Vérité » sur la Bible. La conception du

Dieu de la Bible découlerait d'une mauvaise interprétation du mot hébreu «Elohim», qui désignerait en fait «ceux qui sont venus du ciel». Les miracles seraient «l'utilisation de moyens scientifiques incompréhensibles à l'époque». Les trompettes de Jéricho: un «instrument très compliqué» émettant des ultrasons très amplifiés.

Je pose encore une petite question.

— Il faut la foi pour y croire?

Pierre a l'air mal à l'aise. Son ton monte d'un cran lorsqu'il répond:

— Non, non! Il faut croire que... hum, enfin, je veux dire... il faut seulement penser que nous aurons les connaissances pour comprendre tout ça dans quelques années.

— Ah.

— Imagine! dit-il à Stéphanye. J'ai calculé tout ça, et si les Elohim arrivaient aujourd'hui, chaque raëlien aurait 14 millions de personnes à éduquer!

Les quatre raëliens s'esclaffent, fiers de leur importance.

— Hou! Sacré boulot! dit Manon.

Calcul rapide. Une population de 6,3 milliards divisée par 14 millions égale... 450! Le mouvement ne compterait donc que 450 membres, alors que les chiffres «officiels» font état de 50 000 membres. Intéressant.

Les rires se calment.

Pierre se tourne vers Martin Hétu.

— T'as eu le dernier *e-mail* de Raël?

— Non.

— Il veut qu'on retourne dans les écoles, il veut qu'on recrute au lieu de seulement donner de l'information.

— Ah oui!?

— Ouais! Je suis partante! s'écrie Manon. Ça va être super!

— C'est quand même incroyable à quel point on fait parler de nous, même si on n'est pas beaucoup à Montréal! s'exclame Pierre, enthousiaste. On est quoi, 350 dans la structure (raëliens pratiquants)? C'est aberrant!

Les chiffres du mouvement parlent pourtant de 4 000 membres québécois.

J'ai beau me répéter que je dois me taire, je ne peux laisser passer ça. Je me permets une petite critique:

— Oui mais, quand vous faites parler de vous, c'est souvent en mal. Ça ne vous dérange pas?

— En bien ou en mal, c'est ça qui fait que t'es là ce soir, non? souligne l'évêque avec un grand sourire.

En effet.

Manon aussi est là grâce aux médias. Elle raconte qu'elle est tombée « sous le charme » de Raël en le voyant à la télévision au cours d'une émission de Paul Arcand. Elle dit avoir écrit au journaliste pour le remercier. Elle attend toujours une réponse.

— Alors parlez-en en bien, parlez-en en mal, mais parlez-en! conclut Pierre, tout sourire.

Pierre dit que de toute façon, il n'en a rien à foutre des «journalistes imbéciles».

Je ronge mon frein.

L'évêque affirme qu'il est habitué à être mis de côté. Petit, il avait une légère infirmité aux pieds qui le forçait à porter un support de métal qu'il compare à celui du personnage joué par Tom Hanks dans *Forrest Gump*.

— Les préjugés me rendent plus fort et confirment que le monde a besoin des raëliens, tranche-t-il.

Sortant de son mutisme admiratif, Manon s'insurge elle aussi devant la mauvaise foi des médias.

— Les journalistes parlent de nous dans des articles sur les sectes suicidaires, déplore la caissière.

— Ne t'en fais pas avec ça, lui répond Pierre. Les journalistes aimeraient bien dire qu'on est une secte suicidaire, mais comment tu veux qu'ils le fassent! Nous voulons prolonger la vie et avoir la jeunesse éternelle, tabarnak[4]!

Grands rires convenus.

Pause.

— Et pour être membre, qu'est-ce qu'on fait? demande Alfred.

Quoi? Lui? Intéressé à devenir membre? Je le soupçonne immédiatement d'être un autre journaliste clandestin. Après tout, pourquoi mon boss serait-il le seul à y avoir pensé?

— C'est comme n'importe quel organisme, explique l'évêque. Tu remplis un formulaire et tu paies ta cotisation.

Pour le mouvement international, 7 % du salaire après impôt et 3 % pour le mouvement national, 10 % en tout. Plus 1 % facultatif pour le

---

4. Juron québécois.

«prophète». Les sans-salaire et les étudiants doivent payer un minimum de 300 $ par année, dont 100 $ pour le mouvement national.

— C'est moins cher qu'un abonnement au *Journal de Montréal !* lance Pierre, en éclatant de rire.

Je ris aussi, mais pas tout à fait pour les mêmes raisons.

Ce qu'on se bidonne.

Et que faut-il faire pour s'inscrire au ministage de formation, en avril?

Un autre formulaire.

Et pour l'acte d'apostasie, obligatoire avant le baptême raëlien?

Encore un formulaire. Celui-là, les nouveaux membres doivent l'envoyer à n'importe quel diocèse catholique, qui annulera leur baptême.

Pierre assure qu'il possède un don pour détecter les raëliens qui s'ignorent. Que ces derniers lui donnent un *feeling*. Intéressant. Je saute sur l'occasion. Faussement enthousiaste, je lui demande :

— Est-ce que t'as le *feeling* que moi, je pourrais être raëlienne?

Il me regarde droit dans les yeux.

— Oui.

J'en étais certaine.

Silence dans la pièce. Ils ont une nouvelle recrue.

Alfred est moins curieux. Il ne dit rien. O.K.. Ce n'est pas un journaliste.

Avant que je parte, Martin me donne une «demande d'adhésion dans l'Église raëlienne» et m'invite au prochain grand rassemblement mensuel, le 16 février prochain au Gesù, rue Bleury. Je le remercie.

Je rentre chez moi, complètement vidée.

mardi 4 février

Je remplis ma demande d'adhésion avec mes coordonnées fictives et je joins un mandat-poste de 100 $, la cotisation minimale pour le mouvement national. J'envoie le tout à une boîte postale du bureau d'Youville, à Montréal, tel qu'indiqué sur le formulaire.

Je résume ma rencontre à mon boss et à mes deux plus proches collègues au *Journal*, Mathieu Turbide et Marco Fortier, journalistes d'enquête.

Mon compte rendu les étonne. Ils sont emballés par mon coup d'œil de l'intérieur et m'encouragent à continuer. Tous trois sont unanimes : je dois me faire inviter à New York par Pierre Bolduc pour voir ce qui se passe là-bas. Je décide d'attendre le prochain rassemblement pour lui en reparler.

Mes deux collègues lisent le résumé de mes deux premières réunions... et en redemandent. Dès lors, je les tiendrai au courant de toutes les étapes de mon enquête au cours de nombreux déjeuners dans l'ambiance relax du Café Toast-Thé, avenue Mont-Royal. Leurs judicieux conseils me seront d'un secours précieux lorsque je ne serai pas certaine de la marche à suivre, ce qui ne sera pas rare.

Entre-temps, je continue de bosser au *Journal*. Je fais le suivi de mes dossiers sur le Curateur public et sur des expropriations frauduleuses de Transport Québec en Mauricie. Je fais aussi du remplacement aux faits divers.

Les chefs de pupitre du secteur des nouvelles ont été avertis : mes articles ne doivent plus être accompagnés par ma photographie, mais seulement par ma signature. Ma photo a d'ailleurs été retirée du serveur informatique par les techniciens.

dimanche 16 février

10 h ◆ En route vers ma première réunion mensuelle raëlienne, je ralentis le pas au carrefour des rues René-Lévesque et Bleury. J'ai les mains moites. O.K., je l'avoue, je ne me sens pas très brave. Un raëlien planté devant la porte regarde à droite et à gauche, un écouteur à l'oreille. À l'intérieur, des centaines de raëliens de la région de Montréal ont hâte d'acclamer leur «prophète». Si un seul d'entre eux me reconnaît...

Je passe devant le gardien de sécurité en souriant. Il me laisse entrer.

Le hall de réception de la salle de spectacle est bondé. Quelque 300 raëliens s'embrassent et discutent, excités par l'arrivée imminente du gourou. Je ne vois personne de ma connaissance. Ça devrait aller.

Une dame debout à la réception m'accoste tout de suite.

— Vous avez votre carte de membre ?

— Euh... j'ai payé 100 $ d'inscription, mais je n'ai pas encore reçu ma carte.

— C'est bon, ça va.

Elle me dirige vers les vestiaires, où un enfant accroche les manteaux moyennant une contribution volontaire. Je donne 2 $ en espérant que c'est suffisant.

Je cherche Pierre Bolduc du regard, mais il n'est pas là.

La foule du hall de réception est encerclée par des stands. Petit tour de salle. Le premier stand est un véritable guichet de débaptisation automatique. Premier acte de foi obligatoire des nouveaux raëliens :

demander l'annulation de son baptême à l'Église catholique. L'apostasie instantanée gratuite. Le préposé insiste pour que je remplisse un formulaire sur-le-champ. « C'est super facile : je te sers de témoin et nous envoyons nous-mêmes ton formulaire par la poste à l'archevêché », explique-t-il, enthousiaste.

Oh, oh ! Je n'ai nullement envie de me faire débaptiser. De plus, je ne connais pas par cœur les coordonnées de ma boîte postale louée pour le reportage. Je m'en sors en prétextant avoir oublié mon code postal et que j'enverrai le formulaire de chez moi.

Table suivante. Location d'appareils de traduction simultanée en anglais, pour raëliens anglophones. Inscription au stage d'été de deux semaines, la plus grande réunion annuelle au camping raëlien de Maricourt, dans les Cantons-de-l'Est. Coût : 375 $ pour les non-membres et 275 $ pour les membres. Hébergement et équipement en sus. Pas question de rater ça ! Je prends le formulaire.

Au suivant. La préposée aux dons. Ils veulent encore de l'argent ! Elle est occupée, celle-là. Elle ramasse les cotisations annuelles et encourage les dons spontanés.

Et puis, enfin, le magasin. Je découvre un grand assortiment de ces fameuses médailles qui pendent au cou de tout raëlien qui se respecte. J'ai 40 $ en billets sur moi et j'en veux une. Je rêve ! La moins chère, large de trois centimètres, coûte 88 $! Elle pèse trois fois rien.

— Elles sont en argent ou en or véritable, m'assure la préposée aux médailles.

— De semaine en semaine, leur prix monte ou baisse, m'explique un autre raëlien.

Note à moi-même : amener beaucoup plus d'argent au prochain rassemblement.

Soudain, un cri strident attire mon attention. C'est Manon, la boulotte rencontrée rue Laurier. Visiblement contente de me voir, elle sautille et m'embrasse sur les deux joues, faisant virevolter son médaillon sur son chandail très moulant. Aujourd'hui, elle a les cheveux courts ébouriffés, des vêtements noirs très serrés et un collier noir à clous autour du cou. Elle semble connaître plein de raëliens. Je constate qu'elle sera un parfait écran pour moi. Son exubérance attire tellement l'attention que tout le monde m'oublie. Ce qui me permet d'observer et de poser des questions sans me faire remarquer. De plus, elle aborde n'importe qui sans gêne. Je resterai à ses côtés tout au long du rassemblement.

Martin Hétu vient lui aussi me saluer en faisant la bise. Tout comme Jean-François, un pur inconnu. Ils me regardent tous avec un mélange d'émerveillement et de fierté, comme si ma présence confirmait la rédemption d'une nouvelle brebis égarée.

Leurs attentions me rendent mal à l'aise, mais elles me rassurent sur la crédibilité de mon personnage. Je me détends un peu.

C'est l'heure. J'entre dans l'auditorium en compagnie de Manon et de Martin. Jean-François ne vient pas avec nous : il s'occupe de la traduction simultanée des discours. À l'entrée, on nous remet une enveloppe blanche vide. « C'est pour une contribution », m'explique Martin. Une autre ! Décidément... Je mets 20 $ dans l'enveloppe, pour montrer que j'ai de l'argent — ou la foi, allez savoir. Ça marche.

— Eh bien ! Qu'est-ce que t'as comme job ? s'exclame Martin.

— Je travaille pour mon père.

Manon m'a vue faire. Elle met aussi 20 $ dans son enveloppe.

Nous prenons place dans les premières rangées de l'auditorium, qui se remplit peu à peu. Depuis que nous sommes assis, Manon jacasse vite et sans arrêt. Elle me raconte qu'elle se sent tellement bien depuis qu'elle est devenue raëlienne, en décembre. Enfin, elle se sent acceptée telle qu'elle est ! Elle décrit ensuite les tatouages qu'elle a partout sur le corps.

Sans crier gare, Martin met un doigt entre les seins de Manon et baisse son décolleté plongeant. Il veut voir le personnage de jeu vidéo tatoué au milieu de sa généreuse poitrine. Ravie, Manon se lève de son siège et, à ma grande surprise, s'assoit carrément sur mes genoux. Mon malaise revient au galop. Malgré moi, j'assiste de près à la présentation des tatouages. Manon se déshabille, une partie du corps à la fois. Elle lui montre les roses sur ses seins, les membres du groupe Kiss dans son dos, le dieu hindou Vishnou sur son bras. Et un autre dessin sur l'aine.

On baisse les lumières, et Manon reprend sa place. Ouf ! Un certain Daniel Chabot[5], responsable des raëliens du Canada, monte sur scène. Il invite tout le monde à se placer les deux pieds à plat au sol pour la méditation, un rituel important au sein du mouvement. Comme tout le monde, Manon se prépare à la méditation. Elle ferme les yeux. Elle

---

5. Daniel Chabot est professeur de psychologie au cégep de Rosemont. Il a claqué la porte de l'Ordre des psychologues du Québec en 1996. Le tribunal des professions lui avait collé une amende de 5 000 $ pour sa participation à une série de conférences sensationnalistes faisant l'apologie de la masturbation.

inspire profondément et expire de forts et longs fffff... Le souffle des raëliens assis derrière moi me chatouille le cou. La scène me donne envie de rire. Mais pour eux, c'est très sérieux. Alors je ferme les yeux, moi aussi. Il faut visualiser nos cellules. Et imaginer que toutes contiennent le système solaire, la galaxie et l'univers. Bon.

Le vrai spectacle commence avec l'extrait du documentaire *Microcosmos*, de Claude Nuridsany et Marie Perennou. Un scarabée pousse avec peine une balle de terre deux fois plus grosse que lui. Je comprends que c'est le moment de s'identifier à la Difficulté. Et d'en être fier. Les spectateurs encouragent la bestiole. Ils crient et rient. On se croirait à un match de catch.

Après une courte présentation de l'animatrice, un autre extrait vidéo démarre. Un reportage de Radio-Canada sur la guerre en Irak et la manipulation des médias américains.

— Raël vient d'arriver, me chuchote Manon, en pointant un homme arborant une petite toque, assis au premier rang.

Après le film, un «évêque» français, Max Bermont, débarque sur scène avec sa guitare. Il récite quelques blagues et chante *Le Jardin d'hiver* d'Henri Salvador. Et puis, encore un film. Une critique des médias «antiprogrès». Puis, des photos des journalistes sur la liste noire des raëliens : le chroniqueur Franco Nuovo et les animateurs Paul Arcand et Jean-Luc Mongrain, reconnus pour leur franc-parler et leur indépendance d'esprit. Sur un ton sarcastique, la narratrice du montage vidéo les présente comme des êtres remplis de «respect» et d'«authenticité». Tout le monde rit. Fin du film.

Tout à coup, l'ambiance se fait plus grave. Je comprends que Raël s'apprête à monter sur scène. Il se lève. Toute la salle bondit sur ses pieds et applaudit à tout rompre. Les deux colosses de chaque côté de la scène sont visiblement sur le qui-vive. Ils scrutent la foule avec le visage aussi sévère que des agents de la CIA. Où peuvent-ils bien voir une menace?

Des journalistes japonais ont obtenu la permission de filmer la réunion. Dans le brouhaha, leur caméra suit le prophète qui monte sur scène. Comme à son habitude, il porte le costume blanc à petits cerceaux conçu par lui-même et qui lui a valu le sobriquet de capitaine Cosmos, vedette des *Satellipopettes*, une émission pour enfants des années 1980. Ses cheveux longs grisonnants sont attachés en chignon sur le dessus de son crâne luisant, à moitié dégarni. Élancé et énergique, le prophète aux

Vorilhon débarque sur scène, dans son habituel costume de «capitaine Cosmos».

yeux vitreux et au teint pâle hoche la tête en marchant d'un côté à l'autre de la scène, écartant de son chemin le fil du micro.

Fin des applaudissements. La foule est pendue aux lèvres de son gourou. Vorilhon les avertit: il est en forme.

Debout sur scène devant une inscription «Paix, Non-violence, Amour», il dénonce les intérêts personnels de George Bush et du «petit caniche Blair» à vouloir faire la guerre en Irak. «Ils sont forcément pour la guerre parce que ça leur rapporte», dit-il.

Toutefois, Vorilhon encourage les raëliens à s'occuper «d'autres choses» que de l'effort de paix:

> Maintenant que des millions de personnes s'en préoccupent, il faut que nous revenions à la planification du futur. Ça, personne ne s'en occupe. [...] Ce qui est intéressant, c'est de défendre des causes dont personne ne s'occupe. Vous pouvez avoir une fierté extraordinaire de défendre les valeurs que vous défendez. Lorsque tout le monde se ralliera, il faudra trouver d'autres sujets, d'autres combats, pour amener l'humanité toujours plus haut. Vous êtes tous des éveilleurs avec moi. Avec moi, vous êtes tous des Ghandi, vous êtes tous des Bouddha. Vous êtes tous des gens qui font avancer l'humanité vers plus haut, vers plus grand, vers plus beau, vers un futur magnifique.

Quand les médias pourris cesseront de dire du mal de nous, ils comprendront que la vérité, c'est nous qui l'avons. Et que ceux qui envoient des bombes, ce sont eux qui sont dangereux. [...] C'est éminemment révolutionnaire, ce qu'on dit là. Éminemment ! On est pour le clonage, on est pour les aliments GM [génétiquement modifiés], on croit aux extraterrestres, on est pour l'orgasme cosmique... Qu'est-ce qu'on est dangereux !

Je tombe des nues. Tous les spectateurs autour de moi sont sous le charme du gourou. Ils boivent ses paroles et rient de chacune de ses plaisanteries. Est-ce possible que ces gens se prennent vraiment pour l'élite de l'humanité ? Comme pour me répondre, la foule galvanisée crie son enthousiasme.

Vorilhon passe à un de ses dadas de l'heure : les OGM. Il dénonce le complot des gouvernements européens, qui interdiraient, selon lui, le maïs et le blé génétiquement modifiés pour des raisons purement économiques :

> Tout ça, c'est des gros sous, tout comme les actionnaires de fabriques d'armes américaines [...]. Ce gros complot, cet énorme complot socio-politico-économico-religieux qu'il y a dans le monde, il existe. Il est là, on le voit.

Sans oublier le rôle des « médias pourris » :

> Pourquoi croyez-vous que, dans les journaux, on casse du raëlien ? Parce qu'on dérange avec nos idées et parce que ce sont les mêmes actionnaires des fabriques d'armes et des fabriques de blés européens qui sont également propriétaires des grands groupes médiatiques et qui sont dans les fabriques d'armes. C'est les mêmes ! Alors, évidemment, on dérange et on va continuer de les déranger parce que personne ne nous fera taire et personne ne nous empêchera de faire avancer l'humanité.

Encore une fois, la foule est pendue à ses lèvres. Je frissonne.

Puis, il aborde enfin la supercherie qui a déclenché mon enquête : le coup médiatique de la naissance du premier humain cloné, il y a deux mois.

> Venez, mes amis journalistes ! Mes bien-aimés amis journalistes, venez me demander si on a fait tout ça pour avoir de la publicité gratuite. Ouiiii ! (rires de la foule) Et n'empêche que le clonage continue et que c'est vrai... à mon avis... d'après Brigitte [Boisselier]... c'est vrai et je n'ai pas de raison de douter d'elle. Mais même si vous voulez penser qu'on a fait ça uniquement pour la publicité, c'est merveilleux. Nous

sommes des génies de la publicité ! Si c'est ça ! Par contre, si c'est vrai, nous sommes des génies scientifiques aussi. Alors, dans tous les cas, on est des génies ! Magnifique ! Dans tous les cas, on est gagnants.

Vorilhon vient d'avouer qu'il ne sait pas si Ève est bel et bien clonée ! J'en suis soufflée. Méchante nouvelle ! Et qui plus est, personne dans la salle n'a l'air surpris. Encore une fois, je pense à un gros titre du *Journal*. Je me retiens d'aller appeler mon boss sur-le-champ pour qu'on publie ça demain.

Comme si de rien n'était, Vorilhon passe au réchauffement de la planète, une autre foutaise, selon lui :

> On vit une vague de froid incroyable. […] Achetez des gros véhicules utilitaires sport, puis accélérez plus parce qu'il faut qu'on réchauffe ça quand même. Moi, j'ai eu tellement froid chez moi que, ce matin, j'ai accéléré à fond pour réchauffer le climat, quoi ! C'est des blagues !

Rires et applaudissements de la foule.

— Il est drôle, non ?, me dit Martin, les yeux pleins d'admiration.

Je hoche la tête.

Vorilhon rappelle à ses disciples qu'ils sont le peuple choisi par les Elohim :

> Nous, les raëliens, nous sommes plus juifs que les juifs. Donc être antiraëlien, c'est être antisémite. […] Et je voudrais que, quand on nous attaque dans les journaux, vous écriviez en disant : je suis raëlien, donc juif, et vous n'avez pas le droit de nous attaquer, car c'est de l'antisémitisme.

Il dénonce ensuite «les centaines de milliards de dollars gaspillés en armement» :

> Si tout cela était mis au service du clonage, des aliments GM… Imaginez Brigitte avec 200 milliards de dollars de budget ! Avec trois bouts de ficelle, elle clone des bébés ! Imaginez avec 200 milliards de dollars ! On pourrait augmenter en quelques années la longévité humaine jusqu'à faire vivre les êtres humains 700 ans. Il serait possible, dans cinq ou six ans, de donner aux êtres humains une longévité sans clonage, donner à tout être humain de 500 à 700 ans de vie, avec des budgets pareils.

La foule est impressionnée par les visions de son prophète. L'ambiance est survoltée. C'est encore l'ovation debout lorsqu'il descend de scène. Ses disciples l'applaudissent pendant de longues minutes. Je colle un sourire sur ma figure et je les imite. Manon a mal aux mains, mais elle continue d'applaudir. «Je n'ai eu qu'un seul contact visuel avec Raël, mais ça a été tellement puissant! raconte-t-elle. Dans ses yeux, tu sens tellement d'amour! C'est amour, amour, amour, amour!»

Le show finit vers midi. Plusieurs vont manger au buffet santé du Commensal, à quelques rues de là. Manon m'invite. J'accepte d'y aller.

Avant de partir, j'aperçois Pierre Bolduc. Bingo! Je prends une grande inspiration et je vais le voir. Je lui dis, d'un ton volontairement timide...

— Tu vois, Pierre, ça fait deux semaines que je pense à tout ce que t'as dit l'autre soir. Et tu sais quoi? Je suis prête. Je veux aller à New York avec toi! Ça me mettrait dans le bain et je pourrais vraiment voir si c'est vers ça que je veux aller.

Son regard s'allume. Il s'exclame:

— Bien sûr! Et en plus, tu verrais, tu serais à l'aise puisque tu serais certaine de ne rencontrer personne que tu connais!

L'ironie de ses propos me fait sourire. New York va fonctionner. Et puis, j'ai une idée pour mieux faire passer mon intérêt soudain. Je dis:

— De toute façon, j'ai une amie là-bas qui vient de se séparer. Elle file vraiment un mauvais coton et ça serait bien que j'aille la voir...

Il semble vraiment content:

— Mais bien sûr que tu peux venir! Je suis censé y aller quatre fois le mois prochain.

Il me donne son numéro de téléphone. Parfait!

Je sors manger avec tout le monde, au Commensal. Certains raëliens remarquent que je suis nouvelle et viennent me saluer. Au restaurant, je m'assois avec Manon, qui ne cesse de gigoter. Elle me dit déjà qu'elle m'adore. Je ne crois pas que sa nervosité communicative soit très populaire. Je remarque la moue discrète de certains raëliens lorsqu'elle les approche.

Attaquant son assiette pleine, Manon se remet à me vanter l'amour infini de son prophète. Les clients assis autour de nous se retournent. Ils voient sa médaille. Je reçois ma première dose silencieuse de mépris antiraëlien. Je sens le rouge me monter aux joues. J'ai le goût de me cacher sous la table. Je ne veux pas être identifiée aux «éducateurs de l'humanité». Cependant, je reste là, à écouter Manon piailler de plus en plus fort.

Entre l'entrée et le dessert, ma nouvelle compagne nous fait changer de place deux fois. C'est qu'elle tient à être assise à côté de Gabriel, un guide-évêque avec qui elle voudrait bien coucher, m'a-t-elle confié.

— Ah Gabriel! Il me fait vivre tellement d'émotions! lance-t-elle pour la douzième fois. Je vais aller aux toilettes pour me calmer.

Ah bon.

Pendant son absence, on discute, Gabriel et moi. Grand, mince et élégant, il m'explique posément que les suicides collectifs chez les sectes n'ont jamais existé. Les victimes de Waco[6] et de l'Ordre du temple solaire ont tous été la cible de complots de l'armée et de politiciens. « Ils ont trouvé du sulfure sur place à deux endroits, m'explique-t-il, pendant que je m'étouffe dans mon café. Et ce sulfure n'est fabriqué que pour l'armée. Alors, tu vois bien... » Je commence à comprendre ce qu'est une affirmation typiquement raëlienne : un mélange de conviction, de faits douteux et de crédulité.

Je hoche la tête. Je m'exclame : « Mon Dieu, je ne savais pas ça. » Ça lui suffit.

Comme d'habitude, je finis par frapper un mur. J'en ai plus qu'assez. Le groupe n'a pas fini le dessert, mais je me lève et je mets mon manteau. Je dis au revoir à tout le monde en souriant et je pars toute seule, malgré l'air désolé de Manon.

lundi 17 février

J'attends une journée avant de rappeler Pierre Bolduc pour voir si je peux aller recruter avec lui dans les rues de New York. Avant de le joindre, je dois régler le problème de mon passage aux douanes américaines. Pierre avait l'air d'insister pour qu'on voyage ensemble en voiture jusqu'à New York. C'est vrai que ça me donnerait la chance de lui poser un tas de questions. Mais ce n'est pas aussi simple. Je pourrais être obligée de donner mon vrai nom à un agent des douanes, devant Pierre qui connaîtrait alors mon identité réelle. Pas bon. Deuxièmement, je ne connais pas ce soi-disant évêque. Et s'il avait la mauvaise idée de passer la frontière avec de la marijuana dans les poches ?

J'expose la situation à mon boss. Il est formel : il faut trouver une autre solution. Le risque est trop grand. Toutefois, je sens que Pierre va insister pour qu'on fasse la route ensemble. Qu'est-ce que je pourrais bien lui raconter ? Mon patron trouve la solution : je vais prendre l'avion. En plus, c'est conséquent avec mon personnage de fille à papa pleine d'argent.

---

6. 80 membres de la secte des davidiens ont péri dans l'incendie de leur repaire en 1993. Ils avaient mis le feu eux-mêmes.

Plus tard, j'envoie mon adhésion au *RévolutionÊtre*, le bulletin de liaison du Mouvement raëlien.

mardi 18 février

Je laisse un message sur le répondeur de Pierre en matinée.

L'évêque me rappelle dans l'heure qui suit. Il m'annonce qu'il compte retourner à New York dans deux semaines, les 1er et 2 mars prochains... et il m'invite! Brigitte la journaliste jubile. « Youpi! New York, me voici! » Brigitte la raëlienne reste bien calme au téléphone.

Pierre m'explique son programme. Samedi: journée de « diffusion », (lire: recrutement et vente de livres) dans les rues de Manhattan. Dimanche: rencontre des raëliens new-yorkais et journée de méditation. Sensuelle? Je n'ose pas demander. On verra.

Le mouvement compterait une vingtaine d'adeptes dans la Grosse Pomme.

Arrive le sujet difficile.

— Je devrais partir le vendredi et on pourrait y aller ensemble et... commence-t-il.

Quitte à le froisser, je l'interromps.

— Euh, non! Je vais prendre l'avion! L'auto me donne mal au cœur, mon père le sait et il a décidé de me payer l'avion.

— Rien que ça!

— Je sais que je suis chanceuse pour ça. J'ai raconté à mon père qu'il fallait que j'aille voir mon amie qui vient de se séparer. Celle dont je t'ai parlé.

Pierre répond qu'il va me rappeler dans quelques jours pour me donner les détails du voyage.

Nous raccrochons.

Je souris. J'ai une idée. Je retourne dans le bureau de mon boss. Et si mon amie de New York existait pour de vrai? On pourrait faire d'une pierre deux coups. Je marquerais des points auprès de l'évêque en attirant une recrue dans le mouvement. Cette recrue pourrait prendre des photos en douce pour le *Journal*. Il aime l'idée, mais qui? À la rédaction du *Journal*, il n'y a pas des tonnes de filles. Maude sera en vacances et Mélanie est aux faits divers le week-end...

On réfléchit. Le boss lance: Chantal Poirier!

Oui! C'est ça!

C'est une photographe suppléante avec qui j'ai fait quelques reportages. Elle est jolie, sociable, bilingue, et elle adore les voyages. Tout pour plaire aux raëliens. Et en plus, elle prend des photos géniales et sait travailler discrètement. Acceptera-t-elle de participer à une aventure pareille ?

Je l'appelle sur-le-champ. Je lui fais part de ma proposition peu de temps après, en dînant au restaurant.

Elle est emballée.

Elle m'invite à déjeuner chez elle le lundi suivant afin qu'on s'organise.

Manon m'écrit. Son *e-mail* confirme que j'ai fait bonne impression.

[Note au lecteur : les divers courriers ont été transcrits sans correction de manière à préserver leur spontanéité.]

Objet : allo Brigitte !!
Bonsoir, Brigitte !!!
Que je suis contente d'avoir de tes nouvelles !!! J'ai apprécié ta compagnie parmi nous !!! Oui, je travaillais aujourd'hui, comme je le fais demain, et ce matin, je faisais une présentation du mouvement raëlien dans mon cours d'allemand moderne parlé. Je suis restée une bonne heure à l'avant... et ma prof veut venir au prochain rassemblement !!!

Oui, chère amie, tu es de très bonne compagnie, tu es positive, et ça fait du bien qu'il y ait encore des gens à l'esprit ouvert, qui osent, qui veulent aller au-delà des préjugés... Oui, je te tiendrai au courant de tout ce qui ce passe, be sure[7] *!!! Un rayon de soleil, on invite toujours !!!*

As-tu pu t'inscrire aux stages d'été, finalement ??? Sinon, par internet, www.rael.org, tu vas dans le menu français, puis stages, puis amériques, et tu y trouveras le formulaire d'inscription.

Je suis bien heureuse de voir que tu te plaises aussi en notre compagnie, tu verras, ce n'est qu'un début !!! À chaque fois, j'apprends à découvrir de nouvelles personnes. Dès que je sais pour le ministage en avril et la fête d'avril, je t'envoie !!! Ne te gêne pas non plus de passer un coup de fil, j'aime bien jaser !!! Éventuellement, si tu as du temps, on peut sortir, rigoler un brin !!!

Bon, je me sauve, j'ai fais des gaffes que je dois réparer dès ce soir !!!

Alors, bonne nuit, Brigitte, et n'oublie pas que ton bonheur est ce qui a de plus important pour toi-même !!!

Bisous,
Petite Manon

7. Sois-en sûre.

En tant que journaliste, je suis contente de voir que mon identité fictive fonctionne bien, mais personnellement, je me sens un peu moche. Cette fille-là est sincère et n'a rien à voir avec le canular des bébés clonés. Pour moi, Manon est une autre victime des manipulations de Claude Vorilhon. Je me sens moins coupable en me disant que mon enquête va peut-être l'aider à sortir du mouvement et à ouvrir les yeux.

J'écris ma réponse. Avant de l'envoyer, je la soumets à mes collègues Marco et Mathieu pour être certaine de ne pas avoir fait d'erreurs.

Salut Manon.
Merci pour ton support moral. C'est pas évident d'entrer dans un groupe sans connaître personne. Même si ce sont des gens aussi accueillants que vous autres. On se donne des nouvelles.
Brigitte

mercredi 19 février

Manon m'a définitivement à la bonne. Elle m'envoie deux courriels aujourd'hui.

Objet: Tout va bien!!!
Chère Brigitte,
Oh la la!!! Je t'écoute parler et tu me rappelles quand je suis arrivée, je ne connaissais personne, ou presque... je restais dans les jupes de JF, Martin, Gabriel, Stéphane et Nathalie... pas ben ben d'monde, quoi, mais que du beau monde!!! Et bon, plus tu vas aux activités, tu rencontres d'autres Raëliens, tu te découvres des affinités avec certains, certains vis-à-vis toi aussi, et bon, il se tisse une toile d'amitié et de fraternité, d'amour à l'infini. [...]
Ah, j'aime notre Prophète Bien-Aimé... Prochain rassemblement, si tu viens, on passe à l'attaque!!! On va lui dire bonjour!!!
Bon, décidément, je t'aime bien, chère Brigitte!!! Je te souhaite que du bien!!! Oh, mercredi soir, en principe, je serai à la rencontre d'info. J'y vais encore et toujours!!! Je suis abonnée, il est agréable de voir arriver de nouveaux visages, certains s'en vont, certains restent... très joli!!!
Bon, bonne soirée, Brigitte!!! À la prochaine!!!
Bisous et câlins,
Manon!!!

Objet : Invitation
Allo Brigitte !!!
JF [le traducteur que j'ai rencontré au rassemblement du Gesù] nous invite toutes les deux à faire copain-copain, question de mieux se connaître, placoter[8], etc. Si ça te tente, appelle-moi ou email-moi qu'on fixe un rendez-vous. JF, il est génial !!! Tu l'as rencontré, d'ailleurs !!!
J'attends ta réponse !!! Si tu appelles et que je suis pas là, laisse-moi un message !!!
Bisous,
Manon

Ce JF ne m'inspire rien de bon. Je n'ai pas aimé sa façon trop familière de m'embrasser au rassemblement de février. Pourquoi m'invite-t-il à souper, moi ? Qu'est-ce que Manon veut dire par « mieux se connaître » ? Je ne me sens pas encore assez à l'aise avec mon personnage pour affronter seule à seule une raëlienne trop excitée et un guide trop familier. Comment m'en sortir sans les froisser ? Je décide de dormir là-dessus.

jeudi 20 février

Manon ne lâche pas prise.

Objet : Invitation, prise 2 !!!
Allo !!!
Je me demandais si tu avais eu mon invitation de la part de JF pour ce week-end ??? Nous pensions à dimanche, on pourrait souper tous ensemble, le JF, il insiste, si si, et moi aussi !!!
J'attends ta réponse avec joie, chère Brigitte !!!
Manonxxx

Pourquoi tiennent-ils tant à me recevoir pour dîner ? Je ne peux pas y échapper : je dois répondre à Manon. Je refuse l'invitation en prétextant un week-end dans les Cantons-de-l'Est. Ma nouvelle amie ne comprend pas le message. Elle me répond le jour-même.

Objet : Tout va bien !!!
Coucou Brigitte !!!
Ne t'en fais pas, on va remettre ça au prochain weekend !!! Je vais en parler avec JF. Il est là que le weekend. [...] Je te recontacte dès que j'ai parlé avec JF !!!

---

8. Bavarder de choses sans importance.

Il veut vraiment te connaître !!! C'est toujours un plaisir pour nous de découvrir de nouveaux rayons de soleil !!!
    Bonne journée !!!
    Bisous,
    Manon xxx

lundi 24 février

Je rappelle mon évêque qui me confirme notre voyage à New York. Notre conversation se déroule bien jusqu'à ce qu'il me pose une petite question qui me prend complètement de court.

— Tu couches où ?

Oh oh ! Je sens des sueurs froides me traverser le dos. Va-t-il m'offrir un gîte ? Je me rappelle sa main sur la cuisse de Stéphanye et je me dis : pas question. Je réponds la vérité.

— À l'hôtel.

— Je couche toujours chez une sympathisante (le mot me fait un drôle d'effet : il me rappelle les motards[9]). Je suis certain qu'elle pourrait t'accueillir toi aussi, d'autant plus qu'elle n'y est pas souvent...

Alerte ! Comment refuser son offre sans le vexer ? Il faut que je pense vite.

— Euh... non non, ça va aller ! J'ai déjà invité Chantal, mon amie là, à l'hôtel. Ça va lui faire du bien de sortir du minuscule appartement qu'elle habite depuis sa séparation.

— Ah, t'es une bonne amie, toi.

Ouf !

Quand j'arrive avec ma sauce à spaghetti à midi, Chantal a déjà déterminé les grandes lignes de son identité fictive. Comme moi, il lui faut un emploi et une adresse. Je l'informe de ma dernière conversation avec Pierre.

Nous partons d'un principe : inventer le moins possible pour éviter les erreurs. Chantal propose d'être une pâtissière originaire de Longueuil, une profession qu'elle a réellement exercée il y a quelques années et dont elle peut parler avec assurance.

---

9. Au Québec, criminels organisés sous couvert de clubs de moto, tels les Hell's Angels.

Son histoire fictive : elle a déménagé à New York il y a six mois pour suivre son copain, un anthropologue. Il avait décroché un job de courrier à vélo en attendant un gros contrat. Malheureusement, leur histoire d'amour a mal tourné. Chantal s'est retrouvée toute seule dans un logement d'une pièce et demie avec tous ses meubles. Elle est très triste et a bien besoin de la visite d'une de ses vraies amies : moi.

L'histoire convient parfaitement puisqu'elle permettra de ramener Chantal dans les rassemblements à Montréal par la suite. Privée de son copain, elle aura tout simplement abandonné New York pour reprendre son ancien job de pâtissière à Longueuil.

Dans notre passé reconstitué, nous nous sommes rencontrées à la pâtisserie, il y a environ cinq ans. J'étais une de ses clientes régulières, puisque mes parents habitaient dans le coin.

Pour ce qui est du reste de nos vies, on décide de rester fidèle à la réalité, en demeurant vagues et sans jamais donner de noms. J'ai trois frères et mes parents habitent la Rive-Sud. Chantal a un frère à Québec et ses parents passent leur retraite à voir du pays.

Nous passons le temps du déjeuner à nous poser des questions pour tester nos inventions. J'essaie d'imaginer tout ce qui pourrait nous être demandé. Après deux heures de cet exercice, nous sommes prêtes.

mardi 25 février

Je mets Mathieu au courant de mes démarches devant des toasts et un café fumant à La Mère Poule, sur le Plateau. Depuis le dernier rassemblement, chacune de mes conversations sur le sujet est accompagnée de regards furtifs à droite et à gauche. Je me sens ridicule, mais je veux être certaine que personne n'entend ce que je raconte. Plus mon enquête prend forme, plus je crains d'être démasquée. Il y a peut-être un raëlien assis près de nous. Plusieurs habitent ici, sur le Plateau.

Baissant le ton à ma demande, Mathieu me parle du livre *Mes frères assassins* de Mohamed Sifaoui. Le journaliste français a infiltré pendant trois mois une cellule terroriste d'Al-Qaïda.

— Il faut que tu lises ça ! s'exclame Mathieu. C'est un peu comme ton histoire !

— Mais attends ! Tu trouves pas que t'exagères ?

— Mais non ! L'histoire du clonage humain a fait le tour du monde ! Et le mouvement n'en est pas à sa première controverse internationale, autant en France qu'ici. Mais à ce jour, aucun journaliste n'a réussi à les infiltrer !

— Ouais, ouais, bon, ça va...
Je préfère ne pas l'écouter. Mon enquête commence à peine. Pas question de me mettre autant de pression.

mercredi 26 février

Manon m'écrit deux autres fois pour m'inviter à souper chez Jean-François. Cette fois, j'ai l'excuse parfaite pour refuser son invitation : je pars à New York ! J'en profite aussi pour lui mettre une nouvelle idée en tête : nous faire prendre en photo avec « Sa Sainteté Raël ». Je veux cette photo, essentielle à mon reportage, le plus rapidement possible puisque je prends le risque d'être démasquée à un rassemblement quelconque.

Je lui réécris sur-le-champ. Dans les minutes suivantes, elle me répond par des phrases en majuscules intercalées dans mon texte.

Objet : :-)
RÉPONSE EN MAJUSCULE
BONJOUR BRIGITTE !
Bonjour Manon,
[...]
J'ai une grande nouvelle !
Tu sais comment je voulais aller à New York avec Pierre Bolduc ? Et bien, ça marche ! Il m'a confirmé ça et j'y vais en fin de semaine ! YOUPPIII !!! Je suis super contente ! Je vais me plonger dans le bain pour la première fois et j'ai très hâte, parce que je sens que je suis rendue là. Et puis, je vais en profiter pour aller voir une de mes chums[10]*, Chantale, qui habite New York et qui vient de se séparer. Elle file un mauvais coton. C'est d'ailleurs cette dernière version que j'ai racontée à mon père. C'est aussi pour ça que j'ai été super occupée. Je compte bien tout te raconter à mon retour.*
JE NE SAVAIS PAS, MAIS JE SUIS CONTENTE POUR TOI ! TON PROPRE BONHEUR EST CE QUI DOIT PRIMER ! CHANCEUSE EN TOUT CAS ! AVEC PIERRE EN PLUS !!!
Alors, je suis encore une fois désolée pour l'invitation de J-F. Penses-tu qu'on va pouvoir se reprendre, même si c'est la deuxième fois ? J-F va-t-il être écœuré de moi avant même de me connaître ?
NAAAH !!! JF EST UN BON YÂBE[11]*. ON A L'ÉTERNITÉ DEVANT NOUS, ALORS, BON...*

10. Copain ou copine.
11. Diable.

Encore un autre truc : oui, j'aimerais ça aller à la conférence sur le clonage à l'UDM[12], *le 18 mars. J'y apprendrais sûrement plus de trucs, et pas juste ce qu'on voit dans les médias. Gêne-toi pas pour m'envoyer d'autres infos.*

BEN, C'EST LE 18 MARS, À 19 H 30, AU 3200, JEAN-BRILLANT (MÉTRO CDN), LOCAL B-0245. ENTRÉE 5 $, ET PLAISIR ET ENRICHISSEMENT PERSONNEL GARANTIS !!! J'AI HÂTE AUSSI. JE FAIS CE PROJET AVEC GABRIEL, ET JE TROUVE TRÈS COMPLIQUÉ DE TRAVAILLER AVEC LUI, ALORS... MAIS JE L'AIME BIEN QUAND MÊME. VIVEMENT LE 18 MARS !!!

Et puis, c'est quand le prochain rassemblement mensuel au Gesù ?

LE DIMANCHE, 16 MARS ! J'AI AUSSI HÂTE !

Comme t'as dis l'autre jour, si tu veux, on pourrait prendre notre courage à deux mains et aller lui serrer la pince [parlant de Vorilhon]. Mais juste si tu le fais avec moi parce que sinon, je vais être trop gênée, genre « pas rapport ». Pis j'ai pensé, tant qu'à faire, est-ce que tu crois qu'on pourrait demander que quelqu'un nous prenne en photo avec lui ? Toi et moi ?

1- OUI... ON LE FERA, J'AI UN BON AMI, QUI PEUT-ÊTRE MON COMPAGNON BIENTÔT, C'EST DONNÉ COMME MISSION DE ME LE PRÉSENTER, ALORS IL SE FERA UN PLAISIR À NOUS OUVRIR LE CHEMIN. L'ACCÈS À RAËL RISQUE DE DEVENIR COMPLIQUÉ. LIS L'ATTACHÉ, TU COMPRENDRAS... SA SAINTETÉ RAËL EST MENACÉE.

2- PHOTO, JE SAIS PAS SI ON PEUT... ILS VEULENT PAS DE PHOTOS DURANT LA RENCONTRE, MAIS APRÈS... JE VAIS M'INFORMER.

Bon, j'attends de tes nouvelles.

Désolée de t'avoir submergée !

Brigitte

[...] INTÉRESSANTE ET J'AI JUSTE HÂTE DE POUVOIR MIEUX TE CONNAÎTRE, DISONS QUE JE M'ENTENDS RAREMENT BIEN AVEC DES FILLES, ALORS, TOI, JE T'AIME BIEN, ALORS...

BEN ALORS, PASSE UNE BONNE JOURNÉE ET SOIS HEUREUSE !!!

MANON XXX

Sa dernière remarque me met mal à l'aise. Manon me prend vraiment pour sa nouvelle amie.

Elle m'envoie par *e-mail* le dernier numéro de la revue raëlienne interne *Contact*.

Claude Vorilhon, menacé ?

---

12. Université de Montréal.

Le «prophète» écrit à tous ses fidèles qu'il «y a de fortes chances» qu'il soit assassiné par «les services secrets américains liés à la CIA et leurs équivalents français». Il cite même le nom du «département spécial» chargé des assassinats politiques : Abraham Project. Pourquoi lui ? Parce qu'il «dérange», dit-il, allant jusqu'à citer directement le président George Bush :

> Excédé, [George Bush] a dit a ses services : « Il me faut la peau de ce RAËL qui prône l'athéisme à tous prix.» Et les services secrets de la CIA se sont mis en route... Aidés des services équivalents français ou Jacques Chirac, catholique conservateur convaincu, ne supporte pas ce qu'il considère comme un Français soit responsable de cette affaire de clonage et de la création d'une secte « dangereuse » et athée...

Selon Vorilhon, la CIA conditionnerait déjà des malades mentaux pour le faire tuer. Il va même jusqu'à décrire en détail comment les services secrets s'y prendraient :

> Le processus est simple : on répertorie des malades mentaux, principalement des schizophrènes qui vivent généralement seuls. Ensuite, les services secrets installent discrètement des systèmes chez ces malades pour leur diffuser sournoisement « des voix ». Celles-ci se prétendent être Dieu et leur demandent de tuer quelqu'un. Ensuite ils seront guéris de leur maladie. Le propre des schizophrènes étant justement d'entendre des voix [...] Lorsque leur conditionnement est jugé suffisant, un agent des services secrets les rencontre physiquement, en leur rappelant les messages entendus chez eux et en leur affirmant qu'il ne s'agit pas de leur maladie, mais bien un message de Dieu... Ces agents se présentent comme les envoyés de ce Dieu qui leur confie une mission. Pour renforcer l'impact, les agents sont équipés de lentilles de contact fluorescentes, de perruques blanches ou de pierres lumineuses semblant incrustées dans leur peau, tout cela pour que le malade soit fortement impressionné et pense réellement avoir à faire à un envoyé céleste.

À lire Vorilhon tout cela n'a rien de surprenant :

> Qu'un soi-disant prophète qui a vu des martiens et prône le clonage soit assassiné par un malade mental est normal et ne fera pas beaucoup de vagues dans les médias... sauf si le prophète en question est informé par les Elohim de ce qui se trame et le fait savoir afin qu'une enquête remonte un jour jusqu'en haut. Et que les services du Abraham Project soient démasqués... et surtout les présidents qui les ont mis en route...
>
> Peace and love,
> Raël

Les écrits de Vorilhon m'inquiètent sur son état mental, mais pas autant que la crédulité de Manon. Comment se fait-il qu'elle prête foi à de telles sottises ? Est-ce que tous les raëliens croient sincèrement que les plus hautes instances gouvernementales veulent assassiner leur « prophète bien-aimé » ? Si c'est le cas, que seraient-ils prêts à faire pour le protéger ? Iraient-ils jusqu'à donner leur vie ?

Il me faut des réponses à ces questions.

vendredi 28 février

Chantal et moi débarquons à New York. Nous logeons à l'Hôtel Intercontinental de la 48e Avenue, à Manhattan. Nous allons dîner dans un restaurant italien à côté de la patinoire du Rockefeller Center.

Sur place, Chantal m'explique où sont les artères principales sur la carte de Manhattan. Elle l'a bien étudiée et a choisi la rue de son logement fictif puisqu'elle est censée habiter l'île depuis six mois.

Bien avant le dessert, j'ai l'étrange impression de jouer dans un thriller. Je suis dans la scène du calme avant la tempête. Chantal et moi sommes d'accord : notre mission à New York nous semble complètement invraisemblable. Surréaliste.

Nous sommes inquiètes, mais nous n'en parlons pas. Je me répète sans cesse : « Il faut que ça marche, il faut que ça marche. » D'abord, parce que le *Journal* m'a fait assez confiance pour nous confier ce reportage, à Chantal et à moi. Ensuite, parce que je mise beaucoup sur cette fin de semaine pour devenir l'une des leurs et établir ma sincérité aux yeux des raëliens. Et, qui sait, peut-être me fera-t-on assez confiance par la suite pour me mettre dans le secret des dieux du clonage humain ?

samedi 1er mars

8 h 30 ◆ C'est l'heure.

Comme prévu, j'appelle Pierre, mon missionnaire raëlien québécois, sur son téléphone cellulaire, en espérant que ça fonctionne. Il répond après deux coups. « Salut ! Comment ça va ? » me lance-t-il, visiblement heureux d'entendre ma voix.

Il vient tout juste d'arriver à New York en voiture. Trop fatigué pour conduire hier soir, il a décidé de coucher dans son petit *pick-up* et de terminer le voyage ce matin. Je me félicite de ne pas avoir fait le voyage avec lui.

Il a oublié tous ses numéros de téléphone. Il se rend donc chez le responsable des raëliens à New York, un certain Daniel, et il me rappelle dans 5 à 10 minutes. Je lui demande :
— Est-ce qu'on déjeune ensemble ou tu auras mangé ?
— Je sais pas encore, répond-il, un peu impatient. Je vais tout te dire dans 5 à 10 minutes.
— D'accord.
J'attends.... Trente minutes passent. Une heure plus tard, j'attends toujours. Je le rappelle. Il me dit qu'il avait oublié mon numéro.
— Je me forçais *télépathiquement* pour que tu m'appelles, s'exclame-t-il. Ça fait une demi-heure que j'essaie plein de numéros.

Je ris comme si c'était une bonne blague... Je pense : « Quel nul ! Je viens le retrouver à New York et il n'est même pas foutu de s'assurer qu'il peut me joindre ! »

Son plan de bataille : nous déjeunons ensemble, lui et moi, et on va « diffuser » le message des Elohim dans le Chinatown. Daniel, champion *diffuseur* à New York, va venir nous y rejoindre en début d'après-midi avec une poignée d'autres raëliens locaux.

Mon plan : appeler Chantal dès que je connaîtrai le lieu exact de la « diffusion ». Elle y viendra en taxi. Elle prendra des photos en cachant son matériel sous un grand imperméable. À la fin de l'opération, elle rangera son matériel et son imperméable dans un sac à dos. Puis, elle nous rejoindra. Je la présenterai comme une amie intéressée par le mouvement. Il faudra simplement s'assurer qu'aucun raëlien n'ouvre son sac.

Pierre veut passer me prendre à l'hôtel. J'accepte. Chantal ira marcher dans le Chinatown en attendant mon appel.

Ça sera la première fois que je me trouverai seule avec l'évêque. Mon unique préoccupation : lui donner l'impression que je l'admire. Parce que, comme tout niveau 5, il s'attend à ce que les raëliens soient pâmés devant lui.

10 h ◆ Le visage fripé et les longs cheveux gris emmêlés, Pierre descend de son *pick-up* gris dès qu'il m'aperçoit dans la rue. Après un autre salut enthousiaste, il me prend par la taille, me colle sur lui et m'embrasse lentement sur les deux joues. J'ai envie de lui planter mon genou entre les jambes, mais je me retiens. Pour cette fois.

Avant d'embarquer, je l'aide à ranger le matériel utilisé pour dormir, recroquevillé sur les deux petits sièges avant de son véhicule. On va déjeuner au *fast food* Sbarro, à Times Square où, par miracle, on trouve une place de stationnement.

Je paie pour nos montagnes de bacon, œufs brouillés et patates et on s'assoit pour manger. Pierre m'apprend qu'on a du temps à tuer. Daniel qui livre des journaux la nuit ne viendra nous rejoindre qu'après sa sieste... dans quatre heures ! Et comme c'est lui qui possède tout le stock de « diffusion »... Bon. J'en profite pour cuisiner Pierre.

Je lui parle d'abord de mon amie Chantal. J'utilise mon scénario : « Je l'ai laissée dormir ce matin. Elle pleurait hier soir. »

Il me demande ce que je fais dans la vie. Je lui réponds : « De la tenue de livres. »

Allez savoir pourquoi, mais ça l'allume. Merde ! J'espère qu'il ne me coincera pas.

— Ah, de la comptabilité !

— En quelque sorte.

Il faut que je change de sujet.

— Je fais les commandes et les payes, mais j'aime pas trop ça. C'est casse-pieds. Et toi, que fais-tu ?

Il me raconte qu'il a 46 ans et qu'il n'a pas d'emploi. Il a retapé quatre immeubles et se paie des leçons de tennis avec les revenus de ses 80 loyers. (Les données publiques du registre foncier de la Ville de Montréal ne font état que de deux immeubles de cinq logements à son nom. Selon mes recherches, il partagerait la propriété du deuxième immeuble avec deux autres personnes.)

— Et ce n'est pas trop de travail ! m'assure-t-il. Si je travaille trois heures par mois sur mes immeubles, c'est beau.

Il dit s'activer sur un concept de logements préfabriqués qui devrait lui rapporter des millions de dollars.

— T'empiles tous les logements les uns sur les autres en une journée, explique-t-il fièrement.

Pierre a bâti une réplique fidèle de la soucoupe volante dans laquelle Raël dit avoir pris place avec les Elohim, en 1973. Six mois de travail. Il s'agissait de la pièce maîtresse du défunt musée UFOland, situé à Maricourt.

Son objectif à New York : recruter 1 000 personnes.

— Avec 1 000 raëliens, on devrait être capables d'éduquer les 12 millions qui habitent ici, croit-il.

À ce jour, le résultat de ses efforts est loin d'être spectaculaire. Après quatre ans de diffusion, la cellule new-yorkaise ne compte que cinq ou six fidèles. Mais Pierre n'est pas découragé.

— C'est comme à Montréal : on a démarré avec une poignée de gens et là, on est 400 aux rassemblements, explique-t-il.

Et Raël ? L'évêque le connaît depuis près de 20 ans. Ils sont partenaires de pétanque, une des trois passions du prophète, avec la course automobile et les jolies femmes, selon ses propres dires. Lorsque Raël a quitté la France pour le Québec, c'est d'abord chez Pierre qu'il s'est réfugié.

— C'était devenu trop dangereux pour lui là-bas, explique-t-il d'un ton sérieux.

Le prophète et l'évêque se côtoient régulièrement et se considèrent comme des amis.

Je lui dis que le prophète m'impressionne et que j'aimerais bien le rencontrer lors de la prochaine rencontre mensuelle.

— T'as qu'à venir me voir ; y'aura pas de problème, lance-t-il, sûr de lui.

La porte est ouverte. J'entre.

L'air soudainement inquiet, je dis :

— J'ai lu dans le bulletin du mouvement que Raël est l'objet de menaces de mort !

— Oui, mais c'est pas nouveau. Il reçoit souvent toutes sortes de menaces.

— Ça ne l'inquiète pas ?

— Non. Je te dirais même une chose : ça serait bon qu'un jour Raël se fasse tuer ou qu'il meure.

Sa réponse me donne froid dans le dos. Mais à qui donc ai-je affaire ?

— Quoi ? Je comprends pas !

— Ben oui ! Parce que s'il meurt, il n'y aura plus aucune chance qu'un jour, il nie tout ce qu'il enseigne depuis 20 ans : sa rencontre avec les Elohim et tout ça.

— Je comprends toujours pas. T'as des doutes ? Tu crois que c'est pas vrai ?

— Non, non, non ! Pas moi ! Chaque fois que j'ai vu Raël, j'ai toujours cru en lui. C'est pas pour moi, c'est pour les autres. Il y a plein de gens qui croient qu'un beau matin, Raël va se lever en déclarant que tous ses enseignements, c'est de la merde. Et c'est pour ça qu'ils ne deviennent pas raëliens. Alors le jour où il ne sera plus là, le jour où il sera mort, tous ces gens devront bien croire... Pourquoi crois-tu que Jésus a été crucifié ? Ce n'est pas pour rien !

Je ne sais pas quoi répondre. Je suis sincèrement abasourdie. Cet homme se dit l'ami de Raël ? On dirait presque qu'il souhaite sa mort, pour le bien du mouvement !

Je garde mes réflexions pour moi.

Je suis tellement abasourdie que je fous 7 $ à la poubelle avec mon assiette vide, en quittant le restaurant.

12 h 30 ◆ De retour dans la voiture, Pierre me dit qu'il faut aller chercher Norma, une raëlienne de Brooklyn. Elle va venir « diffuser » avec nous.

— Tu vas voir, elle est très intelligente, dit Pierre, en chemin. Elle n'a pas fait sa transmission[13] encore, mais je sais que c'est une raëlienne.

— Et moi, est-ce que tu sens que je le suis ?

— Oui, mais si tu n'as pas encore osé le dire à tes parents, c'est qu'il y a quelque chose qui cloche.

Mais pour qui se prend-il, lui ? Je lui ai raconté, plus tôt, que je n'avais osé en parler à mon père pour ne pas brouiller nos relations de travail. Et maintenant, il s'en sert contre moi ! Pas question de me laisser faire. Je réplique :

— Oui, mais toi, ton père était mort quand t'es devenu raëlien, alors que moi, je travaille avec.

— Je comprends. Ça ne sera pas facile.

Il me confie qu'il est le seul enfant de sa famille que son père n'a pas battu.

— C'est peut-être parce que moi, je n'avais pas peur de lui dire qu'il manquait de tenue, avance Pierre.

Son ton de M. Parfait me tape sur les nerfs. Je change de sujet.

— Qu'est-ce qu'il faut faire pour « diffuser » ? Est-ce que c'est compliqué ?

— T'as lu les messages ?

— Euh... oui.

— Ben, t'es prête.

— Ah. O.K.

Norma nous attend au coin de la 52e Rue et de la 9e Avenue. C'est une petite noire aux cheveux blonds et aux verres de contact bleus. Elle

---

13. Le baptême raëlien.

a quoi... 40 ans peut-être ? Je la trouve gentille et drôle, jusqu'à ce qu'elle parle d'une nouvelle invention : les vêtements invisibles. Ils permettraient aux chirurgiens de voir à travers leurs gants pendant qu'ils opèrent !

Le *pick-up* de Pierre est trop petit pour trois personnes. Insérée entre Pierre et Norma, j'ai l'accoudoir qui me rentre dans le dos et le genou gauche sur le levier de vitesse. J'ai une pensée pour mes collègues, qui se bidonneraient de me voir coincée de la sorte.

Avec aussi peu d'espace, je ne sais pas comment Pierre fait pour conduire en slalomant parmi des centaines de taxis. Il en profite pour s'appuyer sur moi, de temps en temps.

Je cache mon agacement.

Nous avons encore beaucoup de temps à tuer. Nous roulons donc tout le long du boulevard Broadway, dans le trafic, pour le plus grand plaisir de mes vertèbres en compote.

Je pense à Chantal, qui marche depuis deux heures dans la foule du Chinatown avec 20 000 $ en équipement photo à l'épaule, en attendant mon coup de téléphone. Ce n'est pas prudent, prudent.

Je l'appellerais bien, mais même Pierre ne peut me dire où nous allons poser nos pancartes. « Quand je suis ici, je me fie aux New-Yorkais », dit-il en pointant Norma.

Finalement, nous payons 15 $ pour un stationnement. Il fait gris mais doux, et les trottoirs du Chinatown sont bondés. Nous nous frayons un chemin jusqu'à notre lieu de rencontre : à l'angle de Broadway et de Canal Street. Le carrefour de la camelote : fausses griffes, montres, parfums, bijoux en toc... En prime : des vendeurs à la sauvette qui déguerpissent devant tout ce qui ressemble au NYPD[14]. Et nous attendons... J'appelle Chantal pour lui dire où nous sommes. Elle commençait à s'inquiéter. Je lui dis que tout va bien.

Elle est prête.

14 h 30 ◆ Un bonnet sur la tête, Daniel débarque enfin avec le matériel de diffusion. Ruby descend aussi de sa fourgonnette. C'est une jeune Coréenne toute mince, à New York depuis six mois. Elle me frotte le bras en répétant : « Hi ! Hi ![15] »

De toute évidence, Pierre est très content de la voir. Il la prend dans ses bras et colle son grand nez froid sur sa petite joue rose. Elle rit comme

---

14. New York Police Department.
15. Salut ! Salut !

Les piétons sont indifférents aux sourires de Pierre qui porte une tuque, à droite.

une gamine. Nous nous installons. Sans explication, Pierre garde Norma et Ruby avec lui et m'envoie de l'autre côté de la rue avec Daniel. Je connais le gars depuis deux minutes à peine. Mais bon, j'y vais.

Gênée, je traverse les rangées de taxis avec une boîte de livres en quatre langues, des tonnes de tracts et une pancarte de plus d'un mètre sous le bras, qui dit : « *The message from extraterrestrials : let us create man in our own image*[16]. »

Je sens le regard des chauffeurs de taxi, qui en ont pourtant vu d'autres, et je sais que j'ai honte. Je suis Daniel comme son ombre. D'un geste assuré, il plante la pancarte sur le bord du trottoir, bien à la vue du flot incessant des passants et des touristes de toutes races. Je mets mon bonnet rouge sur la tête pour aider Chantal à me repérer.

Daniel place la boîte de tracts sous la pancarte et commence son travail. D'une main, il distribue des feuillets en anglais, en espagnol et en chinois. De l'autre, il exhibe deux livres raëliens. C'est qu'il a l'habitude, Daniel. Livreur de journaux la nuit, le résidant du Bronx « diffuse » dans les rues de New York environ deux fois par semaine depuis 1995. Il a fait tous les quartiers.

16. Le message des extraterrestres : laissez-nous créer les hommes à notre image.

Notre manège a l'air d'amuser les vieux Chinois de la bijouterie devant nous. Daniel va les voir et leur donne des prospectus. Mal à l'aise, je me colle contre la pancarte. J'ai l'impression que les passants me regardent avec méfiance. J'ai les mains pleines de dépliants et je ne sais pas trop quoi en faire. Je constate avec surprise que les feuillets font la promotion du livre de Vorilhon et non pas des messages des extraterrestres.

— Ne t'attends pas à les voir venir à toi, me reproche Daniel, en français. Tu dois leur tendre le prospectus... Certaines personnes sont agressives en nous voyant, mais je ne me suis jamais fait frapper.

Rassurant.

Je suis les conseils de Daniel, à ma droite.

Je tends et je retends mon feuillet sur *Le livre de la vérité,* mais les gens n'en veulent pas. J'étire davantage le bras, et un jeune Noir le prend. Quel soulagement! Mais voyons, qu'est-ce qui me prend?

Je continue. Il faut faire vite. Daniel m'explique que si un Chinois s'amène, il faut changer de feuillet pour lui en tendre un dans sa langue. Un enfant en prend un. Je demande à Daniel:

— Est-ce qu'on en donne même aux enfants?

— Sûr! Ils peuvent le donner à leur mère, à leur frère, à leur sœur...

En une demi-heure, je distribue une vingtaine de prospectus. La plupart des passants ne nous regardent même pas. Certains rient en voyant la pancarte. Des latinos aux grosses bagues, de grands rappeurs avec des jeans dont la fourche leur tombe aux genoux. D'autres sont agressifs. Ils crient : « Qu'est-ce que c'est ? Qu'est-ce que c'est ? » en ralentissant le pas. Je pense : « Pourvu qu'ils ne s'arrêtent pas ! »

Un jeune homme blanc vient se planter devant l'affiche. Il prend le feuillet que je lui tends et me demande si j'ai d'autres trucs. Tiens ! Une marque d'intérêt. Je lui montre le livre en anglais que j'ai dans les mains et je lui dis simplement :

— Il vaut la peine d'être lu.
— Combien ? me demande-t-il.

Je lui dis 20 $. Il me les donne et s'en va. Je n'en reviens pas. Daniel, lui-même, ne vendra pas un seul livre de l'après-midi.

— C'est quoi, ça ? demande-t-il en voyant le billet de 20 $.
— J'ai vendu un livre.

Je me garde bien de dire à quel point ma tâche a été facile.

— T'as quoi ? Ah oui ? Eh bien, t'es en avance sur tout le monde ! rigole-t-il. Mais tu lui as redonné 5 $, au moins ?
— Euh, non... C'est pas 20 $ le livre ?
— Non, c'est 15. Il est où, ton gars ?

Je le pointe du doigt. Daniel lui court après et lui remet 5 $. Impressionnant.

Je traverse la rue pour aller chercher un autre livre en anglais. Je raconte mon exploit à Pierre, qui n'a pas l'air si content. Jaloux, l'évêque ? Lui-même ne vendra rien et ne fera aucun nouvel adepte.

Malgré ses efforts, Pierre ne vend pas un seul livre.

Je retourne à mon poste. Les seules personnes qui s'arrêtent pour nous parler ne veulent que des indications pour trouver une rue.

Notre baratin n'intéresse personne.

Pendant que Daniel sert son baratin à un vieil homme, j'appelle Chantal pour avoir des nouvelles.

Chantal prend des dizaines de photos incognito.

— Ça fait quatre fois que je passe devant toi pour prendre des photos ! s'exclame-t-elle. Tu ne m'as pas vue ?
Non. Pas du tout. Eh bien, elle est bonne !

Misère ! Je suis seule avec tout le matériel.

Je me retourne... Je suis seule avec tout le matériel. Daniel est parti voir les autres de l'autre côté de la rue. Je continue à tendre des feuillets, mais là, je me sens mal et pour tout dire, un peu peureuse. Je pense à la tragédie du World Trade Center, et je me dis que les gens ici ne veulent pas entendre que Dieu n'existe pas. Ce qu'on fait, c'est de la provocation.

Tout à coup, un Noir aux allures de joueur de football se plante devant moi. Sa bouche est à 10 centimètres de mon nez. « Qui êtes-vous ? », crache l'homme en manteau de cuir, d'un ton militaire. J'articule maladroitement « Wrahilians » en anglais.

— Dis-moi quelles sont tes croyances ? m'ordonne-t-il, pendant que ses compagnons le rejoignent.

— Euh... Daniel ?

Heureusement, Daniel est de retour. Ouf ! Le ton monte quand Daniel lui explique, au risque de se faire casser la gueule, que Dieu n'existe pas et que nous sommes le fruit de la science d'extraterrestres savants. Je ne peux m'empêcher de le trouver courageux. Au cas où je pourrais l'aider, je reste à côté de lui mais ne dis rien. Le gaillard regarde Daniel avec un mélange de frustration et de pitié. Il se tourne de nouveau vers moi.

— Est-ce que tu crois tout ça, toi aussi ?

Je pense : « Es-tu malade ? »

Je réponds : « *Sure !* »

— J'aimerais pouvoir vous expliquer qui est mon Dieu, s'exclame-t-il, en hochant la tête, l'air découragé. Impatients, ses copains le tirent par la manche, et il poursuit son chemin.

Phil s'est joint au groupe de Pierre.

16 h 30 ◆ Je n'en peux plus. Je suis transie de froid et épuisée. Heureusement, l'opération semble tirer à sa fin.

Comme convenu, j'appelle Chantal pour qu'elle apparaisse, ce qu'elle fait quelques minutes plus tard, après avoir rangé son déguisement dans son sac à dos. Elle a terminé ses photos. Nous nous embrassons comme si nous ne nous étions pas parlé de la journée. Je la présente à Daniel qui ne la reconnaît pas bien qu'elle l'ait photographié une douzaine de fois. Parfait.

Chantal aussi est frigorifiée. Elle a le dos en compote et les bras morts à force de transporter ses deux caméras et ses lourds objectifs. Nous allons prendre un café, libérées pour un temps des « wrahilians », dans un restaurant à deux pas de là. Nous ne pouvons résister à l'envie de regarder les photos. Chantal a réussi à les prendre en se cachant derrière les présentoirs et les clients des commerces avoisinants.

— Pour ne pas me faire voir, j'ai dû demander à un commerçant de me servir d'écran, me raconte Chantal en riant. Il croyait que j'étais de la police !

Nous nous enfermons dans les toilettes sales et elle me les montre, sur son écran numérique. On y voit presque tout le groupe, des deux côtés de la rue. Elle est vraiment bonne. Je la félicite.

17 h 15 ◆ Nous passons à la deuxième étape de notre plan. Nous allons retrouver Pierre, Norma, Ruby et Phil, qui viennent d'arriver. Je leur présente Chantal comme mon amie de New York. Ils l'accueillent tous en souriant.

Tout le monde est gelé. Nous aidons à tout ramasser. Pierre, Norma, Chantal et moi allons souper dans un resto chinois sur la rue Mott, près de Canal Street. Ma collègue et moi sommes sur nos gardes. Nous questionneront-ils ?

Pour nous réchauffer, nous nous servons trois tasses de thé chacun et nous partageons une grande soupe. Norma est assise à côté de moi. Elle entreprend de me raconter sa vie amoureuse pendant que Chantal subit à son tour le discours de Pierre sur les extraterrestres et la nanotechnologie. Elle me raconte plus tard qu'il lui a touché la cuisse sous le table trois fois. « Je me sentais envahie, me dira-t-elle. T'as pas vu comment je m'écrasais contre le mur ? »

Nos rôles et nos histoires semblent tenir la route. Relax, Pierre et Norma ne semblent se douter de rien.

Au dessert, j'ouvre mon biscuit chinois. Je le lis. « Vous allez voyager loin pour le plaisir et le travail. » Chantal et moi éclatons d'un grand rire ! Heureusement, notre décrochage est pris pour de la fatigue. Message du biscuit de Pierre : « Vous êtes une personne cultivée. » Cette fois, nous réussissons à ne pas rire.

20 h 15 ◆ Pierre insiste pour payer mon addition, puisque j'ai payé son déjeuner. Il nous donne rendez-vous le lendemain pour la réunion mensuelle des raëliens new-yorkais et il part avec Norma. Il va dormir chez elle, comme à chacune de ses visites à New York.

Dans le taxi qui nous ramène à l'hôtel, Chantal et moi jubilons. Ça marche !

dimanche 2 mars

10 h ◆ Chantal et moi prenons l'ascenseur d'une triste bâtisse de la 54e rue, lieu de la rencontre mensuelle des raëliens new-yorkais. J'ai adopté le style raëlien : chandail moulant rose et des couettes dans les cheveux. Je me sens un peu ridicule.

Phil, Pierre et Daniel sont déjà arrivés.

Au 11e étage, on entre dans un local de danse qui me rappelle tout de suite le feuilleton télévisé *Fame* : longs miroirs, grandes fenêtres sales, peinture jaunie, planchers défraîchis. Un piano est installé dans le fond de la salle. Une douzaine de chaises en plastique bon marché sont éparpillées au milieu. Une dizaine de personnes, dont une poignée de curieux, discutent dans le local presque vide. Pierre, Norma, Phil, Daniel et Ruby sont là.

En enlevant nos manteaux, je souffle à Chantal de prendre des photos. Elle fait semblant de jouer avec les boutons de son petit appareil en prenant des clichés à la hauteur de sa taille.

Aly, une grande New-Yorkaise, mince, dans la trentaine, nous salue en français, debout derrière une table couverte de livres sur le clonage, la méditation sensuelle et les messages des extraterrestres.

— C'est la première fois que tu viens à nos rencontres? me demande Aly.
— Non, je viens de Montréal. Je suis avec Pierre.
— Ah! s'exclame-t-elle, ravie. T'es raëlienne!
— Euh... oui. Bien, euh... pas techniquement. Il faut que j'attende les prochaines transmissions, en avril.
— Alors tu l'es, mais dans ton cœur.
— C'est ça.

Pierre m'entend et vient me donner l'accolade. Il est en grande forme. Il est allé jogger dans Brooklyn après sa nuit chez Norma.

Certains nouveaux arrivants sont déçus. «Je pensais qu'il y aurait plus de monde, avec tout le tapage médiatique», dit John, assis près de moi. Il a un petit calepin vierge dans les mains, mais il le range vite avant le début de la réunion.

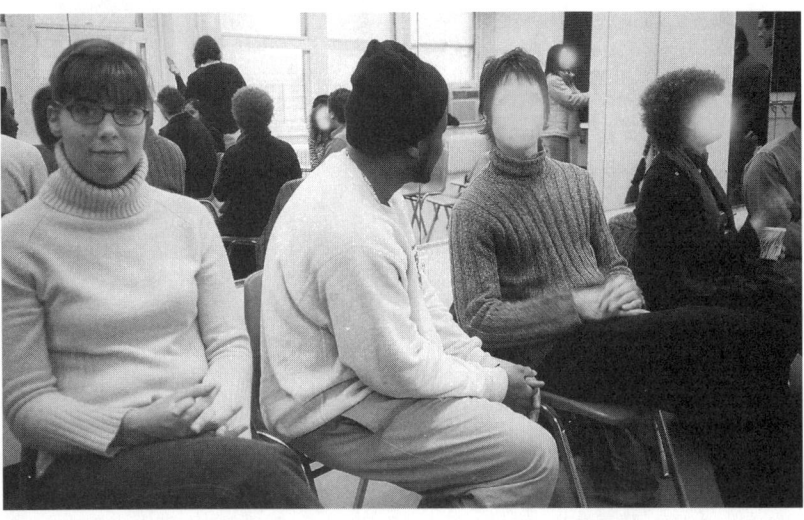

John, à droite, est-il journaliste?

Un autre journaliste? En bonne raëlienne, je commence par lui demander ce qui l'amène à la rencontre.
— À cause du clonage. Ça m'intéresse, répond-il. Et toi?
— Je viens de Montréal.
— N'est-ce pas près du quartier général du mouvement, ça?

Je le trouve bien informé pour un nouveau.

— Ceux de Valcourt? Oui. On y trouve d'ailleurs la soucoupe volante visitée par Raël…

Et là, j'ajoute un mot de trop:

— … apparemment.

Merde. John et moi éclatons de rire! C'est la deuxième fois que je décroche, et ce n'est pas le moment. Tout va tellement bien!

J'arrête de rire. J'ai l'impression que John et moi nous nous sommes démasqués mutuellement, mais que nous ne nous dénoncerons pas. Mais j'ai peut-être trop d'imagination…

John se tait, lui aussi. Ni vu ni connu.

— C'est lui qui a bâti la soucoupe volante, dis-je, en pointant Pierre.

Daniel vient s'asseoir à côté de moi. Je lui dis que John est nouveau. Tout de suite, il lui sert son discours sur le 3e type. Assise à ma droite, Chantal me fait signe: elle a des photos du local. Parfait.

10 h 40 ◆ La réunion commence par un avertissement de Pierre: il faut tous avoir quitté les lieux à midi pile afin de laisser la place au prochain groupe qui a loué la salle.

Daniel se lève pour présider une méditation de 10 minutes, accompagnée d'une musique relaxante. Sur la boîte du CD, un avertissement: ne pas écouter en conduisant (!).

À la demande de Daniel, tout le monde ferme les yeux. Pierre prend place à côté de moi.

— Vous allez prendre conscience de vos cellules et les unifier, commence Daniel.

Il faut prendre conscience des cellules de nos orteils, de nos talons, de nos jambes, de nos cuisses, de l'intérieur de nos cuisses, du dessus de nos cuisses, et puis…

— Prenez conscience de votre sexe… continue Daniel, de l'espace entre votre sexe et votre anus… de votre anus… Contractez votre anus pour bien ressentir cette partie de votre corps…

Ai-je bien compris? J'ai tellement envie de rire! J'ouvre les yeux à moitié, mais tout le monde a l'air tellement sérieux! Je ravale mes exclamations.

Une fois les anus bien contractés, le groupe se concentre pour faire un brin de télépathie. «Elohim, nous vous envoyons tout notre amour et nous avons hâte de vous voir», dit Daniel avant de se rasseoir.

Pierre actionne un petit projecteur numérique installé sur une chaise. Il met sa main sur mon genou. Je n'apprécie pas du tout le caractère intime de son geste, mais tant qu'il s'en tient à mon genou, je n'ose protester par crainte d'avoir l'air de lui manquer de respect. Sur le mur, on voit une vidéo de raëliens, tout sourires, qui prennent des passants dans leurs bras sur les trottoirs de Montréal. Une activité que le mouvement appelle l'Étreinte de la paix, une de ses façons de protester contre la guerre en Irak.

Pierre démarre la vidéo d'une interview de Claude Vorilhon, datant de la semaine dernière. On voit la journaliste lui poser une seule question : « Quelles sont vos trois plus grandes qualités et vos trois plus grands défauts ? » Vorilhon bafouille, embarrassé. Il ne sait vraiment pas quoi répondre.

Pierre est pâmé. Il interrompt la projection et se lève d'un trait. « Vous voyez ! s'exclame-t-il, Raël est si peu habitué à penser à lui-même qu'il a de la misère à répondre à une question aussi simple sur sa personne ! C'est merveilleux ! »

11 h 50 ◆ La réunion se termine. Tout le monde est invité à déjeuner au Cosmic Diner (ce n'est pas une plaisanterie), à quelques rues de là. Avant de partir, j'ai une idée.

— Hé, Pierre ! Je voudrais prendre une photo de tout le monde comme souvenir de mon voyage à New York.

— Quel genre de photo ? me demande-t-il, d'un ton suggestif, en passant ses bras autour de moi et en collant son bassin au mien.

À l'aide ! Je ris jaune quand Pierre me coince dans ses bras.

Son étreinte m'exaspère. Je n'ai aucune espèce d'envie de satisfaire ses besoins évidents d'affection féminine. Tout en continuant de sourire, j'essaie de le repousser, mais il me tient fermement contre lui. Le salaud. Je garde mon sang-froid.

—Juste un souvenir parce que je ne viens pas souvent à New York, et je pourrais vous l'envoyer par Internet.

Daniel se porte à nouveau à ma rescousse.

—O.K. Tout le monde! On se place pour une photo! lance-t-il.

Les raëliens de New York, et moi. Debout, de gauche à droite: John, deux inconnus, Phil, Aly, moi, Norma, Pierre, Ruby, Daniel, une inconnue et Monique. Accroupis: Roman et un inconnu.

Pierre me lâche. Merci, Daniel. Tout le groupe de New York se place. Prenant soin d'abandonner ses réflexes professionnels, Chantal prend quelques photos de groupe. Il y en a même un qui s'offre pour nous photographier ensemble, Chantal et moi. Nous acceptons volontiers, un sourire en coin. S'il savait...

Nous sortons et nous marchons sous une pluie froide jusqu'au restaurant. John nous rejoint. Il installe un tout petit téléphone et une caméra digitale sur la table. «J'aime beaucoup les gadgets, explique-t-il. Je fais des films publicitaires.»

68 ▶ **Raël** • Journal d'une infiltrée

Chantal et moi, photographiées par un raëlien.

Norma et moi avec, dans le miroir, Chantal à l'œuvre.

Il nous prend pour des cruches.

Lui et Chantal prennent beaucoup de photos durant le dîner. Ils sont les seuls à le faire.

Le repas arrive, et Pierre radote ses histoires déjà entendues deux ou trois fois. À 12 ans, il a découvert que l'astrologie, c'est de la merde. Ou encore... S'étant récemment initié au tennis, il compte devenir champion dans deux ou trois ans. Il y va même de sa tirade sur les avantages d'un éventuel assassinat de Raël.

Tout en déblatérant son discours habituel, il tente de convertir une jeune femme d'origine indienne assise en face de lui.

Pierre vend même sa salade pendant le lunch.

Une raëlienne allemande intervient :
— Tu dis qu'il n'y a pas de Dieu, Pierre, mais les Elohim, c'est comme Dieu, en fait. Ils veillent sur nous, ils sont tout-puissants, etc.
— Non, non, répond Pierre. C'est en quelque sorte un ordinateur qui nous observe...

L'Allemande n'est pas convaincue.

J'essaie d'écouter leur conversation, mais Monique ne m'en laisse pas la possibilité. Assise entre Pierre et moi, elle n'a apparemment aucune intention d'écouter l'évêque de Montréal.

Elle me raconte sa vie, en jouant avec sa minuscule médaille en argent. Célibataire, 39 ans, pas d'enfant, l'artiste de sa famille... Elle étudie le commerce sur le Web pour pouvoir aider la cellule new-yorkaise des raëliens. Elle dit avoir été pigiste pour des magazines, mais qu'elle n'a pas aimé l'expérience.

Monique ne parle que l'anglais, mais elle a quand même eu beaucoup de plaisir au stage de deux semaines l'été passé, au camping raëlien de Maricourt, au Québec. Ça lui a coûté 2 000 $, mais elle veut y retourner cette année. Elle souhaite avoir mon adresse électronique pour qu'on reste en contact d'ici là. Je la lui donne. Ça l'enchante.

Pendant que je parle, Chantal prend encore des photos.

Il est presque 15 h. Pierre doit bientôt retourner à Montréal. Chantal et moi quittons le restaurant en le remerciant. Le sourire chaleureux qu'il nous adresse me dit que ma mission est accomplie. Pierre me voit désormais comme une disciple dévouée et sincère. Parfait ! Je compte sur lui pour établir ma réputation au sein des autorités du mouvement.

Le soir, ma collègue et moi nous nous payons une bonne bouffe au Fanneli's, un petit restaurant chaleureux de Soho. Nous sommes crevées. Nous portons un toast à notre reportage.

Personne ne va croire ce que nous venons de faire. Heureusement, nous avons des photos pour le prouver !

lundi 3 mars

6 h ◆ Un vol nous ramène à Montréal. Je suis toujours crevée, mais je débarque quand même au *Journal* vers 10 h. Je commence à raconter mon équipée new-yorkaise à Mathieu quand j'entends mon boss crier mon nom, comme d'habitude. J'entre dans son bureau suivie de Mathieu, Marco et Guy Perras, directeur adjoint à l'information. Ils veulent tous entendre mon récit.

Avec tous les détails voulus, je leur raconte mon racolage dans la rue, le grand gaillard qui voulait m'arracher la tête, la petitesse du groupe local, l'introduction de Chantal dans l'enquête, ses photos en secret, les liens de Pierre avec Raël... Je garde la pièce de résistance pour la fin.

— Le gars qui a animé la méditation au local des raëliens nous a tous demandé de ... contracter nos anus !

— Nooooonn !

— Je vous le dis ! Je vous le dis ! Et tout le monde l'a fait ! Moi non plus, je n'en revenais pas !

— Mais quelle bande de...

Je m'esclaffe avec mes boss et mes collègues ahuris. Ça fait du bien.

— T'as quelque chose sur le bébé cloné ? me demande Dany.

— Non. Toujours rien.

— Rien ?
— Non, rien. Les membres que j'ai rencontrés n'ont pas l'air au courant. C'est difficile de poser des questions sans éveiller de soupçons parce que personne n'en parle, à part Vorilhon. Et puis ils savent que le sujet intéresse les journalistes. Ça les flatte, mais ils sont sur leurs gardes. Vorilhon lui-même dit qu'il n'y a que Boisselier qui sait et elle, je ne l'ai pas vue à ce jour.
— C'est quoi ta prochaine étape ? demande Guy.
— Il y a un ministage de « décontamination médiatique », au début d'avril.
— Qu'est-ce que vous allez faire ?
— Je n'en ai aucune idée, mais je dois y aller.
— C'est quand ? demande Dany.
— Les 5 et 6 avril.
— O.K.
— Ensuite, il faut absolument que j'assiste au stage de deux semaines à UFOland, en juillet.
Réaction immédiate de mes collègues, qui sifflent, l'air cabotin.
— Ouuuuh !
— Tu vas pas être obligée de te promener toute nue quand même ? Ha ha ha !
Nouvelle rafale de rires. J'ai trois frères. J'en ai vu d'autres.
— Ben non, voyons, les gars !
Je continue :
— C'est l'événement de l'année. Tout le gratin raëlien s'y retrouve. Et comme aucun journaliste n'y a accès, enfin... normalement, Dieu sait ce qui s'y passe.
— O.K., dit Dany. On va attendre jusque-là. Lâche pas, Bridge.
Il ne me reste plus qu'à tenir le coup jusqu'en juillet.
Malgré ma fatigue, je reste au bureau toute la journée. Mathieu et moi venons de recevoir de croustillantes informations au sujet d'un dossier que nous traitons ensemble.

mercredi 5 mars

C'est confirmé : notre voyage à New York avec les raëliens est un franc succès. Ça y est : je suis une des leurs !

Objet : Coucou !
Bonsoir belle Brigitte,
Bienvenue chez les raëliens, alors grande sœur ! Je suis contente de voir que tu as eu un fun fou à New York, je t'envie ! J'ai vu Pierre, et il n'a que du bien à dire de toi ! J'ai d'ailleurs hâte de te revoir ! Finalement, tu veux souper avec JF et moi ce weekend ? Fais-le-moi savoir assez tôt, que je vérifie avec lui s'il peut. JF est un très bon gars, rigolo, avec un côté sérieux, une compagnie très agréable !
[...]
Autrement, rien de marquant... ma vie est tranquille... Je suis surtout fatiguée... je travaille gros, je vois trop de mecs, etc. Je vais devoir me prendre du temps pour moi au plus vite, mais regarde-moi ça : à partir du week-end prochain, je ne pourrai pas paresser au lit pendant 11 jours !! Les week-ends, je bosse à 8 h, du 10 au 14 mars, nous distribuerons les tracts pour annoncer la conférence dès 7 h 00 à l'UDM, puis, je bosse le week-end, puis les 17-18, encore les tracts !!
AAAAAAAARRRRRGGGGGGGHHHHHHHH !!! Mais si cela permet de trouver un raëlien, ça vaut le coup !!
Bon, je vais au dodo, moi !! J'ai hâte de te revoir, en tout cas !!!
Donne-moi de tes nouvelles !!! Bonne nuit !!!
Manonxxx

dimanche 9 mars

« Moi, je suis ta mère et je n'aime pas ça, ton enquête. »
Je me suis résolue à parler de mon enquête à mes parents. Je savais que ça les inquiéterait, mais je ne voulais pas courir le risque qu'ils me voient, par hasard, à un coin de rue dans Montréal avec ma médaille au cou en train de parler aux passants de télépathie et de méditation sensuelle. Ça ne serait pas bon pour leur santé cardiaque.
— Est-ce que c'est à cause des arëliens qu'on ne voit plus ton nom dans le *Journal* ? demande mon père durant le dîner familial du dimanche.
J'éclate de rire.
— C'est les raëliens, papa. Et puis mon nom était dans le *Journal* cette semaine. J'ai interviewé un ministre. T'as pas vu ?
Pour mes parents, les raëliens se résument ainsi : orgies, extraterrestres et clonage humain. Un mélange repoussant. Ma mission : les rassurer. Je leur explique du ton le plus convaincant possible que, dorénavant, les raëliens me connaissent et je les connais. Le plus dur est fait. Je fais partie de leur groupe. Enfin, j'espère...

L'air convaincu, c'est du moins ce que j'explique à ma mère entre deux bouchées de son délicieux rôti de porc.

— L'autre jour dans la cafétéria à l'usine, y'avait deux femmes qui riaient des aréliens. Je leur ai dit : « Attendez, attendez, vous allez voir ! » raconte mon père, son index pointé vers le plafond.

— Mais, papa ! Il ne faut pas que t'en parles !

— Je sais ! Je sais ! J'en n'ai pas parlé non plus !

— Euh... Je l'ai dit à J.-F., confesse mon frère de 17 ans, l'air coupable.

— Ben là, dites-le donc à tout le monde, tant que vous y êtes !

Finalement, je ne sais pas si c'était une bonne idée de mettre ma famille au courant.

— Mais J.-F., il est correct ! T'en fais pas, la sœur. Je ne le dirai à personne d'autre, je te le jure ! Et en passant, savais-tu que tu connaissais déjà un raëlien ?

— Euh... Non.

— Louis.

— Merde ! Le Louis qui travaillait avec moi à *La Voix de l'Est* ? T'es pas sérieux ! ?

— C'est mon amie qui me l'a dit.

Mauvaise nouvelle. Ma tranquillité d'esprit s'envole. Louis est un journaliste avec qui j'ai travaillé il y a deux ans au quotidien des Cantons-de-l'Est. Il sait que je travaille au *Journal*. S'il me voit dans un meeting des raëliens, c'est la fin de mon reportage.

— Est-ce qu'il pratique ? Je veux dire, est-ce qu'il va dans les rassemblements ? Parce que je ne l'ai pas vu à celui du mois de février.

— Euh... je sais pas, dit mon frère.

— Fais un effort : essaie de te rappeler !

— Humm... Je sais vraiment pas, Brigitte.

Je me ressaisis. Il ne faut pas que ma mère s'inquiète. J'entreprends de raconter à ma famille mon voyage à New York, en omettant les cris des passants dans la rue et les contractions d'anus durant la méditation. Mais je vois bien que ça énerve ma mère quand même.

— Brigitte, pense à ce qui peut t'arriver s'ils découvrent qui tu es vraiment, au beau milieu d'un rassemblement. Que peuvent-ils te faire ?

— Ben... rien, maman ! Ils vont me sortir et c'est tout. Et puis, ça serait pas la première fois qu'on me met à la porte parce que je suis journaliste.

— Oui, oui... je sais. Mais pourquoi justement est-ce que t'as choisi d'être journaliste ? soupire-t-elle, avec un sourire. T'aurais pas pu prendre un métier moins énervant pour tes parents ? Tiens, comme secrétaire !
— Ou serveuse ! continue mon père.
— Ou plongeuse ! ajoute mon frère avec un clin d'œil.
Bon.

Le prochain rassemblement mensuel, c'est dimanche. Qu'est-ce que je fais si je vois Louis ? Option A : je confesse mon enquête et je lui demande de se taire au nom de la solidarité journalistique. Marchera jamais. S'il est là, c'est qu'il est aussi convaincu que les autres membres. Et il ne voudra pas voir le mouvement se faire « salir » encore une fois dans les médias. Option B : j'essaye de le convaincre que j'y crois pour vrai, moi aussi. Marchera pas non plus. J'ai dit à tout le monde que je fais de la tenue de livres. Et Louis connaît mon vrai métier. Non, c'est simple. Il ne faut tout simplement pas que je le rencontre. Voilà.

Il faut que je détende mes petits nerfs...

mardi 11 mars

Manon m'écrit qu'elle va m'aider pour la photographie avec Vorilhon. Elle écrit de nouveau sa réponse en majuscules, au milieu d'un de mes messages :

Objet : Guten Morgen !!!
[...]
Est-ce que tu vas être là dimanche ?
OUIIIIIIIIIIII !!! TOUJOURS ! J'ARRIVERAI TÔT, MON COPAIN EST SUR LA SÉCURITÉ, ALORS SI RAËL VIENT, NOUS DEVRONS ÊTRE LÀ TÔT !!!
(Comme tu vois, c'est ma journée des questions)
ÇA VA ! J'AIME RÉPONDRE !!! ;-)
Penses-tu que je devrais amener un appareil jetable là, pour qu'on se fasse prendre en photo avec Raël ? Ça serait cool, non ?
OFFICIELLEMENT, LES PHOTOS NE SONT PAS PERMISES DURANT LE RASSEMBLEMENT, MAIS J'IMAGINE QU'APRÈS, ÇA VA !!! JE VAIS EMPORTER MON APPAREIL, TU PEUX EN EMMENER UN, MAIS GARDE-LE CACHÉ, GENRE DANS TON SAC. ON NE SAIT PAS ENCORE SI SA SAINTETÉ SERA LÀ. IL EST RARE QU'IL VIENNE. PARFOIS, ÇA SE DÉCIDE À LA DERNIÈRE MINUTE.

Bon, à plus!
Brigitte
BONNNE JOURNÉE ET AMUSE-TOI!
BISOUS À LA TONNE!
MANONXXX

jeudi 13 mars

Ma boîte postale est toujours vide, plus d'un mois après l'envoi de mon inscription au mouvement. Je n'ai aucune idée de ce qu'il est advenu des 100 $ que j'ai expédiés.

Un M. Reno m'appelle sur mon cellulaire. J'apprends alors que je fais partie d'une liste d'appel. Il m'avertit que Raël sera à la prochaine réunion mensuelle. « Il est là chaque mois, maintenant », m'assure-t-il.

Le *Journal* m'envoie couvrir une conférence de presse du Bloc Pot, le parti procannabis, dans le cadre des élections provinciales. Encore une fois, je crains de tomber face à face avec un raëlien. Inquiète, j'avertis le photographe qui m'accompagne de ne pas être surpris si je quitte la salle précipitamment. Il me regarde d'un drôle d'air, sans oser me poser de question.

dimanche 16 mars

10 h ◆ J'arrive stressée au Gesù pour le rassemblement mensuel du mois de mars. Je me dis que c'est peut-être ma dernière journée parmi les raëliens. Je crains de tomber nez à nez avec Louis, mon ex-collègue raëlien de *La Voix de l'Est*. J'imagine le pire des scénarios. Il me voit au milieu de la foule de 200 membres, me pointe du doigt et se met à crier : « Une journaliste dans la salle! » Comment réagiraient mes nouveaux copains?

Je me répète qu'ils ne sont pas violents, qu'ils ne courent pas aussi vite que moi et surtout qu'ils ne savent pas où j'habite.

En entrant dans le hall de réception, je balaie la foule du regard, prête à déguerpir. Il y a autant de monde qu'en février, soit de 200 à 300 personnes. Mais pas de Louis à l'horizon.

Je tombe plutôt sur Manon, qui me colle aussitôt contre sa robe en velours noir aux manches en dentelle mauve.

— Brigitte! s'écrie-t-elle. Je me suis ennuyée!

Moi aussi, moi aussi.

— T'es tellement chanceuse d'être allée à New York, continue-t-elle, toujours aussi hystérique.

Le gars à qui elle parlait avant de me voir se tourne calmement vers moi.

— Elle te cherchait, m'explique-t-il, un sourire en coin.

Ah bon.

Je me suis donné deux missions aujourd'hui. La première : acheter une médaille raëlienne. Je ne peux pas avoir l'air intégrée sans ça. La deuxième : me faire prendre en photo avec le prophète en personne. Comme Manon me l'a suggéré, j'ai mon appareil dans mon petit sac.

Vorilhon n'est pas encore arrivé.

Manon m'accompagne jusqu'au stand de vente des médailles. Cette fois, je ne manquerai pas d'argent. J'ai payé 6 $ pour le stationnement. Il me reste 154 $ dans les poches.

La dame aux médailles m'accueille avec un grand sourire. J'en choisis une de taille moyenne. Son prix : 88 $.

Manon est tout excitée. Elle dit et répète en sautillant que c'est un grand jour. « C'est sa première médaille ! » dit-elle à qui veut l'entendre.

Je sors deux billets de 50 $, et la dame aux médailles me remet un petit sac en plastique contenant le bijou taché de brun et surtout très léger. Je bous : 88 $ pour ça ! Je suis presque insultée. J'arrive même à le plier. Mais je ne dis rien.

Manon veut me l'accrocher dans le cou, mais elle ne peut pas. Parce que ma médaille à 88 $ n'est pas vendue avec une chaîne ! Qu'est-ce que je suis censée faire, la mettre dans mes poches ? Pas le choix. J'achète une chaîne de leur assortiment. Une des moins chères... 36 $! Elle est plus pesante que la médaille. Je viens de claquer 124 $ en 5 minutes. Ça va vite... et cher.

Manon me pousse ensuite vers un autre stand. Elle veut que je m'inscrive au stage de « décontamination médiatique », les 5 et 6 avril. J'aurai alors l'occasion de faire ma transmission.

Pour s'inscrire, il faut payer immédiatement 40 $. Il ne m'en reste que 30. Quoi ? Il me manque encore de l'argent ! La dame responsable des inscriptions est formelle : il est hors de question qu'on me fasse crédit. Bon. Comme d'habitude, je prends un formulaire. Encore de l'argent à envoyer à une mystérieuse boîte postale. Et toujours pas de nouvelles des 100 $ de mon inscription.

À ce sujet, j'interroge la dame qui s'occupe des cotisations annuelles. Elle me renvoie à la table voisine. La préposée fouille dans ses dossiers pendant de longues minutes. Au terme de ses recherches, elle m'informe n'avoir trouvé aucun document à mon nom. J'insiste le plus délicatement possible, et elle finit alors par découvrir un reçu de 100 $ au nom de Brigitte Doucet pour la cotisation de l'année raëlienne 58 (âge de Raël). Mon inscription est valide jusqu'au 30 juin 2003. J'apprends, en outre, que je suis le membre numéro 3835.

Les lumières de l'entrée clignotent et nous entrons dans l'auditorium. Je suis Manon à l'intérieur. En fait, je la suivrai beaucoup aujourd'hui. Je suis fatiguée. J'ai couru toute la semaine au *Journal*, à cause des élections provinciales et de la guerre imminente en Irak. Mais ça, bien sûr, elle ne le sait pas.

À l'intérieur, Manon balaie la foule du regard et aperçoit Samuel et Hélène, assis main dans la main. Un beau petit couple dans la trentaine. Nous nous dirigeons vers eux. Hélène me fait la bise pendant que Samuel embrasse goulûment Manon. Ils se connaissent déjà, ces deux-là !

Une fois assise, Manon m'explique que le copain à temps partiel dont elle m'a parlé dans ses *e-mails* cette semaine, c'est le Samuel assis à côté d'elle. Et comme pour me convaincre, elle se tourne vers lui. Il interrompt sa conversation avec Hélène pour embrasser Manon sur la bouche.

Manon collectionne les amants raëliens.

Tout à coup, je réalise à quel point Manon est le symbole parfait de la légèreté des mœurs raëliennes, tel que l'imagine le monde extérieur. En plus, elle est toute disposée à m'en parler! Je la questionne :

— Mais Samuel, il n'est pas avec Hélène? Ils se tiennent par la main, et tout!

— Ça se peut, mais ça ne me dérange pas, répond Manon en haussant les épaules. Je fais juste le voir comme ça.

— T'as couché avec?

— Ben oui, dit-elle, avec un rire de petite fille. Cette semaine, c'est lui, et la semaine prochaine, ça sera un autre.

Et puis...

— Les gars veulent tous savoir ce que ça fait de se faire sucer par une fille qui a une boule sur la langue, dit Manon, exhibant sa langue percée.

Je ne peux m'empêcher d'écarquiller les yeux. J'essaie d'avoir l'air aussi décontractée qu'elle en lui posant ma question :

— T'as couché avec combien de raëliens, comme ça, depuis décembre?

— Quatre, répond-elle, visiblement fière d'elle-même. Je suis une traînée! J'aime ça le penser, en tout cas. Traînée, traînée... J'aime le mot. Pour l'instant, je ne couche qu'avec des raëliens. Ils sont tellement doux, tellement attentionnés...

Je me tasse un peu, juste au cas où elle déciderait de m'attraper une cuisse, à moi aussi.

L'assemblée commence avec la projection d'une autre scène du documentaire *Microcosmos*. À l'écran, deux escargots gluants copulent au lever du jour. La foule allumée crie des « ooouuuh! » excités.

L'animatrice nous apprend ensuite que Raël ne sera pas là. Merde. Pas de photo. Personne, même elle, ne semble savoir pourquoi. Mais il pourrait tout aussi bien arriver d'un moment à l'autre, précise-t-elle d'un ton mystérieux.

Après la méditation, Nicole Bertrand, seule femme guide-évêque au Québec, monte sur scène sous de vifs applaudissements. Maternelle, chaleureuse, et grande communicatrice, Nicole est l'animatrice vedette du mouvement. Elle nous sert un vrai sermon sur l'amour inconditionnel du prochain, digne des homélies du curé de ma paroisse. Bizarre, pour un groupe religieux qui dénonce tout ce qui se rattache à l'Église catholique. L'évêque nous donne même un devoir : sourire à des inconnus sans attendre la réciproque.

Trois ou quatre autres évêques et responsables de comités montent tour à tour sur scène «parce qu'ils en avaient envie». Ils meublent le temps, en l'absence de Raël. L'un d'entre eux raconte une blague macho que j'avais déjà entendue quelque part. Je me force à rire comme tout le monde. J'ai hâte de partir. J'ai l'impression de perdre mon temps.

Le rassemblement se termine avec une scène du film *Qui veut la peau de Roger Rabbit*. Le personnage principal, un lapin de bande dessinée, ne cesse de se casser la figure en tentant de limiter les gaffes d'un bébé dans une cuisine.

J'ai ri quand j'ai vu le film au cinéma, en 1988. Actuellement, je n'arrive pas à faire le lien, mais tout le monde trouve ça génial et rit aux éclats. Encore une fois, je colle un grand sourire sur mon visage.

mardi 18 mars

J'envoie par la poste mon inscription au stage de décontamination des 5 et 6 avril, avec un mandat de 40 $.

Quitte à décevoir Manon, je décide de ne pas assister à la conférence raëlienne donnée aujourd'hui à l'Université de Montréal. Je connais plusieurs étudiants et je serais obligée de m'afficher comme raëlienne. Je crains d'être démasquée.

Je reçois le premier d'une longue série d'envois de la liste de discussion Raël Science.

Objet: Mouvement raëlien
Bonjour Brigitte,
Bonne nouvelle! Vous pouvez maintenant avoir accès aux découvertes scientifiques les plus récentes en vous abonnant gratuitement à Raël Science.
[...]
Soyez informé avant tout le monde!
Bonne journée,
Lorraine Benoit

Je m'abonne.

Dans les mois qui viennent, je recevrai une avalanche de dépêches à caractère scientifique, politique et religieux. Plusieurs seront accompagnées de cette note antiéthique signée par Raël: «L'éthique est une manifestation des conservateurs déistes et des religieux orthodoxes cherchant à garder l'Humanité dans l'obscurantisme et l'ignorance en lui faisant craindre la science et les nouvelles technologies. »

mercredi 19 mars

La conférence pour laquelle Manon a travaillé si fort n'a attiré que 25 personnes. Malgré tout, elle ne semble pas déçue.

Objet : Tout va bien ! ! !
Bonsoir Brigitte,
Ne t'en fais pas, tout va bien ! La conférence a attiré environ 25 étudiants. Pas mal ! Gabriel a donné la conférence, puisque Marc Rivard [un médecin raëlien] *ne le pouvait pas. Il s'en est bien sorti. Un excellent orateur ! Il y avait là des étudiants de biochimie qui avaient fait circuler un feuillet mettant en garde contre notre conférence, ils en donnaient presqu'à la porte de notre salle ! Y'a pas à dire, certains étudiants de sciences sont vraiment bornés ! Pas grave ! Vraiment, tout a bien été ! Mais là, je suis fatiguée fatiguée... Besoin de gros repos ! Surtout que j'aurais peut-être un joli mec ce soir... Hmmm...*

Décidément, Brigitte Doucet me sera utile d'ici aux élections provinciales du 14 avril. Utilisant mon identité d'emprunt, j'amorce une enquête de deux semaines sur l'organisation de l'ADQ, du PQ et du PLQ[17] dans le comté de Rosemont. Je me fais passer pour une bénévole au sein des trois partis, simultanément, pour comparer leur efficacité sur le terrain. Vais-je me faire prendre ? Bof, on verra. Je commence à me sentir plus à mon aise dans mon rôle de journaliste infiltrée.

lundi 24 mars

Reçu au sujet de Raël Science :

Objet : [raelscience-fr] Clonaid présente les photos d'un « bébé cloné » sans preuves scientifiques
SAO PAULO, 24 MARS (AFP) - La présidente de Clonaid, Brigitte Boisselier, a diffusée lundi à Sao Paulo une photo qui serait celle du troisième des cinq bébés que Clonaid prétend avoir clonés, mais toujours sans présenter de preuves scientifiques. [...]

---

17. Sigles de partis politiques québécois.

La photo, présentée par Mme Boisselier à Sao Paulo où les dirigeants de la secte cherchent des appuis pour développer leurs projets au Brésil, montre un bébé « japonais » dans une couveuse, le visage partiellement couvert.
Comme elle l'a déjà fait il y a une semaine en Israël, Mme Boisselier a affirmé que dans les prochains jours elle présenterait des preuves. D'après elle, le père du bébé japonais se rendra au Brésil pour que des scientifiques puissent vérifier que l'ADN du bébé est celui d'un autre de ses enfants déjà décédé. [...]

samedi 29 mars

Je constate l'ampleur de l'adoration que Manon voue à Vorilhon. Je prends conscience pour la première fois à quel point elle est endoctrinée.

Objet : Notre Bien-Aimé Prophète
Hallo Brigitte!
Ouiiiiiiiiiiiiiiiii! Raël revenait du Brésil ce matin. Je suis allée à Dorval pour l'accueillir (désolée, je l'ai su à la dernière minute). Il m'a fait une grosse accolade... Wow... depuis ce matin, je plane, plane, plane! Il est venu, comme ça, sans rien dire! J'en ai encore des frissons! Grosse émotion! Je l'aurais serré dans mes bras des heures de temps, tant il dégage paix et amour! Oui, nous devons tous être des raëls et aimer autant qu'il le peut! Très beau jour de ma vie!!!
Et toi, quoi de neuf, ma belle Brigitte ??? À bientôt!!!
Bisouxxx,
Manon

Le *Journal* publie mon reportage sur le travail bénévole dans le comté de Rosemont. Non seulement je ne me suis pas fait prendre, mais le PLQ m'a même offert un job!

Pour illustrer le reportage, nous n'avons eu d'autre choix que de publier une photo où je suis en plein travail dans les locaux du PLQ, rue Beaubien. J'y suis toutefois difficile à reconnaître.

mardi 1er avril

Je reçois ce *e-mail* via le *Contact public*, la liste de messagerie interne du mouvement :

Objet : Brigitte à TVA / Grand blond avec un show sournois
Bonjour à tous,
Brigitte Boisselier passera à l'émission de télévision : Le Grand Blond avec un show sournois[18] *avec Marc Labrèche à TVA, lundi le 7 avril prochain. L'émission passe tous les soirs à compter de 22 h 30. L'entrevue de Brigitte est prévue à 23 h 10, lundi le 7 avril. Veuillez informer vos équipes...*
Je vous envoie tout mon amour.
Diane Brisebois

jeudi 3 avril

Contact public

Objet : Émission Le Grand Blond avec Brigitte est reporté
Bonjour à tous,
Ceci est pour vous informer que Brigitte ne passera pas à l'émission Le Grand Blond avec un show sournois *avec Marc Labrèche le 7 avril prochain. Cette émission est possiblement reportée de quelques semaines. Je vous tiendrai au courant lorsque [l'invitation sera] confirmée.*
Love,
Diane Brisebois
Relations publiques du Canada

Je réponds au courriel :

Objet : Re : Émission Le Grand Blond...
Bonjour,
Comme c'est dommage pour Brigitte [Boisselier] ! Pourquoi ne peut-elle pas passer au Grand Blond *lundi ?*
Brigitte D.

vendredi 4 avril

Objet : Re :Émission Le Grand Blond...
Je n'ai fait que transmettre le message de Diane Brisebois.
Je n'ai pas de précision sur le pourquoi de cette décision.
LOVE
Daniel R.

---

18. *Talk-show* très populaire au Québec.

samedi 5 avril

Je m'attendais à un stage de décontamination médiatique, tel que promis. J'ai plutôt subi une journée mal organisée de pleurnichage collectif improvisé avec des discours sur les extraterrestres. J'ai vraiment l'impression de perdre mon temps. Cependant je note tout, en me cachant de temps en temps dans les toilettes de la salle du Gesù.

Personne n'a reconnu ma photo dans le *Journal* de samedi dernier. Je me suis attaché les cheveux pour faire différent, au cas où.

La journée a commencé par une méditation, comme d'habitude, vers 10 h 15. Les quelque 200 personnes présentes dans l'auditorium ont toutes fermé les yeux en respirant très fort. Comme d'habitude, l'animateur à la voix langoureuse nous a demandé de visualiser divers scénarios. En plein milieu de la méditation, il a arrêté de parler, laissant tout le monde dans le noir et dans le silence pendant cinq minutes. C'était prévu, apparemment.

Pendant tout le reste de la matinée, il a fallu analyser comment nous nous étions sentis durant ces cinq minutes. En groupe de cinq ou six, nous avons dû disséquer pendant 20 minutes toutes nos émotions, nos pensées et nos réactions. Chaque équipe devait ensuite envoyer un rapporteur au micro pour présenter à toute l'assemblée un résumé de notre analyse. Bon.

Les résumés se sont vite transformés en confessions intimes. Plus c'était triste, plus l'animateur félicitait le stagiaire pour l'authenticité de ses émotions. Les témoignages à la sauce raëlienne ont ravi les spectateurs insatiables. Voici quelques exemples.

— Mon frère s'est suicidé il y a deux semaines. Ça me rend triste, et je m'en sens coupable puisque le mouvement n'est pas contre le suicide pour mettre fin aux souffrances. Il ne souffre plus et ses deux enfants vont s'en remettre. Alors, pourquoi suis-je triste ? J'ai eu très honte.

— J'ai été happée par une voiture il y a six mois et je suis toute perturbée. Je ne suis même pas capable d'assumer de porter un médaillon de raëlien. Je ne sais plus où j'en suis…

— Je divorce demain et j'ai très peur d'être jugée.

— C'est le premier stage où je sens qu'on parle des vraies choses, et ça me touche beaucoup… (Il éloigne le micro pour ravaler ses sanglots.)

— J'ai subi de la violence verbale et physique, et j'ai eu très honte.

— J'ai perdu mon job parce que je suis raëlien…

À 12 h 45, on est libérés pour déjeuner jusqu'à 14 h.

En après-midi, les témoignages sont différents, mais dans la même veine.

J'apprends, entre autres, qu'être raëlien peut coûter cher : un emploi, un contrat, un conjoint, plusieurs amis, et même la garde de ses enfants. Surtout lorsqu'on décide de s'afficher ouvertement.

Par exemple, Michel Chabot, guide de la région de Montréal, est conseiller pédagogique[19]. Au micro, il explique qu'il est engagé par des écoles et des commissions scolaires pour former des enseignants.

Michel raconte qu'un directeur d'école de La Pocatière a carrément déchiré un contrat déjà signé en apprenant qu'il était raëlien. En regardant un reportage à la télévision, le directeur aurait fait le lien entre Michel et son frère, Daniel Chabot, bras droit de Claude Vorilhon.

— Le directeur m'a appelé au téléphone et m'a demandé si j'étais raëlien, raconte Michel. J'en ai honte maintenant, mais, sur le coup, j'avoue avoir pensé lui dire non. Et je n'ai pas eu le réflexe de lui répondre que ce n'était pas de ses affaires.

Après quelques secondes d'hésitation, Michel lui dit la vérité. Aujourd'hui, il le regrette en partie.

— Je lui ai demandé si ça posait un problème. Il m'a répondu non. C'est juste pour s'assurer que je n'en ferais pas la promotion. Je l'ai rassuré en lui disant qu'il savait très bien que je ne durerais pas longtemps dans le milieu si j'en parlais. Et on a raccroché.

Mais quelques jours plus tard, le directeur rappelle Michel. Il lui aurait annoncé que le contrat ne serait pas honoré. La raison : son appartenance au mouvement raëlien.

— J'étais furieux ! s'exclame Michel. Et là, j'avoue que je me questionne beaucoup. Je ne sais vraiment pas quoi faire.

Il a deux choix. Il peut amener tout ça devant le Tribunal des droits de la personne et forcer l'école à respecter son contrat en plaidant la discrimination religieuse. Il gagnerait, c'est sûr, dit-il. Mais il y a un gros « mais ».

— Si je fais ça, vous pouvez être sûr que je n'aurai plus jamais de contrats, affirme-t-il.

Son nom serait brûlé, dit-il. Autre solution : se taire et passer à autre chose. Mais il est le frère du responsable national et s'implique lui-même

---

19. Il fait partie de la liste des chargés de cours de Performa, un programme de perfectionnement et de formation destiné aux professeurs. Son cours intitulé *L'intelligence émotionnelle appliquée à vos stratégies pédagogiques* est approuvé par l'Université de Sherbrooke.

à fond dans le mouvement. Comment pourrait-il faire face à ses pairs après ce manque flagrant d'intégrité religieuse ?

La foule est touchée et révoltée par son histoire. Mais l'animateur, Marcus, n'offre à Michel Chabot qu'une réflexion digne d'un biscuit chinois.

— La plus belle chose dans ton témoignage, ce sont les émotions que tu vis, dit Marcus. Elles sont vraies. Authentiques.

C'est tout. Et au suivant.

Je suis bouche bée devant le manque de sensibilité de l'animateur. Sans apporter le moindre soutien moral, Marcus semble se délecter des histoires malheureuses que vivent les membres en raison de leur appartenance au mouvement.

Maxime a vécu encore pire, selon lui. En commençant en bas de l'échelle, il avait réussi, après huit ans de travail, à se hisser à un niveau professionnel très confortable.

— Ça allait tellement bien que je me faisais 100 000 $ en six mois de travail et je passais le reste de l'année en vacances, raconte-t-il.

Jusqu'au jour où son visage apparaît trois secondes dans un reportage télévisé sur les raëliens.

— Ça a pris trois jours et quelques coups de téléphone pour que je perde tout, laisse-t-il tomber tristement.

Il y a trois mois, il est retourné travailler pour son ancien employeur, mais il s'apprête à tout lâcher. Son message à la foule :

— Nous, on ne pourra jamais vivre dans la sécurité, il faut s'habituer.

Selon Daniel Chabot qui prend le micro pour surenchérir à cette belle séance de victimisation collective, tous les raëliens ont à faire face à ce genre de situation.

— Posez-vous la question : « Est-ce que je suis prêt à tout perdre pour les Messages ? » demande-t-il aux spectateurs attentifs. Ma réponse à moi, c'est oui.

L'ex-psychologue affirme qu'il a lui aussi perdu d'importants contrats, dont un en Suisse, lorsque son visage est apparu à la télévision.

— C'est difficile, mais je suis convaincu que tout le monde ici sortirait grandi de perdre un travail, un conjoint, une garde d'enfants, assure-t-il... On s'y prépare depuis 20 ans en méditant. On mange une taloche, on tombe à terre et on se relève.

Une raëlienne lève la main. Elle se dit infirmière dans un CLSC[20] du nord de Montréal. Elle lui demande si elle doit porter son médaillon à son travail, quitte à compromettre sa carrière.

---

20. Équivalent d'un centre social.

— Il n'y a pas de règle, lui répond Chabot. Fais ce que tu ressens, mais accepte-le.

À la fin de la journée, j'ai besoin d'une pause. Un souper chez Chantal m'aide à me détendre. Je n'ai pas le goût du tout d'aller à la soirée sensuelle raëlienne, à 20 h, mais je me dis que c'est l'occasion ou jamais de voir si les raëliens méritent leur réputation. La soirée va-t-elle se terminer en orgie ?

Je retourne au Gesù à reculons.

Cette fois, Chantal m'accompagne. Je lui ai demandé de venir pour prendre des photos, mais aussi parce que je ne suis pas rassurée du tout, et elle, pas davantage. Je me dis qu'à deux il ne peut pas nous arriver grand-chose. Au pire, nous prenons nos manteaux et nous déguerpissons.

Un grand écran et quelques rangées de chaises sont installés dans l'entrée de la salle de spectacle. L'éclairage aux néons a été adouci. La musique langoureuse me donne envie de dormir dès que je m'assois avec les quelques dizaines de personnes présentes. Il y a plusieurs hommes de 50 ans et plus que je n'ai jamais vus.

Chantal reste debout, à l'arrière. J'explique à Manon, qui vient s'asseoir à côté de moi, que Chantal est encore en réflexion et qu'elle préfère observer.

Yves Boni, un guide africain, prend le micro, debout devant les participants. Il explique que la méditation à laquelle il nous invite n'aura rien de sexuel, mais qu'elle sera très sensuelle. Cette nuance ne suffit pas à me rassurer complètement.

Il nous demande de fermer les yeux. Sa méditation portera sur les cinq sens. Il faudra en déconnecter quatre pour se concentrer sur un seul à la fois.

Après l'ouïe, le goût et la vue, Yves nous demande de nous concentrer sur notre sens du toucher…

— Touchez-vous le poignet, caressez-vous la peau et tirez-en du plaisir.

Je me frotte le poignet.

— Voyez comment vous arrivez à vous faire plaisir vous-même. Votre cerveau est en ébullition !

Le mien est plutôt en mode compote. Tout ça m'exaspère, mais je veux voir ce qui va se passer. Juste au moment où je pensais m'en être tirée sans trop de mal, ça se corse.

— Touchez votre voisin, commande Yves. N'importe où pour VOUS faire plaisir.

Ah merde !

Ma seule voisine, c'est Manon. Je sais de quoi elle est capable. J'ai envie de piquer un sprint vers la sortie, mais je reste assise. Tous mes voisins s'exécutent. Ils se touchent les bras et les jambes sans gêne apparente.

Avant que Manon ne me touche, je prends l'initiative et dépose ma main en zone neutre : son genou. Un contact très, très léger. Et je ne bouge plus. Après quelques secondes, elle met sa main sur la mienne.

Et puis, ça y est. Je fige. Ma fausse identité vient d'atteindre sa limite. Tout ça me touche de beaucoup trop près à mon goût. Pour me défouler, je maudis mon job. Je me répète que c'est juste un mauvais moment à passer. Et j'attends qu'il passe.

De longues, très longues secondes s'écoulent. L'animateur insiste : il faut caresser et sentir la réaction et le plaisir de l'autre. Le geste de ma main sur son genou mériterait sûrement un record Guinness du plus petit mouvement au monde.

Manon dépose sa main sur ma nuque et me chatouille. Je sais pas comment je fais, mais je garde mon sang-froid. Je suis sur le point de craquer quand l'animateur met fin à l'exercice. Je réprime un gros soupir de soulagement. Je zieute la porte. J'ai vraiment besoin de foutre le camp. Mais encore une fois, je reste. Chantal aussi. Nous voulons voir la suite.

Yves nous invite à passer à l'autre bout de l'entrée pour un numéro de danse contemporaine offert par Jocelyne, un ange de Raël dans la trentaine. Je fais comme tout le monde et je m'assois par terre.

À la fin du numéro, une fille assise à ma droite demande à une femme devant elle de s'approcher. La femme obéit et recule. « Encore un peu ! recule ! » lui ordonne-t-elle. Trois pas en arrière. La fille à ma droite étire le bras et attrape une de ses fesses à pleine main. Son geste est d'un naturel désarmant. Assis à côté d'elle, son copain attrape l'autre fesse avec autant de désinvolture. Les deux mains palpent et la propriétaire du derrière se penche en avant pour faciliter les manœuvres.

Au son de *My heart will go on* de Céline Dion, une raëlienne prend le micro et invite tout le monde à se laisser aller sur la piste pour une danse sensuelle. Les participants se tripotent en se dirigeant vers la piste de danse, deux par deux ou trois par trois.

La soirée se transforme en séance de tripotage.

La piste est presque pleine de duos et de trios affairés quand je regarde à ma droite. Les caresses de mes trois voisins ne se limitent plus à une seule partie de l'anatomie. Face à face, ils se touchent lentement sur tout le corps en s'échangeant des baisers sur la bouche.

Mal à l'aise, je me lève en prenant soin de ne croiser aucun regard invitant. J'ai besoin d'oxygène. Tout de suite. Je me faufile entre les couples en cherchant Manon, ma porte de secours habituelle. Mais elle est déjà très occupée.

Elle danse avec une plantureuse Asiatique, dont le string blanc dépasse de ses jeans à taille basse et dont la poitrine est écrasée par un minuscule bustier portant l'inscription *Sweetie*. Tant pis. Yves Boni s'en donne aussi à cœur joie avec quelques filles. Mais où est Chantal ?

Je la trouve après un petit tour de salle. Elle me cherchait désespérément. Elle a réussi à prendre quelques photos de la méditation sans attirer l'attention, appuyée contre le mur, derrière un piano à queue, sur le côté de la salle.

La soirée est loin d'être terminée, mais notre patience est à bout.

Manon enlace deux autres danseurs.

— Je trouve ça insoutenable, soupire Chantal.

Nous nous asseyons au milieu de la salle et nous tentons de nous donner une contenance, pour éloigner les vautours qui nous lancent des regards lourds.

À ma gauche, une douzaine d'hommes de tous âges sont assis. Pas une fille. Ils regardent les danseurs et semblent attendre une invitation, en sirotant une boisson gazeuse[21]. À ma gauche, les raëliennes et leurs multiples copains se tripotent sur la piste de danse. Personne ne m'invite, et je ne m'en plains pas.

Avant qu'on parte, je demande à Chantal de faire des photos de la danse, même si c'est interdit. Sans se faire voir, pas d'éclairage, pas de flash. La petite caméra numérique de Chantal fournie par le *Journal* la veille lui donne du fil à retordre : elle n'en maîtrise pas encore toutes les

---

21. Les raëliens découragent la consommation d'alcool.

fonctions. Pour avoir l'air moins louche, on décide de se séparer. Elle se lève et, comme tous les hommes d'âge mûr qui poireautent, je développe soudainement un grand intérêt pour le film du Cirque du Soleil projeté sur le mur.

Quelques minutes plus tard, Chantal revient. Elle a réussi à photographier Manon en pleine action, ainsi que quelques autres danseurs. Les photos sont un peu floues, mais c'est déjà beau d'en avoir. On en a assez — tant en matériel qu'en sensations. On s'en va.

Il est 22 h 20. Sur le chemin du vestiaire, Gabriel m'accroche. Sans préavis, il me serre dans ses bras. Son grand sourire me dit qu'il veut « me communiquer tout son amour ». Encore une fois, je me fige. Je n'en peux plus, mais je suis prise. Je n'ose pas lui exprimer mon malaise par crainte qu'il ne m'offre de « m'aider à surmonter ma peur en la confrontant », une phrase entendue quelques fois durant la journée.

Il me lâche et je réussis à faire un pas de plus en direction de mon manteau.

Manon nous voit, Chantal et moi, et fait la moue.

— Tu pars ? Mais viens danser avec moi avant ! me supplie-t-elle avec un regard de chien battu.

Je suis en panne de réponses délicates.

— Euh… non.

Au vestiaire, c'est Jean-François, le guide-évêque traducteur, qui est derrière le comptoir. Il empoigne mon manteau et… le renifle !

— Aaaah ! Ce n'est pas une odeur que je connais ! me lance-t-il avec un sourire béat.

Je suis à bout.

— J'ai besoin de mon sac aussi, et tu ferais mieux de ne pas le renifler.

— Pourquoi, ce sont tes bottes ?

— Oui.

Chantal se met à rire et moi aussi. Ça nous fait du bien.

Mais quand Jean-François recommence le même manège avec le manteau de Chantal, elle en est soufflée.

— Ça m'a choquée ! Je ne le connais même pas et il renifle mon manteau ! s'exclame-t-elle une fois dehors. C'était trop !

En effet.

dimanche 6 avril

Comme convenu, Chantal et moi nous nous présentons à 10 h au Pavillon du Canada, sur le circuit Gilles-Villeneuve. Je suis crevée. Après ma journée d'hier, j'ai eu besoin de toute ma volonté pour me tirer du lit. Je n'ai aucune envie de remettre les pieds au «stage». Mais j'y retourne. Mon enquête n'aboutira nulle part si je ne me fais pas violence, surtout au moment où le dégoût semble l'emporter sur le sens du devoir.

Aujourd'hui, je franchis une autre étape importante dans mon enquête. Si tout va bien, je vais me faire baptiser devant quelque 250 raëliens lors d'une cérémonie réservée aux membres.

Je regrette toutefois d'être arrivée aussi tôt. Rien ne se passe entre 10 heures et midi. À la mezzanine, les raëliens jouent au billard et discutent en se passant le dernier numéro du magazine humoristique *Safarir*, qui publie un spécial Raël.

Manon a les mêmes vêtements qu'hier. Elle a passé la nuit chez Daniel, son nouvel amant raëlien.

— Ça ne vous offense pas, le *Safarir*?
— Mais non! C'est drôle! dit Manon en éclatant de rire. Et puis, on fait parler de nous.

À midi, le buffet est servi dans la salle du rez-de-chaussée. Tout le monde prend place autour des grandes tables rondes.

Chantal, qui n'a pas payé pour le repas, reste à la mezzanine. Elle discute avec les techniciens du son et des gardiens de sécurité. Elle se débrouille, en passant, pour prendre quelques photos «pour l'album souvenir de ma copine Brigitte, qui fait son baptême». Elle arrive ainsi à photographier la table d'honneur, avec Vorilhon entouré de ses proches.

Pendant tout le dîner, j'ai droit aux félicitations et aux étreintes chaleureuses de purs inconnus qui s'exclament:

— Ah! C'est toi la Brigitte qui fait sa transmission du plan cellulaire! Et c'est Raël qui va te baptiser: t'es tellement chanceuse! Moi, c'était juste un guide...
— Euh... on se connaît?
— Non, non, mais j'ai vu ton nom sur la feuille...
— Ah.

Le repas terminé, la cérémonie commence.

Je marche vers l'avant de la salle. Raël m'attend.

Aujourd'hui, je me joins officiellement aux « éducateurs de l'humanité ». C'est le moment de vérité : mon baptême. Le plus grand jour dans la vie d'un raëlien. Tous s'en souviennent le reste de leur vie. Durant la « transmission » de mon « plan cellulaire », Raël enverra par télépathie mon code génétique à nos créateurs, les Elohim, qui pourront communiquer avec moi.

Mes créateurs apprendront dès lors que je les reconnais comme tels et que je suis prête à recevoir tous leurs messages télépathiques. Je vais devenir un membre officiel du peuple élu et avoir une chance d'obtenir la vie éternelle sur la planète des Elohim, après ma vie sur terre.

Je traverse la foule excitée par la Fête annuelle de la création des premiers hommes en laboratoire. Tous attendent avec impatience de voir les visages des nouveaux raëliens, du sang neuf, qui seront baptisés.

J'ai l'impression que tous les spectateurs me fixent pendant que je prends place dans la file avec cinq autres chanceux. Debout devant une foule de raëliens pour la première fois, j'ai peur que quelqu'un me reconnaisse et me dénonce. Je repère les sorties de secours.

J'espère que Chantal en a fait autant. Dans son personnage de recrue, elle est accroupie dans la première rangée des spectateurs, appareil photo en main. Elle a eu la rare permission de prendre des photos pour me fournir un souvenir.

Ça y est, c'est mon tour. L'animateur dit mon nom fictif au micro. Coup d'œil rapide vers la salle : personne ne bronche. Je m'approche de Claude Vorilhon. Ses gardes du corps ne bougent pas. Ça va.

Je passe devant la prêtresse du clonage, Brigitte Boisselier, qui tient un grand bocal d'eau. Je m'arrête devant le prophète, qui plante ses yeux dans les miens, l'air grave.

Le baptême, c'est aussi son couperet, sa mainmise sur ses disciples. À tout moment, il peut leur enlever leurs privilèges en les débaptisant sur-le-champ.

Ma seule pensée : avoir la bonne expression. J'opte pour un air mi-ému mi-solennel.

Le gourou se tourne vers Boisselier et plonge ses mains dans le bol d'eau en verre. Il place sa main droite sur mon front, sa main gauche en arrière de ma tête et exerce une légère pression. L'eau coule sur mon visage. Il ferme les yeux, alors moi aussi.

Les cinq secondes qui passent m'en paraissent 20. On dirait que tous les spectateurs retiennent leur souffle. J'attends, prête à tout.

Vorilhon ouvre les yeux juste après moi et déclare solennellement : « Les Elohim t'ont reconnue ! » Ah bon ? Permets-moi d'en douter, oh mon prophète !

Chantal prend de nombreuses photos. La foule enchantée m'applaudit chaleureusement pendant que je retourne à ma place, serrant au passage quelques mains tendues.

— Bienvenue dans la famille, me félicite Manon, émue aux larmes. Elle me donne deux gros baisers mouillés sur les joues.

— Et puis ? me demande-t-elle, les yeux ronds.

— Euh... C'est quelque chose ! Ça m'a fait tout chaud en dedans.

— Ah ! Moi aussi, c'est ce que ça m'avait fait, répond-elle, satisfaite. Ah, Raël est tellement plein d'amour !

Ses six transmissions terminées, le prophète lance un appel à la foule. C'est l'heure des transmissions spontanées. N'importe quel nouveau, connu ou inconnu, peut se lever et se faire baptiser par Raël. On ne lui posera aucune question.

— Alors, qui veut faire sa transmission ? demande Raël, lançant un regard plein d'espoir vers la foule.

Une fois, deux fois... Éric hésite. Assis à côté de moi au déjeuner, il a changé d'idée au moins dix fois, disant ne pas vouloir aller trop vite. Il a 23 ans. Il est technicien en informatique dans un organisme scolaire. Il en est à sa deuxième rencontre raëlienne. Il habite encore chez ses parents, qui ne savent rien de son nouvel intérêt religieux. « S'il le savait, mon beau-père me traiterait de fou », assure-t-il.

Et puis soudainement, sa décision est prise. Il se lève, provoquant une salve d'applaudissements et de sifflements ravis.

Raël l'accueille avec un grand sourire.

— De toute façon, j'allais finir par le faire, m'explique-t-il plus tard.

Éric fait rire toute l'assemblée en s'essuyant les mains sur une serviette, après son baptême.

Après une longue ovation de la foule, Vorilhon se décide à faire un discours qui fouette ses troupes.

> L'humanité, c'est nous. Et le reste croupit dans quelque chose de sordide qui le conduit de guerre en guerre, de famine en famine, de souffrances en souffrances. Ces êtres-là se permettent parfois de nous regarder avec mépris. C'est une confusion mentale extraordinaire ! Mais vous, raëliens, vous vivez la réalité. De la matière, de l'eau, de la conscience. Car, ça, c'est de la conscience en puissance, il suffit de l'animer.

Après avoir hésité, Éric se fait baptiser.

Il les met ensuite en garde contre le fanatisme qui veut qu'on meure au nom d'un Dieu surnaturel.

> On ne peut pas mourir au nom des Elohim, on ne peut pas tuer au nom des Elohim. Vous savez que notre philosophie nous le rappelle tout le temps. Si votre prophète bien-aimé, enfin pour ceux qui l'aiment, vous demandait un jour de tuer quelqu'un ou de faire souffrir physiquement quelqu'un parce qu'il est contraire à la vraie foi, il faudrait aussi dire : « Non, Raël, je ne le ferai pas. » Peut-on imaginer une religion plus respectueuse du libre arbitre de ses membres ? Vous avez le privilège de vivre ça. Y'a pas un seul autre groupe religieux qui vit sur terre, pas un seul autre groupe religieux sur terre qui dit ça. Aucun ! En Asie, en Afrique… pas un seul groupe religieux qui vous dit : « Désobéissez. »

Pourquoi diable Vorilhon prévient-il ses disciples de ne pas tuer en son nom ? Comme d'habitude, personne ne bronche. Autour de moi, il n'y a que des visages béats d'admiration.

Vorilhon affirmait ne rien savoir du clonage, en février dernier. Il s'est dissocié à maintes reprises de Clonaid durant les mois qui ont suivi. Rien de tout cela ne l'empêche pourtant de se poser en spécialiste du clonage humain, devant ses fidèles ébahis.

> Y'a une éprouvette avec de l'eau dedans. Y'a des composantes qu'on rajoute successivement, qui fabriquent de l'ADN... C'est un petit peu plus compliqué qu'un verre et de l'eau comme ça, mais pas beaucoup plus ! Ça surprend toujours les journalistes quand je leur explique que le clonage... eux s'imaginent que ça exige une usine grande comme les complexes de Bombardier[22] à Valcourt... Pas du tout !

Oubliez les usines et les laboratoires. Selon le gourou, Clonaid n'aurait besoin que d'un tout petit espace pour cloner un humain.

> Y'a beaucoup trop de place dans cette pièce pour faire du clonage. Votre petite cuisine si vous vivez dans un petit appartement, c'est bien trop grand encore. Il faut un placard pour faire du clonage. Et pour créer la vie il ne faut pas beaucoup plus de place que ça. La machine à cloner que Brigitte nous montrera un jour, j'espère, c'est une petite machine, quoi, c'est pas gros. [...] Je l'ai vue ! Je l'ai vue de mes yeux, je l'ai touchée ! C'est comme une espèce d'aquarium, mais au lieu qu'il y ait un poisson rouge dedans, c'est vous. Qui grandissez dans ce liquide.

Vorilhon n'a pas toujours tenu un discours aussi informé. Pourquoi ? Sa réponse :

> Il faut y aller progressivement, sinon on déséquilibre les gens. Déjà, ils ont du mal à comprendre ce qu'on raconte. Si en plus on leur dit que c'est gros comme un cheveu, ils ont du mal à suivre, surtout s'ils sont chauves.

Grands éclats de rire des spectateurs.

Son discours terminé, Vorilhon est de nouveau chaleureusement acclamé par ses fervents disciples.

Tout le monde se lève, la cérémonie est finie. Je vois quelques raëliens qui en profitent pour se faire photographier avec leur prophète.

---

22. Important constructeur aéronautique.

Ça y est, c'est ma chance.

Manon, qui a aussi amené son appareil, ne se fait pas prier pour venir avec moi. Chantal nous accompagne. En avant, je vais voir Lisa, gérante du « confort » de Vorilhon. Elle ne veut pas déranger le prophète, en grande discussion avec une rousse plantureuse qui a l'air pendue à ses lèvres. Vorilhon la mitraille de petits sourires charmeurs.

Vorilhon discute tranquillement, indifférent à la file de disciples qui attendent pour le voir. À droite, Boisselier jase avec Léar.

Ils ne discutent pas: ils roucoulent. Je me dis que je vais attendre longtemps, mais j'attends quand même, flanquée de Manon et de Chantal. Autour de nous, les gens discutent.

Bobby Potvin, alias Léar, s'avance vers Chantal, qu'il trouve manifestement à son goût. Il lui demande depuis quand elle est dans le mouvement, et elle lui déballe son histoire apprise par cœur. Que c'est moi qui lui en ai parlé. Qu'elle a vu à quel point le mouvement me faisait du bien, etc.

Je connais le nom de cet artiste pour l'avoir lu derrière ma médaille raëlienne. J'en profite pour lui demander:

—Elle est en quoi, ma médaille?

— En argent, m'assure le raëlien de la première heure, en prenant dans sa main ma très légère médaille.

— Je peux voir la tienne ?

Deux fois plus large que la mienne, sa médaille est au moins dix fois plus pesante. Ça, c'est de l'argent.

Je vois Brigitte Boisselier, seule, à deux pas de moi. Je fais signe à Chantal, qui comprend. Je m'avance vers la prêtresse du clonage humain, la « Marilyn des laboratoires » comme l'appelle Vorilhon, responsable des 650 millions de dollars de publicité gratuite qu'aurait obtenu le mouvement depuis l'annonce de la naissance d'Ève, le premier soi-disant bébé cloné, le 27 décembre dernier.

— Bonjour, madame Boisselier ! Vous venez juste de me baptiser, avec Raël.

— Mais oui ! Nous avons le même prénom !

Elle referme ses deux mains sur ma main tendue.

— Je voulais seulement vous dire que j'admire beaucoup votre courage. Vous êtes un modèle pour les femmes. Comment faites-vous pour rester concentrée sur votre travail, après tout ce qui s'est passé ?

Pendant que je lui parle, j'aperçois Chantal qui appuie sans relâche sur le déclencheur de son appareil. J'espère qu'elle n'éveillera pas de soupçon.

Boisselier semble un peu mal à l'aise en me répondant qu'elle n'a pas de difficulté à travailler, que la vie continue. Des banalités.

Lisa me tape sur l'épaule. Le prophète est prêt pour la photo, mais il faut faire vite. Il a d'autres chats à fouetter. Manon est déjà à ses côtés, un sourire fendu jusqu'aux oreilles. Elle se colle à sa droite et attrape le costume blanc du gourou de sa main droite. Je n'y arriverai pas.

Je quitte Boisselier avec regret et j'essaie de mon mieux d'avoir l'air heureuse en m'approchant du gourou. Ses yeux fatigués, son teint blafard, les trois ou quatre cheveux qui s'accrochent au-dessus de son crâne dégarni, le ridicule de son costume... Tout chez lui me répugne. Quand Vorilhon passe son bras derrière mon dos et me prend par la taille, je n'ai qu'une idée : faire vite, moi aussi.

Chantal fait quelques photos pendant qu'un bon Samaritain actionne la caméra de Manon. En 30 secondes, c'est fait. Vorilhon se tourne vers moi et me serre la main. Je n'ai que le temps de le remercier. Mon tour est fini.

Mon baptême, une photo avec Boisselier et une autre avec le prophète... le reportage avance bien.

Je m'éloigne un peu : j'ai besoin de respirer. En passant, je lance un petit sourire à Chantal, qui hausse discrètement les sourcils.

Je sais qu'elle se dit la même chose que moi : « O.K., on l'a. » C'est l'heure de partir. La fin de semaine a été longue.

Chantal et moi cherchons Manon pour la saluer. Nous la trouvons à la mezzanine, pleurant à chaudes larmes. De gros sanglots secouent son corps rondelet, penché sur la balustrade, juste devant la table d'honneur où Raël a déjeuné. Son copain Simon lui frotte le dos. Alarmée, je lui demande ce qu'elle a.

— C'est l'émotion d'avoir vu Raël, répond-il, l'air compatissant.

Je frotte les épaules de Manon en lui disant :

— Voyons ! Pleure pas comme ça !

Elle se retourne et se met à rire.

— Je ne sais pas ce que j'ai, murmure-t-elle, sincèrement bouleversée. De voir Raël, ça m'a... ça m'a...

Et c'est reparti ! Elle se cache le visage dans les mains, de nouveau prise de sanglots.

Je mets ça sur le compte de la fatigue et de son nouvel amant raëlien. Il ne lui a pas laissé grand répit la nuit dernière, comme elle me l'a raconté plus tôt, ravie.

Une dame m'accroche avant la sortie. Je dois signer mon « Acte de transmission du plan cellulaire ». Je n'ai jamais envoyé ma demande d'apostasie à l'évêché de Montréal, mais personne ne le vérifie. Je lis rapidement la feuille et je remarque que Vorilhon ne manque pas d'y faire la publicité de ses livres.

Je cite :

> [...] certifie par la présente que je fais transmettre mon plan cellulaire aujourd'hui et que, par ce geste, je deviens officiellement RAËLIEN(NE). N'étant membre d'aucune autre religion, je suis maintenant membre de l'ÉGLISE RAËLIENNE, qui est une religion ATHÉE.
>
> J'accepte donc ouvertement les messages transmis à **Raël** à deux reprises, soit le 13 décembre 1973 et le 7 octobre 1975, par les extraterrestres, couramment appelés **« Élohim »** dans la Bible, surtout dans la Genèse, ce mot au pluriel qui veut dire **« Ceux qui sont venus du ciel »** ayant été injustement traduit par le mot « Dieu ». Ces deux messages, contenus dans **« Le livre qui dit la vérité »** et **« Les extraterrestres m'ont emmené sur leur planète »**, sont publiés par la Fondation raëlienne.

Au nom des droits de l'homme et de la personne, je demande que ma liberté religieuse et mon droit de choisir la religion qui me plaît et que j'aime soient respectés, comme je respecte moi-même les droits d'autrui, sans que ma décision **mûrement réfléchie** ne porte atteinte à mes droits de citoyen(ne), soit maintenant soit dans l'avenir. En ce qui concerne l'éducation religieuse de mes enfants ou de mes futurs enfants, je leur ferai connaître les grandes religions, y compris le christianisme, de sorte qu'ils pourront un jour, librement, choisir la religion qui leur plaira.

En foi de quoi je fais acte de transmission du plan cellulaire en présence de deux témoins [...].

Je demande à Jean-François Cyr, le renifleur de manteau, et à Martin Hétu, l'animateur de ma première rencontre raëlienne, d'être mes deux témoins. Ils acceptent, l'air honoré.

Je signe : Brigitte Doucet.

lundi 7 avril

Vorilhon parlait déjà du premier bébé cloné par Clonaid comme d'une bonne blague, quelques jours après l'annonce de sa naissance. C'est ce que je découvre en lisant dans le *RévolutionÊtre* la transcription d'une allocution de Vorilhon prononcée le 12 janvier.

Quelles trois semaines extraordinaires nous venons de passer ! Je n'arrêterai jamais de remercier Brigitte. [...]

Certains médias disent que le bébé cloné est une blague, un coup monté. Un expert en publicité a dit que nous avions eu droit à près de 500 millions de dollars de publicité. C'était il y a une semaine. Nous devons être aujourd'hui à 650 millions de dollars. On va bientôt atteindre le milliard.

Quand on me dit que le Mouvement a bénéficié de l'événement, je dis OUI et j'en suis très heureux. BB a accompli quelque chose d'historique et elle mérite le prix Nobel. Mais, acceptons d'être l'avocat du diable en imaginant que c'est une blague, ce serait alors la plus belle blague scientifique de l'histoire. [...]

Cet été, lors de la prochaine élection du Guide des guides, ma recommandation sera que ce soit Brigitte... Si c'est vrai et si ce n'est pas vrai, et je dirais même encore plus si ce n'est pas vrai. Pourquoi ? Parce qu'elle a informé toute la planète des Messages. Grâce à elle, nous venons de vivre les 3 semaines les plus importantes du Mouvement, nous sommes connus sur toute la planète.

lundi 14 avril

Jour d'élections provinciales. Une frénésie typique des grands jours s'est emparée de la salle de rédaction. Comme tout le monde, je cours à droite et à gauche pour obtenir entrevues et réactions.

Manon m'appelle au téléphone. Je lâche tout pour me réfugier dans une petite salle de réunion. Elle m'invite à souper chez Daniel, son nouvel amant raëlien. Il est aussi garde du corps de Raël. Je me dis qu'il pourrait avoir des choses intéressantes à m'apprendre. Toutefois, avant d'accepter, je dois clarifier une chose très importante auprès de Manon.

— Il ne veut pas coucher avec moi, celui-là ?
— Ben non, ben non, m'assure-t-elle, comme si c'était évident.
Bon. J'accepte. Je me sens d'attaque.

mardi 15 avril

Simon David, membre de la sécurité du mouvement, me téléphone. Il voudrait parler à Chantal. Ils ont discuté ensemble quelques minutes pendant mon baptême. J'imagine qu'elle lui a tapé dans l'œil.

J'explique à Simon que mon amie vient de déménager et qu'elle n'a pas de téléphone. Je promets de demander à Chantal de le rappeler.

Ma collègue et moi en venons à la même conclusion : il n'est pas prudent de rencontrer en tête à tête des raëliens qu'on ne connaît pas. Toutefois, je ne veux pas perdre ce contact. Je demande à Chantal d'écrire à Simon. Elle préfère que je le fasse à sa place. J'écrirai tous ses messages électroniques jusqu'à la fin de l'enquête, en signant de son nom fictif.

Manon me confirme que le dîner chez Daniel aura lieu jeudi à 19 h. J'en profite pour lui expliquer que je vais manquer le rassemblement d'avril, dimanche. Comme, en théorie, je ne suis plus catholique, je ne peux pas lui dire que c'est à cause de Pâques. Je prétexte une réunion de famille et que ma mère veut absolument me voir. Elle comprend.

Je reçois certains *e-mails* particulièrement incendiaires envers le Vatican et l'administration Bush, parmi les nombreux envois de Raël Science.

Objet : [raelscience-fr] (Sélectionné par Raël) Les Bordels du Vatican.

Enrôlées comme religieuses à destination des couvents du monde entier, les jeunes filles du tiers-monde sont utilisées comme esclaves sexuelles par le corps ecclésiastique.

Des religieuses-prostituées comme ces filles chrétiennes de l'état du Kerala — la réserve « christianisée » des jésuites en Inde — sont envoyées au loin pour en faire des nonnes d'un genre spécial. Quelque part en Afrique, en guise de promesse du ciel, c'est l'enfer qu'elles découvrent à l'abri de la sainte Église qui les utilise comme bétail sexuel au service de son corps ecclésiastique.

mercredi 16 avril

Objet : [raelscience-fr] (Sélectioné par Raël) STOP A LA BUSHERIE !
Le criminel de guerre Bush doit être traduit devant le Tribunal pénal international pour y être jugé et condamné de ses crimes (plus d'un millier de morts déjà !)
Dans un premier temps, nous vous demandons :
1/ Envoyer des mails de protestation et d'information sur la réalité de cette guerre aux organismes gouvernementaux américains, aux médias (CNN, FoxNews, etc...) ainsi qu'à tous les résidents américains... L'objectif est de démoraliser l'opinion publique américaine, les médias et le gouvernement.
2/ Boycotter les produits des entreprises américaines ayant soutenu le parti républicain aux dernières éléctions.

jeudi 17 avril

18 h 30 ◆ Daniel habite le rez-de-chaussée d'un modeste édifice qui lui appartient, rue Saint-Germain, dans Hochelaga-Maisonneuve, un quartier pauvre de l'est de Montréal.

Quelque chose me dit que ce n'est pas une bonne idée d'aller chez Daniel seule, sans témoin. Je n'y vais que pour une seule raison : Daniel est garde du corps de Vorilhon. Il a sûrement des choses intéressantes à m'apprendre. Pendant une seconde, je me demande si c'est un test, un piège, mais je classe vite cette hypothèse avec mes autres idées franchement trop paranos. Étrangement, la présence de Manon me réconforte. Je crois que malgré tout, je lui fais confiance.

En sortant de ma voiture, je prends de grandes respirations. Je me récite le monologue de l'agent double de *Reservoir Dogs* :

Don't pussy out on me now.
They don't know. They don't know shit.
You're not gonna get hurt.
You're fucking Baretta.

*They believe every fucking word,
'cause you're super cool*[23].

19 h ◆ L'ambiance est sympathique, compte tenu des circonstances. Manon et moi regardons les photos de mon baptême tandis qu'elle échange avec Daniel des baisers mouillés, des caresses et des blagues salées. L'ambiance raëlienne habituelle, quoi!

Daniel sort sur le balcon pour faire cuire des steaks sur son barbecue, nous laissant la responsabilité de la salade. Je coupe tranquillement des concombres sur le comptoir de la cuisine quand...

— Brigitte, je voulais te dire... Je te trouve belle, super *cool*, et tout. T'es pas lesbienne?

Je me coupe presque un doigt.

C'est la première fois depuis le début de mon enquête que je dois clarifier mon orientation sexuelle. J'aurais dû m'en douter. Je suis frustrée. Malgré ses belles promesses de conversations prudes, Manon espérait quand même s'envoyer en l'air à trois. Je dois régler ça avec doigté. Manon est mon meilleur contact au mouvement. Elle me protège beaucoup plus qu'elle ne pourra jamais l'imaginer.

Je pose mon couteau et je la regarde droit dans les yeux. C'est le moment d'être claire.

— Manon, je vais te faire une grande annonce. Je ne suis pas lesbienne.

— Ah, dit-elle, l'air déçu.

Merde! Daniel vient de rentrer et il a tout entendu. Il était sûrement dans le coup. Ils vont sûrement se demander ce que je fais là si je ne suis pas intéressée à coucher avec eux. Soudainement nerveuse, je bafouille.

— Euh... je veux dire... c'est pas que j'aimerais pas être lesbienne. Mais je suis certaine que je ne le suis pas. Certaine. Tout à fait certaine.

— Bon.

— Mais voyons, Manon! T'es pas lesbienne pour deux sous, s'écrie Daniel, avec un air entendu. T'es juste curieuse.

Daniel pense comme moi! Ça me soulage.

---

23. Traduction libre: Me laisse pas tomber maintenant./ Ils ne savent pas. Ne savent pas une chiure./ Ils vont pas te cogner./ Tu es ce putain de Baretta./ Ils gobent chacun de tes putains de mots, parce que t'es super *cool*.

— Mais je suis bisexuelle ! rétorque Manon, visiblement offusquée. Je te jure ! Il y a certaines filles qui me font mouiller ! Tiens, au dernier rassemblement, j'ai vu la fille là, et je suis devenue toute trempe ! Je suis même allée la voir pour le lui dire. Mais elle n'a pas voulu...

— Mais t'as jamais couché avec une fille ! rétorque Daniel.

Là, je tombe des nues. Manon, vierge de filles ? Elle parle tout le temps de cul : ses prouesses sexuelles passées, ses amants actuels, ses futures conquêtes. Elle fait des avances à tout le monde, les gars comme les filles. Je m'exclame :

— T'as jamais couché avec une fille ?

— Ben non, avoue-t-elle, gênée.

Manon se transforme en prétendue bombe sexuelle pour se faire des amis. Voilà ce que je comprends, tout à coup. Et les raëliens, trop contents, en profitent à satiété. Ils lui laissent croire que c'est ça, être épanouie... et raëlienne. Que c'est ça, l'amour libre.

Pauvre Manon.

Les steaks sont prêts. Nous nous installons dans la salle à manger, une grande pièce au décor sombre et gothique. Un grand chandelier en fer forgé trône au milieu de la table en bois. Un énorme symbole raëlien gris est accroché sur le mur foncé, près de deux grandes étagères en bois.

Le salon adjacent est faiblement éclairé par les lumières rouges d'une « ambassade raëlienne » miniature encastrée au plafond. Ce modèle réduit des installations devant accueillir les Elohim en 2035 est la fierté de Daniel. Le mouvement souhaite bâtir son ambassade à Jérusalem le plus tôt possible.

Daniel est un spécialiste des faux matériaux : fausses briques, fausses pierres, faux vitraux... Deux épées et un torse nu sont accrochés sur un mur de fausses briques, au-dessus d'un sol en fausse ardoise égratignée.

Nous venons à peine de nous asseoir à table quand Daniel se lève précipitamment.

— Ah ! enfin je vais pouvoir écouter ma musique préférée, s'exclame-t-il en marchant vers son lecteur de CD.

Quelques secondes plus tard, une musique gospel emplit la pièce. Le chanteur à la voix roucoulante est nul autre que... Raël !

Durant le souper, il entonnera un poème lyrique dédié aux extra-terrestres en poussant de longs « Elohiiiiiiim » passionnés. Puis, une ode aux femmes. « J'aime toutes les femmes. Tranquiiiiilles. Sérieuuuuuses. Gracieuuuuuses. Sensueeeelles. Fragiiiiiles. Sauvaaaaages. »...

Péniiiiiiiible.

Pendant qu'on mange, Daniel tient à nous montrer des photos de raëliens au sexe généreusement exposé, cobayes d'un atelier de peinture corporelle. Appétissant.

La conversation va bon train entre Daniel et Manon. J'y vais de quelques commentaires, mais la majorité du temps, je les écoute.

Manon dénonce ceux qui comparent Raël à Roch Thériault, alias Moïse, ancien gourou d'une secte de neuf femmes basée en Ontario et au Québec, dans les années 1980. Annonçant la fin du monde, Thériault battait et mutilait ses adeptes, allant jusqu'à couper le bras de l'une d'elles, sans anesthésie. Il purge une peine de prison à perpétuité pour le meurtre d'une autre de ses fidèles.

— Ben oui, je ne suis pas libre de mes mouvements ni de penser ce que je veux! Je suis complètement sous son emprise, ironise Manon en riant.

Manon, pas sous l'emprise de Raël? Je ne ris pas. Je pense à son message électronique du 29 mars, alors qu'elle disait pouvoir serrer Raël dans ses bras «des heures de temps». «Oui, nous devons tous être des Raëls et aimer autant qu'il le peut!» m'avait-elle écrit.

Daniel raconte que Raël ne vit que des profits de ses livres et que toutes les cotisations annuelles des membres sont remises au mouvement. Je comprends maintenant pourquoi la diffusion des Messages est aussi importante: pour faire vendre des livres.

Selon Daniel, l'animatrice de l'émission *Sexe et Confidences* à TQS[24], Louise-Andrée Saulnier, aurait reçu une vingtaine de raëliens comme experts invités à son émission sans mentionner leur affiliation religieuse.

Le couple parle ensuite des médias. Daniel répète l'une des citations favorites de son prophète et ex-journaliste de sport automobile: «L'expression "un journaliste imbécile" est un pléonasme.»

— Raël, lui, il connaît ça, les médias, poursuit Daniel, convaincu.

Il me demande ce que je fais dans la vie. Terrain glissant. Comme d'habitude, je réponds que je fais de la tenue de livres. Son regard s'allume. Merde. Il cherche justement un nouvel employé fiable pour sa compagnie! Quelle chance! Il se met à me poser des questions sur mon job, mon salaire, mes heures, si j'aime ça, etc.

---

24. Télévision Quatre-Saisons, chaîne de télévision québécoise.

Silence.

Il attend mes réponses.

J'ai des sueurs froides.

Je dois réprimer son enthousiasme sans le frustrer.

— Euh... Daniel, je le fais uniquement pour la compagnie de mon père. Il me procure de bons revenus et je peux faire les heures que je veux... Mais moi, j'aime pas trop ça.

Je fais une moue pour souligner mon manque de motivation flagrant. Ça marche : il change de sujet.

Je respire. Je ne suis pas au bout de mes peines.

Sans crier gare, Daniel me demande tout de go quelle est la fréquence de mes relations sexuelles. J'en suis à un cheveu de m'étouffer. Son manque de délicatesse me donne envie de l'envoyer promener. Je réponds le plus vaguement possible.

— Ça dépend, je n'ai jamais compté.

Il change encore une fois de sujet.

Après le dîner, Daniel nous invite à passer au salon. Il y a deux sofas. Manon s'assoit sur le premier et moi, sur le deuxième. Daniel à côté d'elle. Ouf!

Daniel nous fait regarder un de ses nombreux films raëliens : celui de la « création ». Il s'agit d'un montage de plusieurs scènes de films où des plantes poussent, des fleurs éclosent et des animaux grandissent en accéléré, sur une musique grandiose. Aucun copyright, bien sûr. Le visage d'un soi-disant Elohim apparaît de temps à autre sur les images, comme pour nous rappeler l'origine de tout ce qu'on voit. Le résultat est très amateur. Mais Daniel, qui l'a visionné de multiples fois, n'en démord pas : c'est un des plus beaux films qu'il ait jamais vus.

À 22 h, je me dis que je peux partir sans avoir l'air impolie. Je regarde ma montre depuis une bonne heure déjà. Manon ne bouge pas.

— T'as l'air de vouloir t'installer, lui dit Daniel, pas enchanté. Je m'en vais à 6 h demain matin.

— C'est pas grave, ça ne me dérange pas de me lever en même temps que toi, répond-elle sur un ton mielleux.

Sur le pas de la porte, Daniel, Manon sur ses talons, me dit qu'il a bien aimé ma visite et nos discussions philosophiques.

J'ai la main sur la poignée depuis 10 minutes quand il termine son monologue et me laisse partir. Mon premier geste, dehors : respirer. Je prends une grande bouffée d'air frais.

You're fucking Baretta.

En conduisant jusque chez moi, un malaise m'envahit. Je constate qu'après trois mois d'enquête, je n'ai toujours rien appris sur les bébés clonés. Soit les raëliens ne connaissent rien du sujet qui les a rendus célèbres dans le monde entier, soit ils s'en foutent éperdument. D'une manière ou d'une autre, ça ne m'aide pas.

vendredi 18 avril

Même si j'ai refusé ses avances, Manon m'écrit que j'ai fait bonne impression sur Daniel, hier soir.

Objet : Bon matin !
Bon matin, Brigitte !
J'espère que tu vas bien ! Quelle belle soirée hier ! J'ai adoré ta compagnie. Enfin ! On commence à connaître Brigitte ! Les rencontres du Mouvement limitent assez souvent les possibilités de communiquer pour la peine entre nous, trop de monde à connaître. J'espère que nous n'avons pas été de mauvaise compagnie !
Dan est si drôle, un peu obsédé, je crois (no problem with me !), mais aussi très spirituel, philosophique, il m'a reparlé d'organiser une soirée avec guide chez lui. Ces soirées, on ne s'en écœure jamais.
Bon, je te souhaite un bon week-end, amuse-toi bien ! [...]
Carpe diem !
Manonxxx

Je me sens plus mal à l'aise que jamais par rapport à Manon. J'ai beau la trouver bizarre et ne pas partager ses croyances, sa sincérité me touche. Je ne peux le nier plus longtemps.

Ça fait des mois que je la vois travailler d'arrache-pied pour organiser des événements raëliens. Elle dépense sans compter son salaire de caissière durant les activités. Elle couche avec des raëliens qui la traitent ensuite sans aucun égard. Et elle ne se plaint jamais, au contraire. Elle a sincèrement l'impression de s'être trouvé une place, un rôle.

Elle m'a raconté quelques détails sur son passé familial très agité. Un père absent, une mère qui collectionne les conjoints violents. Depuis l'adolescence, Manon est passée par diverses organisations religieuses ou ésotériques. Elle ne connaît rien de mieux que le monde des raëliens. Je ne peux m'empêcher de la prendre en pitié.

Et moi, qu'est-ce je fais? Est-ce que je l'aide? Bien sûr que non! J'ai l'impression d'ajouter à ses misères en exploitant, moi aussi, sa bonne volonté. En lui offrant une autre fausse amitié. Je me sens coupable. Je m'accroche à l'idée que mon reportage va peut-être la sortir de là, mais je n'y crois plus tellement. Elle est trop endoctrinée.

Torturée, je raconte tout ça à mon collègue Mathieu, en déjeunant à notre table habituelle. Ce n'est pas la première fois que je lui parle de Manon.

— Mathieu, j'ai déjà l'impression de la trahir. Comment je vais faire quand le reportage va sortir?

— Essaie de garder tes distances, autant que possible.

— Mais je ne peux pas! Tu sais bien que c'est mon meilleur contact!

— Et si, juste avant de publier, tu lui écrivais un petit mot? Tu pourrais lui expliquer que tu faisais juste ton job, que tu vas protéger son identité et que tout ça n'avait rien à voir avec elle.

— Ouais... Je pourrais peut-être faire ça. Ouais.

Simon insiste pour revoir Chantal. Il lui écrit:

Je voulais voir avec toi si on pourrait aller prendre un café ensemble pour qu'on puisse discuter ensemble de l'un et de l'autre. Alors appelle-moi au 525-... ou au 572-.... J'aimais beaucoup jaser avec toi à la fête même si je devais rester concentrer sur ma tâche! Alors j'attends ton appel et on s'arrangera pour trouver un temps pour se voir!
À bientôt,
Simon

Je n'ai pas de solution pour lui. Je laisse son message en attente.

dimanche 20 avril

Rassemblement mensuel du mois d'avril au Gesù.

Une fois de plus, Claude Vorilhon se lance dans un soliloque décousu où les sujets les plus disparates se succèdent.

> Je me suis imaginé mort... J'adore ça. Oui, parce que j'ai accompli quelque chose que je devais accomplir sur la terre. C'est peut-être pas fini, si je suis encore là, c'est que c'est pas fini. Mais j'ai quand même accompli pas mal pour l'instant. Je pourrais mourir demain et j'estime que j'ai fait ma part.

J'ai décerné hier à Michael Moore, le cinéaste qui a fait le film extraordinaire contre la violence, *Bowling for Columbine*, le titre de guide honoraire. Je lui ai écrit personnellement. J'espère que... il y a beaucoup de maisons de production américaines qui essaient d'obtenir une autorisation de faire un reportage sur nous et je lui ai dit que s'il est intéressé il aura la priorité pour moi à cause de ce qu'il a fait.

Pourquoi y'a pas 10 000 personnes à ces réunions-là ? Parce qu'ils ont peur. Si les gens n'avaient pas peur, la salle serait trop petite. Peur de la secte. Peur du gourou. Peur d'être endoctrinés. Peur d'avoir un lavage du cerveau. Peur que Raël dise un jour, c'est pas vrai, je vous ai bien eus, c'est pas vrai, peur... Peur du voisin, peur qu'on dise « t'es raëlien, t'es un gogo »... Toutes les peurs... Et c'est ça qui empêche d'évoluer, c'est ça qui empêche de croître, c'est ça qui fait les guerres. [...] C'est la peur qui crée la violence. La jalousie, ça vient de la peur. L'impossibilité de vivre la sexualité qu'on aimerait vivre, c'est la peur. [...] Mes peurs sont une justification à toutes les fausses idées que mes éducateurs et ma famille m'ont enseignées. Elles sont confortables, les peurs. [...] La peur de détruire ses peurs, c'est la première des peurs.

Je pense que tout chrétien qui se dit chrétien et qui l'est sincèrement devrait brûler les croix quand il les voit. Au moins les siennes s'il veut pas brûler celles des autres. Comment peut-on prétendre aimer le messager de l'amour qu'était Jésus et porter la représentation de la guillotine de l'époque ou de la chaise électrique de l'époque qui a servi à le tuer ?

lundi 21 avril

Je lis avec stupeur que Vorilhon a fait des avances à Manon et... qu'elle s'en réjouit !

Objet : rassemblement !!!
Hallo, Brigitte !
J'espère que tu t'amuses bien ! Nous avons eu un beau rassemblement, le Prophète nous a gratifiés de sa présence ! Ce fut tranquille, je dirais. J'étais assise avec Dan, ah que je l'aime ! Pour tout dire, j'ai un vague souvenir des propos tenus, j'étais dans les vaps, très fatiguée, ah oui ! un vidéo-pub sur les stages, avec extraits des années passées... Ça va être top ! À la hauteur de ce que je m'attends, je crois. Ça a l'air la fête tout le temps !
Raël nous a parlé un peu sur les actualités, aussi les stages. Il m'a parlé deux fois avant de quitter ! Il a remarqué mes tatouages, disant que c'était joli, tout ça, et demandé si j'en avais partout. Je lui ai dit partout, même partout !

Plus tard, il a ramené les mêmes propos, rajoutant que ce serait bien de tout voir ça! Moi, si je peux aller faire plaisir au Prophète, anytime[25]! Hi hi hi! D'après Yves, il est sensible à mon magnétisme. Cool!

Alors, ce fut un beau weekend? Hi hi hi, des gens ont pris de tes nouvelles! Cool, non? Si nouvelle, et tu nous manques déjà! Autrement, aucune annonce spéciale, à part que certains sont allés jouer au curling et que c'était marrant, ç'a l'air!

Bon, je te laisse là-dessus, gros dodo! Amuse-toi, ma belle Brigitte! Manonxxx

jeudi 24 avril

Le *Journal* m'envoie à Toronto pendant quatre jours pour couvrir l'épidémie de SRAS et ses effets dévastateurs sur l'économie locale. Encore une fois, le problème de la photo se pose. Les articles des envoyés spéciaux du *Journal* sont toujours accompagnés d'une signature avec photo.

La solution s'impose d'elle-même. Pour la photo, j'adopte le masque facial que certains Torontois portent dans les endroits publics et les hôpitaux pour éviter de contracter le virus.

mardi 29 avril

Je relis le dernier *e-mail* de Manon. Fait-elle désormais partie des conquêtes de Vorilhon? Je me demande comment elle peut penser à coucher avec un homme comme lui. Pauvre Manon! Je comprends toutefois qu'au sein du mouvement, il s'agit d'un grand honneur. Elle a dû se sentir privilégiée d'être l'objet de ses avances. Je suis censée penser comme elle, donc, je ne peux pas commencer à lui faire la morale. Je lui écris:

Comme ça, Raël t'a remarquée! Chanceuse! Tu devais salement t'exciter! Comme ça, tu ne lui dirais pas non, à lui? Mais Dan? Tu viens de m'écrire que tu l'aimes! Tu l'aimes comment? C'est ton copain, maintenant?

Je trouvais que vous formiez un beau petit couple, en tout cas. Je vous trouvais bien mignons ensemble chez lui. C'était sympa de m'inviter.

Je suis vraiment désolée d'avoir manqué le rassemblement. Ça avait l'air excitant, ce que tu as écrit! Moi, j'étais à la campagne avec ma famille. C'était marrant. Il a fait super beau et j'ai trop mangé.

---

25. N'importe quand.

Et comment ça va, à part ça ?
Tu sais, mon amie Chantal ? Son ex-copain l'a rappelée. Ça l'a mise toute à l'envers.
Bon, donne-moi de tes nouvelles !
Brigitte

Certains envois de Raël Science me laissent perplexe : ils dénoncent carrément les risques liés au clonage humain ! Pourquoi alors les diffuser ? Je ne vois qu'une explication : dans l'esprit des disciples, ces dépêches démontrent la supériorité des connaissances raëliennes.

Objet : [raelscience-fr] TOI, MON CLONE
DANGER, CLONAGE HUMAIN
Grande-Bretagne
Réalisateur : Jacqueline Smith
49 mn
Le 30 avril 2003, à 20 h 45
À l'heure actuelle, certains scientifiques prétendent être prêts à cloner l'être humain. Pourtant, certains faits révèlent la délicate et effrayante réalité : quiconque tentant un clonage humain a de grandes chances de créer un embryon aux gènes défectueux et doté d'erreurs moléculaires. Examen des conséquences catastrophiques possibles d'une telle expérience. En plus du dilemme moral et éthique, la question qui se pose bien évidemment est la suivante : la science est-elle prête pour cloner des humains en parfaite santé ?
[...]
Rediffusions le 11 mai 2003 à 21 h 45, le 14 mai 2003 à 13 h 15.

mercredi 30 avril

Manon me confirme qu'elle coucherait bien avec Vorilhon, malgré ses sentiments pour Daniel. Elle m'écrit :

Oui, ma chère, si Raël me faisait des avances, je succomberais... Mais je crois pas qu'on en arrive là... On verra !

samedi 3 mai

19 h ◆ Simon David, le prétendant de Chantal, m'appelle de nouveau sur mon cellulaire. Je l'avais oublié, celui-là.
—Je te dérange ?

— Non, mais je suis en train de souper.

Il commence à me taper sur les nerfs, lui. En fait, les appels des membres du mouvement à toute heure du jour me tapent sur les nerfs depuis un bon bout de temps. Je suis fatiguée d'être sur mes gardes chaque fois que mon téléphone sonne, à la maison comme au travail. D'autant plus que j'ai d'autres grosses enquêtes sur les bras. Je trouve de plus en plus difficile de me changer les idées en arrivant chez moi.

Au bout du fil, Simon n'a pas l'air de comprendre que Chantal ne veut rien savoir de lui.

— Tu ne lui a pas déjà écrit, à Chantal?

— Oui, mais elle ne prend pas ses messages souvent.

Il me demande de l'appeler à nouveau pour lui dire de le joindre.

J'envoie mon inscription et celle de Chantal au fameux Stage des Amériques. Le plus grand rassemblement raëlien en Amérique du Nord se déroule au camping de Maricourt, sur le site d'UFOland, lieu de résidence de Claude Vorilhon. Plus de 400 membres du monde entier y seront réunis du 12 au 26 juillet.

Même en dormant sous la tente, le stage n'est pas donné.

Il coûte 75 $. Les terrains sans service sont gratuits, et je dois payer 70 $ de plus pour avoir accès à un terrain de camping avec eau et électricité. Chantal et moi allons avoir besoin d'électricité pour recharger les batteries de l'appareil photo et de l'ordinateur portable dont nous nous servirons sur place.

En plus du stage, Chantal doit s'inscrire comme membre du mouvement national pour l'année raëlienne 58 (100 $).

Toutes ces dépenses atteignent la jolie somme de 320 $. C'est le prix à payer pour avoir la foi raëlienne.

mardi 6 mai

J'accouche d'une enquête concernant l'ex-bras droit d'un chef de parti fédéral qui se dit victime d'une vendetta du ministère du Revenu. À force d'insister, j'obtiens une entrevue avec le ministre du Revenu. L'affaire fait la une du *Journal*.

samedi 10 mai

Pendant trois jours, j'aurai trois noms : Brigitte McCann, Brigitte Doucet et... Ginette Leblanc.

J'adopte une autre identité fictive, celle de Ginette Leblanc, représentante d'une boîte de relations publiques. Le but : accéder en tant que déléguée au congrès annuel des élus municipaux québécois, à Hull. Mes collègues Mathieu, Stéphane et moi enquêtons sur les fastueuses soirées offertes à nos élus par des fournisseurs privés qui leur font la cour pendant le congrès annuel. Le reportage publié en une dans les jours suivants alimentera de houleuses discussions dans le monde municipal.

jeudi 15 mai

Stéphanye m'invite à une autre réunion raëlienne dans un superbe loft au centre-ville le 24 mai à 22 h. Elle promet une ambiance complètement géniale.

dimanche 18 mai

Je m'assois avec Manon dans la salle du Gesù, en attendant le début du rassemblement du mois de mai. Ma compagne est déchaînée aujourd'hui. Elle n'arrête pas de parler de ce qui l'attend ce soir. Daniel a préparé tout un *set-up* pour un « trip à trois » avec elle et une autre fille.

— Mais la fille est pas mal jeune, laisse tomber Manon, l'air préoccupé.

— Quel âge ?

— 17 ans et demi.

— Mais elle est mineure, Manon ! T'as pas peur, au niveau légal ? D'un coup que ses parents s'en mêlent...

— Non, non, non ! Elle est super cochonne. C'est comme une moi junior. Elle aime ça, elle aime ça ! Et en plus, elle est super *cute*. Tous les guides-évêques attendent juste qu'elle ait 18 ans pour passer dessus !

Je ne m'habituerai jamais à la grande classe des envolées oratoires de Manon.

— C'est quoi, un *set-up* « arène » ?

— Je sais pas trop, répond Manon, mais ça a l'air excitant !!!

J'ai un flash.

— Est-ce que c'était pour un trip à trois que Daniel m'avait invitée à souper avec toi l'autre jour ?

— Euh... ben, on en avait parlé, pis on se disait que ça aurait pu être l'fun, oui...

Je le savais.

Note à moi-même : ne plus croire les promesses d'abstinence des raëliens.

Mais Manon a d'autres préoccupations. Elle veut absolument coucher avec une fille, et ce, le plus vite possible. Après avoir accepté de participer au trip à trois, la fille mineure n'a plus donné de nouvelles et n'a répondu à aucun de ses *e-mails*. De sorte que Manon craint maintenant que sa première relation lesbienne soit encore retardée. Sans compter la déception de Daniel.

— Au pire, on fera ça à deux, soupire-t-elle... si Daniel veut.

Elle me fait pitié. Je décide, naïvement, de la raisonner un peu.

— T'es-tu déjà demandé pourquoi tu parles tout le temps de sexe, Manon ?

— Ben, c'est juste parce que j'aime ça, c'est tout. J'en veux, j'en veux ! Je veux tout essayer. Tout !

Rien à faire.

— Et Daniel, il t'aime ? Vous continuez à vous voir souvent ?

— On se voit, mais c'est juste un trip de cul. Tu vois, il se cherchait quelqu'un pour aller dans un club d'échangistes, alors on va peut-être faire ça ensemble. Et je sais qu'il a deux autres maîtresses, une fille de Saint-Hubert et une autre.

— Et toi, tu l'aimes ?

— Ben... oui là, mais c'est juste pour le cul...

Je ne la crois pas.

— Je veux juste pas que t'aies de la peine, Manon.

— Ben non, ben non... Je ne me laisse pas faire.

Comme d'habitude, les guides se sont relayés sur la scène du Gesù pour donner des enseignements, c'est-à-dire des improvisations sur le thème des relations interpersonnelles, des médias imbéciles et des conneries de George W. Bush.

Aujourd'hui, il y a une grosse tente sur la scène, pour recréer l'ambiance du stage d'été à Maricourt et inciter les gens à s'inscrire.

Marcus, l'un des guides raëliens les plus populaires, étonne l'assemblée avec un discours sur les tas de merde. Il s'accroupit et simule de déféquer pour imager le principe selon lequel il y a une place pour chaque chose. Constatant que son manège excite la foule, il se promène sur scène, s'accroupissant en disant «pop!», levant la patte comme un chien qui soulage sa vessie.

Le summum du raffinement.

Tout ça devant la caméra d'un groupe de journalistes américains venus filmer le rassemblement, avec la permission des autorités raëliennes.

Les spectateurs ont droit à une grande annonce. Après 11 ans à la tête du mouvement raëlien canadien, Daniel Chabot a décidé de se consacrer à l'enseignement planétaire. Joseph, ancien leader de la région de Montréal, le remplacera dorénavant.

Michel Chabot, frère de Daniel, prendra la direction de la région de Montréal, augmentant l'emprise du clan des quatre frères et sœur Chabot à la tête du mouvement, avec Sylvie comme porte-parole officiel de Vorilhon et Jocelyn comme guide de l'est du Québec.

Ce mois-ci, la présentation d'un montage maison d'extraits de films a pour but d'illustrer la nécessité de s'inscrire au stage d'été. Parmi eux, une scène de *Peter Pan*, où Robin Williams apprend à voler en se servant de la force de son imaginaire.

Une autre scène est tirée du long-métrage *Le Cinquième Élément*. Le méchant, diabolique et richissime, s'étouffe avec une petite noix. Son protagoniste, pauvre et héroïque, lui donne la tape dans le dos qui lui sauve la vie.

Une citation suit cet extrait: «Le stage d'éveil: un coup de main qui va changer votre vie.»

Le soleil est radieux et l'air est doux. À la fin du rassemblement, Manon et moi décidons de nous joindre à ceux qui vont déjeuner sur la terrasse d'une pizzeria.

Je m'assois à côté de Paul, un blond à lunettes venu d'Ottawa. Arrivé en autobus ce matin, il est à Montréal seulement pour la rencontre mensuelle. Il devrait repartir ce soir, par l'autobus de minuit. À moins qu'il ne décide de passer la nuit dans un petit hôtel, me dit-il avec un petit sourire en coin. «Quand je suis ici, je n'ai jamais envie de repartir», explique-t-il.

Paul a un job enviable pour un nombre incalculable de gars. Il est DJ dans un bar de danseuses nues. «Mais ce n'est pas comme dans les films, avertit-il. Les clients voient les danseuses faire leur show. Moi, je vois les vraies filles, qui viennent me raconter tous leurs problèmes. Et je leur donne des conseils. Je suis presque leur psy. Je ne dois pas en donner des bons, puisque je suis encore célibataire! Ha ha ha!»

Je le trouve amusant. Sincèrement. Pour une fois, je me détends un peu.

Nous rions parce que nous avons fait notre transmission à Montréal en même temps et que nous ne nous sommes même pas reconnus! Il était le premier dans la file et moi, la dernière.

Nous parlons de films, de job, de bouffe, de tout et de rien. Jusqu'à ce qu'il lâche:

— Je n'ai jamais cru en Dieu. J'ai toujours pensé qu'on vivait dans une espèce d'aquarium, de laboratoire, et qu'on était observés. Qu'on est comme dans une sorte d'expérience. Une expérience ratée.

— Pourquoi ratée?

— Ben, les guerres, les tueries, la pauvreté...

— Tu te sens observé, toi, personnellement?

— Ben, c'est pas comme si je sentais une paire d'yeux dans mon dos, mais, en quelque sorte, oui. Et j'ai toujours cru qu'on avait été fabriqués de toutes pièces. Alors, quand j'ai vu un article sur les raëliens dans le *Ottawa Citizen*, je me suis dit: «C'est ça! C'est exactement ce que je pense!»

Dommage! Il était gentil, lui.

Paul, lui, sait ce que c'est, de la tenue de livres. Il s'est mis à s'intéresser à mon emploi devant Manon. Terreur. Je me suis mise à avoir chaud lorsqu'il m'a demandé si j'utilisais un logiciel.

— Euh... oui, oui...

— Ah! c'est tellement plus facile avec un bon logiciel!

— Tu peux le dire!

Il faut que je change de sujet, d'urgence. Vite, une diversion! Mon esprit roule à toute vitesse, mais je ne trouve rien. Rien! J'ai l'impression que tous mes sujets passe-partout ont déjà été abordés. On a déjà parlé de son job, du film *Matrix* que j'ai vu hier, des danseuses de son bar, des préjugés contre les danseuses nues... Il doit rester, à vue de nez, mille milliards de sujets de conversation disponibles! Mais je n'en trouve pas un seul.

Je vis dans la crainte de sa prochaine question, lorsque, miracle, Manon se remet à parler de sexe, ce qui monopolise, à la seconde même, toute l'attention de Paul. Merci, Manon!

Après le repas, Pierre Bolduc vient me rejoindre, l'air content de me voir. Il dit revenir de deux voyages de «diffusion» à New York et dans la région de Buffalo, où il aurait donné une conférence devant 292 étudiants.

Pierre me dit que trois raëliens de New York ont fait leur transmission le 6 avril, en même temps que moi. Norma et Phil en sont. Le baptême de Norma réjouit particulièrement Pierre parce qu'elle hésitait depuis quatre ans à se joindre au mouvement.

Daniel s'est fait virer pour cause de «délire mystique».

Puis, l'évêque m'apprend avec une désinvolture désarmante que Daniel s'est fait virer du mouvement. Je n'en reviens pas. Le Daniel avec qui j'ai fait de la «diffusion» dans le Chinatown de New York. Le gars courageux qui engueulait les grands gaillards en colère devant notre pancarte *No God no soul*. Le gars sincère qui s'employait avec tant d'ardeur à répandre le message des Elohim, chaque semaine, depuis des années, entre deux postes de travail comme livreur de journaux.

Pierre raconte que, depuis quelque temps, Daniel s'était mis à entendre des voix. Celles des Elohim, plus précisément. Après des années de prières télépathiques à sens unique, Daniel recevait enfin des réponses des Elohim. Il y voyait simplement la récompense de toutes ses heures passées dans la rue à travailler pour eux.

Le hic, c'est que le «privilège» des communications directes avec les Elohim est réservé à une seule personne : Claude Vorilhon. Personne d'autre n'est assez «saint» pour converser avec nos créateurs et connaître leurs volontés.

— C'est du délire mystique, on ne peut pas tolérer ça, tranche Pierre Bolduc, en réponse à mes questions. Imagine si tout le monde se mettait à entendre les Elohim !

Oui, j'imagine : Raël serait dans de beaux draps. Avec des prophètes partout qui, comme lui, détiendraient la seule et unique Vérité sur le sort du monde, il ne lui resterait plus qu'à retourner faire du journalisme automobile en France.

— La même chose est arrivée à un niveau 5 il y a 10 ou 15 ans, se souvient Pierre.

— C'est définitif, son expulsion ?

— Il ne pourra pas revenir avant sept ans.

— Pourquoi sept ans ?

— Parce que c'est le temps que ça prend pour qu'un homme change de peau.

— Ah.

Je viens de me rappeler comment Pierre est un véritable distributeur automatique de vérités inventées.

— C'est Raël qui l'a viré ?

— Non, Raël n'a rien à voir avec ça ! s'exclame-t-il, presque offensé. Le grand conseil de New York s'est réuni et a pris la décision.

Je me demande bien qui compose ce mystérieux grand conseil.

— Merde... C'est triste. Daniel travaillait si fort !

— Ce n'est pas si triste, répond Pierre, l'air indifférent. Sans rester dans la structure, il peut demeurer raëlien.

— Tu crois qu'il entendait des voix ? Je veux dire, qu'il frisait la schizophrénie ou quelque chose du genre ?

— C'est possible. Sa conjointe disait entendre les mêmes voix. Ils devaient s'encourager entre eux. Il fallait l'expulser. On ne comprend pas encore comment, mais la maladie mentale, c'est contagieux. Pas comme un virus, mais c'est contagieux. Tu observeras ça. Quand il y a un malade mental dans une famille, tout le monde finit toujours par avoir sa maladie.

Pierre Bolduc n'appartient peut-être pas à ma famille, mais de crainte d'être contaminée par son imbécillité, je préfère prendre congé de lui.

mercredi 21 mai

J'écris à Manon pour avoir des nouvelles de son coup à trois avec une mineure. Elle me répond quelques heures plus tard :

Le trip à trois ? Trop cool ! Comme je savais que notre jeune participante ne viendrait pas, j'ai assuré les arrières en invitant une amie raëlienne qui, je sais, a une attirance pour le Dan et que Dan est aussi attiré par elle. Ce fut bizarre, mais drôlement agréable... Une ambiance «harem», il voulait préparer une ambiance de harem, mais finalement, comme il a été très occupé, on a eu droit au classique sofas et lit... Pas grave !

jeudi 22 mai

J'obtiens le numéro de téléphone et l'adresse du responsable de la boutique de fournitures raëliennes, à Boucherville. Je me rends chez lui pour acheter les vidéos des discours de Vorilhon (15 $ chacune) depuis le début de l'année, de façon à le citer fidèlement dans mon reportage.

mardi 27 mai

Manon m'écrit un résumé de la fiesta raëlienne du 24 mai, que j'ai manquée.

Oh la la, dommage que tu ne sois pas venue à la sauterie chez Bella, c'était génial, en fait peu ont dansé, ça ressemblait plus à un salon de bavardages avec ambiance, mais c'était plein de non-raëliens tous plus trippants les uns que les autres, y a du potentiel raëlien là-dedans ! Y avait un ti-coin pour les amours d'un soir aussi, je me suis permis de fréquenter, hi hi hi, un type avec des yeux d'hypnotiseur, ronds, ronds, ronds, bleus, bleus, bleus... Top ! Hey hey hey ! En tout cas, ça donne le goût d'y retourner ! Ce qui était génial est que malgré que les gens avaient des tites-consommations, pas d'ivresse ! Adorable !
Enfin, donne des nouvelles !
Câlins et bisous,
Manonxxx

Jeudi 12 juin

Une dépêche philosophique de Raël Science attire mon attention.

Objet : [raelscience-fr] Pourquoi craint-on le clonage ?
Véronique Fournier, médecin, responsable du Centre d'éthique clinique de l'hôpital Cochin à Paris, revient sur le condamnation quasi unanime du clonage reproductif. Elle montre que si ce refus paraît acquis, il demeure néanmoins un doute, non pas sur le «non au clonage» mais sur le «pourquoi du non». Il semble

que chacun a l'intime conviction qu'il ne faut pas faire de clones mais qu'il n'arrive pas à expliquer précisément pourquoi et de ce fait, craint que cela n'arrive.

Cette crainte partagée par tous et presque irrationnelle repose sur la peur qu'a l'homme devant l'émergence d'un monde où l'on n'aurait plus besoin de Dieu. Avec le clonage, l'homme renoncerait à Dieu : si l'homme est capable de fabriquer l'homme, c'est que Dieu n'existe pas. Pour Véronique Fournier, « la vraie crainte n'est pas celle de la mort de Dieu pour Dieu, elle est celle de la mort de Dieu pour l'idée que nous nous faisons de l'homme ».

La Croix *(Véronique Fournier) 12/06/03*

dimanche 15 juin

Rassemblement mensuel du mois de juin. Débordée de travail au bureau, je n'ai pas l'énergie de m'y rendre. Manon m'apprendra qu'il ne s'y est rien passé de majeur.

mercredi 18 juin

Un *e-mail* envoyé aux raëliens m'apprend comment le mouvement opère lorsqu'il intente une poursuite contre un média. Quotidien en cause : *Le Droit* d'Ottawa.

Un certain dirigeant nommé Marc Rivard signe le message. Son nom ressurgira plus tard, dans un contexte beaucoup plus important pour mon enquête.

Objet : Poursuite contre un journal et un journaliste
Bonjour à tous,
L'Église raëlienne du Canada (ERC) et notre Prophète bien-aimé ont intenté une poursuite contre le journal Le Droit et le journaliste ayant écrit l'article que vous pouvez lire en document attaché.
Pour étayer notre cause, nous aimerions savoir si, à la suite de la parution de cet article en janvier dernier, des raëliens ont vécu des problèmes.
Avez-vous eu des commentaires désagréables de la part de non-raëliens [...] ?
Avez-vous eu des problèmes dans votre travail [...] ?
Avez-vous eu des problèmes dans votre vie affective [...] ?
Avez-vous reçus des lettres, courriels, télécopies ou téléphones désagréables, des insultes, des menaces, etc. [...] ?
Vous a-t-on verbalement insulté et/ou physiquement agressé [...] ?

> *Comment vous êtes-vous senti après la lecture de cet article ?*
> *SVP me décrire le ou les événements avec le plus de précision possible.*
> *Votre nom ne sera pas divulgué, car nous avons exigé la confidentialité et la non-parution des noms et nous l'avons obtenue.*
> *[...]*
> *J'attends votre réponse d'ici samedi le 21 juin 2003.*
> LOVE, *Marc Rivard*
> *Assistant du Guide continental des Amériques.*

La chronique du *Droit* intitulée « Le chat, le chien et la mésange » a été publiée en page 7 du quotidien, le 23 janvier dernier. Elle porte sur la résistance des mésanges au froid. Le chroniqueur Denis Gratton consacre toutefois quelques paragraphes peu flatteurs à Claude Vorilhon. Voici l'extrait qui choque le mouvement.

> *Les animaux me fascinent parfois.*
> *Prenez, par exemple, les oiseaux. Il fait −28 degrés Celsius, −123 degrés Fahrenheit avec le facteur de refroidissement éolien, et... J'arrête un instant. Que veut dire « refroidissement éolien » ? Et « éolien », n'est-ce pas le nom des extra-terrestres qui ont kidnappé Raël ? Et parlant de Raël, peut-on cesser, s'il vous plaît, de parler de lui dans les médias. On joue son jeu et il est mort de rire avec toute cette publicité gratuite qu'il reçoit. Le bonhomme est un escroc de la pire espèce, un gars d'arnaque professionnel et un enjôleur hors pair. Plus on parle de lui, plus il est heureux et plus cet effronté floue d'honnêtes gens. La meilleure façon de s'en débarrasser est de l'ignorer. Et pensez-y, si les extra-terrestres sont si intelligents, pourquoi auraient-ils choisi ce clown comme porte-parole ?*
> *Bon. Je me suis défoulé et ça fait du bien. Merci pour votre patience. Et à compter d'aujourd'hui, plus un mot sur cet hurluberlu.*
> *(Et je vous avertis, chers lecteurs, ne m'écrivez pas pour me donner le bon nom des amis extraterrestres de cet énergumène. J'oublie comment il les appelle et je m'en fiche éperdument.)*

mercredi 25 juin

Je relève ma boîte postale. J'ai n'ai toujours aucune nouvelle des 320 $ envoyés au mouvement il y a presque deux mois. J'appelle au numéro général et je laisse un message.

jeudi 26 juin

M. Reno m'appelle pour me dire qu'il va vérifier si je suis bel et bien inscrite et me le confirmer. Il m'informe que si j'avais été à la réunion mensuelle de juin, j'aurais probablement obtenu mon reçu.

vendredi 27 juin

À 20 h 40, Daniel Thibeault, responsable des stages, me téléphone que je suis inscrite. Il me dit qu'il vaudrait mieux arriver le soir du 11 juillet parce que le 12, l'attente à l'entrée pourrait durer des heures. Merde! Une nuit de plus! Il va falloir que j'en parle à Chantal.

Il m'explique l'horaire typique des stages :

À 9 h : méditation.
De 10 h à midi : enseignements, conférences, réflexions, etc.
De midi à 17 h : libre. Activités sportives.
De 17 h à 19 h-19 h 30 : autres enseignements.
À 19 h 30 : dîner.
Soirée : spectacle, danse, feu de joie.

Qui dit mieux?

dimanche 29 juin

Le stage est dans moins de deux semaines. Je n'ai plus le choix : il faut que j'y réfléchisse. Jusqu'à maintenant, j'ai évité le problème. Ça m'énerve trop. Ça énerve mes parents, aussi. Je m'évertue à les rassurer depuis des semaines.

Personnellement, je me passerais bien de ces deux semaines de stress intense. J'ai tellement besoin de vacances!

Dans ma nervosité, j'imagine les pires scénarios. Je vais procéder comme j'ai toujours agi depuis le début de l'enquête : étape par étape... en gardant la porte de sortie à l'œil.

Hier, Chantal est venue faire les magasins avec moi. J'ai acheté deux bikinis. Voilà ce que je porterai si jamais je me retrouve entourée de nudistes.

Raël Science recense aussi les dépêches à caractère sexuel. Certaines sont accompagnées des commentaires de Vorilhon. En voici un exemple :

LE MONDE | *27.06.03* | *12h58*
La Cour suprême des États-Unis a mis fin, jeudi 26 juin, à la situation étrange créée par l'existence, dans 13 États sur 50, de lois interdisant la sodomie. Dans 9 cas, ces lois s'appliquent à tous les couples et, dans 4 autres, aux seuls partenaires homosexuels. [...]
Commentaire de Raël :
Encore un exemple du pouvoir de la merveilleuse Cour suprême des États-Unis. Tous les pays du monde et spécialement l'Europe ont besoin d'un organe identique.

mardi 1er juillet

Un *e-mail* du mouvement raëlien m'informe que Chantal et moi devons débourser un autre 400 $ pour assister à la deuxième semaine du stage, réservée, apparemment, aux membres du mouvement international. La cotisation annuelle minimale est de 200 $. Chantal et moi n'avions pas estimé cette inscription indispensable. Toutefois, je me résignerai à signer un autre généreux chèque dès notre arrivée sur place.

La date du départ approchant, mon anxiété grandit. Depuis quelques jours, je m'efforce de me coucher tôt et de faire beaucoup de vélo, pour être en forme et évacuer mon stress et ma fébrilité.

Il faut d'abord bien s'organiser. Chantal et moi achetons notre kit de survie personnel en prévision de notre siège de deux semaines. Quitte à faire exploser nos dépenses, nous choisissons une tente pour sept personnes. Comme il s'agira de notre seul refuge, je tiens à ce que nous ayons assez de place pour travailler et dormir confortablement. Notre liste d'achats comprend aussi moustiquaire, sac de couchage, aliments non périssables, chaises pliantes et autres équipements devant nous assurer un confort relatif. En espérant qu'il ne pleuve pas trop.

Pour éviter toute mauvaise surprise, nous testons l'imperméabilité de la tente chez la grand-mère de Chantal, à Longueuil. J'y rencontre ses parents pour la première fois.

— Je vais y aller, moi, lui dire ses quatre vérités, à ce prophète-là ! nous lance le père de Chantal, excité par notre mission.

Bouleversée par ses lectures sur le mouvement raëlien, la mère de ma collègue est loin de partager l'enthousiasme de son conjoint. Elle ne comprend pas que sa fille ait à se retrouver au milieu d'un tel groupe dans le cadre de son travail.

— Viens pas me dire que t'es obligée d'aller là, Chantal !
— Mais c'est un beau défi professionnel, maman ! explique Chantal pour la énième fois.

Peine perdue : sa mère se rongera les sangs jusqu'à la toute fin de l'enquête.

Manon n'a pas encore répondu à mon *e-mail* du 27 juin. Je n'aime pas ça. Chaque délai me porte à penser qu'elle a découvert mon identité véritable. Je lui ai réécrit ce matin, avec un ton aussi léger que possible :

Salut Manon !
Tu me réponds pas, alors j'imagine que t'es super occupée. Est-ce que tu déménages, finalement ?
Bon, alors, donne-moi des nouvelles quand tu pourras !
À bientôt !
Brigitte

mercredi 2 juillet

Ouf ! Manon vient de me répondre. Tout va bien ! Elle a très hâte de se rendre au stage pour les nuits qu'elle y passera, mais aussi parce qu'elle compte s'enrôler dans l'Ordre des Anges, ces femmes au service du gourou. Cette dernière nouvelle m'attriste pour elle.

Coucou Brigitte !
Pardon pour mon temps de réponse, j'ai été bien occupée avec le travail, à aménager mon appartement (je ne suis pas déménagée, mais mon coloc a quitté et je m'étends donc sur 3 pièces maintenant), j'ai aussi les amours, etc. Je vois toujours Dan-chouchou à temps très partiel, mais bon, c'est ça quand ton amant a plusieurs maîtresses. J'ai aussi accueilli Yves Boni, tu te rappelles, ce charmant guide national de la Côte-d'Ivoire, il est ici depuis samedi et il quitte demain, il compte s'établir comme résident permanent, et il s'en va vivre à Sherbrooke. Donc, de belles soirées d'amour, de douceurs et de philosophie, aussi.

Cette semaine, je suis gâtée, je ne travaille que de jour ! ! ! Parfait, car je dois déjà commencer à préparer mes valises pour les stages, je pars tôt le 12, à 7 h 00, car je veux avoir un bon spot pour ma tente. Dis, ta copine vient-elle finalement ? Penses-tu arriver tôt ? Je tiens aussi à être tôt, car s'il fait beau, je compte investir le lac ! ! ! Hi hi hi, et commencer à repérer mes proies pour les nuits. Quoique je crois que je suis déjà bookée[26] *hi hi hi !!! J'ai aussi hâte de méditer en groupe le matin autour du lac ou le soir sous les étoiles. Je sens que ça va être l'aventure de ma vie !!! Tu me rappelles... feras-tu les deux semaines ? Moi, oui, car j'ai hâte d'avoir des responsabilités plus grandes que ce que j'ai actuellement. Et je veux joindre les Anges.*

[...]

Autrement, la vie est belle, dans onze jours, au Paradis nous serons, pour montrer notre amour aux Créateurs et au Prophète Bien-Aimé... Je trouve ça si étrange, y a moins de 8 mois, Raël n'évoquait rien en moi, maintenant, je pense à lui chaque jour...

Bon, assez de bla bla, mon invité devrait arriver bientôt, c'est notre dernière soirée ensemble.

Allez, on se donne des nouvelles, et on se revoit aux stages 57 à Valcourt !!!
Yaouh !
Bisouxxx
Manonxxx

vendredi 4 juillet

Je me paie des vacances durant la semaine précédant le stage, pour refaire mes forces. En route vers les vacances, j'ai soudain une pensée. Et si Louis, mon ancien collègue de *La Voix de l'Est*, se pointait au stage ? Merde ! J'ai des sueurs froides. J'avais bien besoin de ça, moi ! Mais pourquoi n'y ai-je pas pensé avant ?

Plus tard, j'apprends une bonne nouvelle. Louis part en vacances au Nouveau-Brunswick ! Ouf ! Bon voyage, Louis.

samedi 5 juillet

Pas trop rassurée, Chantal va finalement prendre un café avec Simon. Elle a demandé à une de ses amies de venir la chercher après exactement 45 minutes.

Simon ne lui apprendra rien sur le clonage humain de Clonaid. Il n'est pas au courant, lui non plus.

Agent de sécurité au sein du mouvement, le soupirant de Chantal ne pourra assister au stage : il n'en a pas les moyens. Il n'a droit à aucun rabais, malgré ses heures de bénévolat.

---

26. Mon carnet de réservations est complet.

vendredi 11 juillet

C'est le grand jour.

Je suis revenue de vacances hier soir. Mon appartement ne m'a jamais semblé aussi accueillant et mon chat, aussi câlin. Il fait beau. Mon vélo m'invite à sortir.

Je n'ai absolument aucune envie de partir.

Il faut que j'y aille. Je me dis ce que je répète à Chantal depuis des semaines : que ça va être facile, qu'il va faire beau et que mes deux semaines vont ressembler à un gros camp de vacances pour adultes.

Ça ne fonctionne pas. J'ai la volonté à plat.

Nerveuse, inquiète et stressée, j'en viens même à me poser des questions sur mon métier. Comment se fait-il que, pour gagner ma vie, je doive partager mon intimité pendant deux semaines avec une bande de fans d'extraterrestres aux mœurs douteuses ?

Pour arrêter de penser, j'attrape mes bagages et je pars. Je ne veux pas arriver en retard pour le reportage de ma vie.

Chantal m'attend chez elle. Notre boss, Dany Doucet, nous a invitées à dîner avant notre départ. Nous chargeons ma voiture, une Honda Civic, à pleine capacité. Le matériel de camping, nos valises et notre équipement numérique remplissent la malle et la banquette arrière. Nous avons planqué tous nos papiers (permis de conduire, etc.) sous le plancher de la malle, avec le pneu de secours.

— Et ta plaque d'immatriculation ? me demande Chantal.

— Les numéros de plaque sont confidentiels au Québec. Ils ne sont d'aucune utilité pour identifier le propriétaire d'un véhicule, même pour les journalistes. Une chance qu'on ne vit pas en Ontario !

Notre boss nous a donné rendez-vous au Pistou, un restaurant branché de l'avenue Mont-Royal, près du *Journal*. Je savoure mon repas comme si c'était le dernier. Pendant ce temps, Dany y va de quelques conseils de circonstance. Premièrement : pas de nudité. Il se rend vite compte qu'il n'a pas besoin d'insister. Il nous demande de l'appeler tous les jours pour lui donner de nos nouvelles et de ne pas oublier. Si nous ratons un appel quotidien, il pourrait débarquer lui-même au camping. En cas de bavure, nous devons quitter le site au plus vite, laissant toutes nos affaires sur place.

D'accord, d'accord, boss.

Puis, nous discutons de nos missions respectives. Comme son *look* semble plaire aux raëliens, Chantal cherchera à se faire recruter parmi les Anges de Raël. Moi, je devrai tenter d'en savoir le plus possible sur Clonaid.

— Il me faut attirer l'attention des responsables de la compagnie. La dernière fois que j'ai parlé à Brigitte Boisselier, je ne savais trop quoi lui dire pour ne pas avoir l'air louche. Dès que je pose une question, j'ai l'impression de redevenir journaliste.

Dany ne réfléchit pas longtemps :

— Dis que tu veux être une mère porteuse.

Et voilà! Il tape en plein dans le mille! Pourquoi n'y ai-je pas pensé avant? Je me sens parfaitement capable de jouer la fille ayant besoin d'une mission pour donner un sens à sa vie. Le rôle idéal pour mon personnage sans ambition.

Le dîner se termine trop vite. C'est l'heure.

Dany nous embrasse en nous quittant. Il me cache que *Le Journal* a contacté une firme d'agents de sécurité prêts à nous sortir du site en deux temps trois mouvements, si nécessaire. Il fait bien, ça m'aurait énervée pour rien.

— En tout cas, vous êtes courageuses, les filles, dit-il, l'air sérieux.

— Ben non, ben non. Ça va bien aller, Dany. T'en fais pas pour nous. Salut, boss.

Nos cartes de membre sont dans nos bagages.

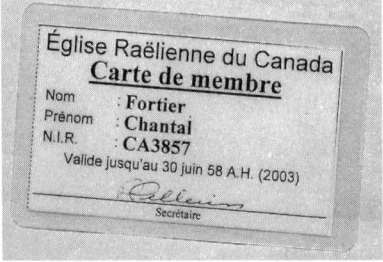

Direction : UFOland

Nous quittons Montréal vers 15 h. Direction : UFOland.
En chemin, j'ai de nouveau l'impression de jouer dans un thriller. Tout ça me semble totalement surréaliste. Qu'allons-nous faire là, nous, deux ouvrières du faits divers ? Qui sommes-nous pour penser berner 400 raëliens pendant deux semaines ? Et si nous faisons une erreur ? Si quelqu'un nous reconnaît ? Si notre manque de sincérité nous trahit ?

Sur l'autoroute 10, j'emploie les longs moments de silence à contrôler ma respiration trop rapide.

Mon baptême, Montréal, 6 avril 2003.

Éric, moi et Manon, avec le « spécial Raël » de *Safarir*, en attendant le début de la cérémonie de baptême.

La salle de la cérémonie, vue de la mezzanine du Pavillon du Canada, sur le circuit Gilles-Villeneuve.

La table d'honneur. Dans la rangée de gauche, de haut en bas : le Dr Marc Rivard, l'évêque Nicole Bertrand, Claude Vorilhon, sa conjointe Sophie Lemieux, Brigitte Boisselier, l'évêque africain Yves Boni. À droite, de haut en bas : Jean-Claude, garde du corps de Vorilhon, une inconnue, Marcus Wenner, l'animatrice O'rêv, Daniel Chabot, un « ange de Raël », Léar, l'ex-député péquiste Roland Dussault, et une inconnue.

gitte Boisselier reçoit un gâteau pour son anniversaire, sous
applaudissements chaleureux de toute la salle.

La cérémonie du baptême commence.

Vorilhon me baptise, sans se douter de rien.

Ça y est, je suis officiellement « raëlienne », puisque les « Elohim » m'ont « reconnu ».

Qui veut se faire baptiser ?

« L'humanité, c'est nous ! » lance Vorilhon dans un discours à la fin de la cérémonie.

lis un premier contact avec Brigitte Boisselier, après mon baptême.
al nous prend discrètement en photo.

Un moment très attendu : je pose pour Chantal avec Manon et le célèbre «prophète».

DEUXIÈME PARTIE
Le stage

Je croyais bien trouver des indications menant à UFOland dans les environs de Maricourt, un village de 500 âmes, mais en vain. Chantal et moi roulons dans Valcourt, bucolique petite ville de 2 400 habitants, à la recherche d'un quelconque signe concernant le quartier général raëlien, situé à moins de 10 kilomètres. Nous faisons rapidement le tour des rues principales agglutinées autour de l'immense usine de la compagnie Bombardier, qui semble sortie de nulle part au milieu des champs et des forêts.

Les pancartes indiquant UFOland, installées par Tourisme Québec — qui a été vertement critiqué — il y a quelques années, ont disparu. J'apprendrai plus tard que le « musée d'interprétation » de la vie extra-terrestre, ouvert en grande pompe en 1995, a fermé en douce il y a plusieurs mois déjà. Le mouvement y a englouti beaucoup d'argent.

Les 200 000 à 300 000 visiteurs qu'attendait Vorilhon dans l'année suivant l'ouverture d'UFOland ne sont jamais venus. Apparemment, la réplique fidèle de la soucoupe volante qu'aurait vu le prophète en 1973 n'intéresse pas grand monde. En 1998, UFOland accusait déjà un déficit de plus de 50 000 $. Aujourd'hui, le mouvement tente d'y vendre des copropriétés récemment aménagées. L'appartement occupé par Claude Vorilhon est somptueux. Brigitte Boisselier, Sophie Lemieux (la conjointe de Vorilhon) et des Anges ont aussi élu domicile dans l'immeuble.

En roulant devant une petite épicerie, je reconnais Dream Catcher et Dave, deux grands raëliens aux cheveux longs et blonds, qui entrent dans le commerce. Je les baptise immédiatement les Beach Boys, à cause de leur allure.

— Nous laissons nos cheveux détachés par exprès, m'expliquera Dave quelques jours plus tard. Les gens ne sont pas habitués de voir deux grands gaillards avec des cheveux longs défaits.

Je stationne ma voiture à côté de leur Accent blanche et j'entre dans l'épicerie pour leur demander le chemin. Entre deux rayons, je trouve Dream qui ne se souvient pas de moi. Je lui explique que je cherche le site du stage, que j'y mets les pieds pour la première fois et que... Mais il ne m'écoute plus, le regard rivé sur Chantal, qui s'avance derrière moi.

— Hey! lui lance-t-il avec son plus beau sourire, en lui prenant la main.

Je suis soudainement invisible et, pour tout dire, je me sens insultée. Hou hou ! Je te parle ! Dream finit par répondre à mes questions, mais toujours en s'adressant à Chantal, qui, elle, ne dit rien. Je viens à peine d'arriver, et j'ai déjà envie de frapper quelqu'un. Ça promet.

Dream refuse de nous expliquer le chemin. Il insiste plutôt pour que nous le suivions jusqu'au camping raëlien, une fois qu'il aura fini de faire ses emplettes.

— J'espère qu'on va avoir la chance de discuter plus longuement, dit-il à Chantal d'un ton charmeur.

Pas un mot pour moi. Rien.

Le bâtiment d'UFOland, à l'entrée du camping raëlien.

Le condo de Vorilhon, dans la partie centrale d'UFOland, donne une vue sur un superbe paysage.

Nous arrivons au camping après dix minutes de route sur des chemins de terre poussiéreux. Nous passons devant l'énorme édifice aux murs blancs d'UFOland, à l'entrée du site du camping Les Jardins du Prophète. Le bâtiment tout en courbes a visiblement besoin d'une bonne couche de peinture. Le toit, surtout, manque de finition.

UFOland est moins impressionnant vu de derrière.

La compagnie Les Jardins du Prophète inc., une société liée au mouvement raëlien, a acheté le terrain de camping de 345 acres à un électricien du nom de Jean Labine en 1992, au prix de 167 500 $. Selon les registres du bureau d'enregistrement, le montant a été payé comptant.

Le Mouvement raëlien international a prêté sans intérêt plus de 1,7 millions de dollars pour la construction de bâtiments sur le camping, selon des états financiers déposés en Cour. Comme UFOland, le camping a lui aussi connu des difficultés financières. Il a enregistré un déficit de 27 412 $ en 1997 et de 12 974 $ en 1998.

Une pancarte à l'entrée du site.

Ma collègue et moi franchissons une barrière ouverte, et les Beach Boys nous laissent devant le bureau des inscriptions, situé à côté d'une grande salle à manger.

Alors qu'elle devrait être le début de deux semaines de rêve, l'arrivée au stage des Amériques est une épreuve des plus pénibles pour les raëliens. Les files d'attente n'en finissent plus. Ceux qui auront le malheur d'arriver demain après-midi devront attendre jusqu'à cinq heures avant d'être inscrits.

Le bureau a ouvert ses portes à 16 h aujourd'hui. Il n'est que 17 h 30, et la file d'attente est déjà longue. À l'entrée, nous recevons nos numéros : 53 et 54. Les quatre préposées aux inscriptions en sont au numéro… 22 !

— Vous en avez pour une bonne heure, nous dit un raëlien.

Il a le numéro 30, le chanceux.

Bon. Nous nous assoyons. Cinq minutes. Dix minutes. Quinze minutes. On n'appelle aucun numéro. Les mêmes quatre membres sont toujours au comptoir. Nous attendons encore. Le numéro 45 réussit à avoir un passe-droit en faisant de l'œil à une préposée. À 18 h, on appelle les numéros 23, 24 et 25.

Il fait gris, la pluie menace de tomber. Nous n'avons pas dîné, ni reçu notre emplacement sur le terrain, et nous avons une tente immense à monter. À 18 h 30, le découragement nous a gagnées.

Bruno, 28 ans, un beau mec à l'allure très décontractée, nous affirme qu'il est déjà tout installé. Il nous suggère d'aller visiter le site parce que, de toute façon, nous en avons encore pour des heures à attendre.

Nous entrons dans le camping boisé par l'artère principale, qui s'engouffre dans une forêt dense d'érables et de conifères. Après une centaine de mètres, l'allée s'ouvre sur un chemin bordé d'une dizaine de vieux chalets en bois et de roulottes plus ou moins rouillées. Ces dernières sont installées çà et là, entre les chalets, sans ordre apparent. L'espace qui reste est presque entièrement occupé par de nombreuses tentes, protégées par des bâches attachées aux roulottes et aux chalets. Mais où diable pourrons-nous nous installer ? Moi qui croyais être en avance…

L'allée centrale mène au cœur du camping, où se trouve un petit lac artificiel, peuplé de têtards et de grenouilles. Une aire gazonnée ceinture le tout. Des dizaines de raëliens y passeront leurs après-midi à se faire bronzer, en costume d'Adam, plongeant de temps en temps dans l'eau d'un brun douteux.

L'allée centrale mène au lac, où le nudisme est de mise. À gauche, on voit Manon, avec ses tatouages des membres du groupe rock KISS.

De l'autre côté du lac, j'aperçois une structure rose foncé de quelques mètres de haut. En m'approchant, je constate qu'il s'agit d'une statue, une femme nue à la poitrine protubérante, la tête levée vers le ciel, les deux bras tombant derrière son dos arqué.

À partir du lac, plusieurs chemins en terre battue mènent aux 179 emplacements de camping installés dans la forêt, aux terrains de volley-ball, de pétanque et de soccer[1], ainsi qu'à l'auditorium, la «Place des Arts» du site.

Des tentes sont installées sur le terrain de soccer, faute d'emplacements de camping.

1. Football.

Vu de l'extérieur, cet immense édifice en bois, construit par des bénévoles du mouvement, ressemble davantage au centre sportif d'un village qu'à une salle de spectacle. Il abrite environ 500 sièges rouges placés en demi-cercles devant une énorme scène dotée d'un écran géant.

En chemin, nous rencontrons un responsable de l'organisation, une carte du site et un walkie-talkie en main, qui dirige un couple vers un terrain. Il nous informe que, malheureusement, tous les terrains disposant d'eau et d'électricité sont déjà pris.

Je commence à voir rouge. J'ai déjà payé par la poste pour un terrain équipé de ces deux services. Nous pouvons nous priver d'eau courante, mais nous ne pouvons nous passer d'électricité. Chantal doit recharger son appareil photo au moins une fois par jour. La pile de son ordinateur portable, sur lequel je taperai mes textes, n'a qu'une autonomie de trois heures. Chantal doit aussi y enregistrer ses photos.

Heureusement, l'opération charme de Chantal porte fruit. Jouant les émotives, elle prend un air désespéré en expliquant que notre seule lampe fonctionne à l'électricité.

— Il faut s'installer, et il va faire noir ! lui lance-t-elle, les yeux mouillés.

Finalement, on nous déniche un terrain.

Le gars finit par nous aider. Il appelle un autre responsable qui va nous trouver une place. Parfait. Je vais chercher ma bagnole et je le suis. Le premier pâté de tentes où il nous amène est bondé. Impossible d'y monter la nôtre sans barrer le chemin. Le responsable, lui-même, ne sait trop où nous caser. Il nous conduit finalement au fond du camping, dans un coin boisé, sur un terrain boueux et dénivelé... à deux pas d'une prise et d'un robinet. Nous acceptons de suite l'emplacement en remerciant mille fois l'organisateur.

Avant son départ, nous lui demandons une dernière faveur. À l'aide de son walkie-talkie, il appelle une préposée aux inscriptions pour savoir quel numéro est servi. Réponse : 37. Parfait. Nous montons vite notre tente en laissant pour l'instant de côté la couverture imperméable.

20 h ◆ Un des coordonnateurs ferme la porte du bureau des inscriptions juste après notre entrée. Mon soupir de soulagement s'arrête net à la vue du numéro... 57 ! Vingt numéros en seulement trente minutes ! Comment cela se peut-il ? Pour couronner le tout, un préposé nous dit que notre tour est passé et de revenir demain.

Chantal dit non.

Je dis non.

N'en pouvant plus de la désorganisation systémique des raëliens, je fulmine. Je signale que nous attendons depuis deux heures, que nous nous sommes déjà inscrites par la poste et qu'on a fermé la porte du bureau APRÈS notre arrivée. Une préposée, Sylvie, finit par s'occuper de nous. Je prends une grande respiration.

J'ai à peine le temps de me calmer qu'elle m'annonce l'absence de nos noms sur la liste des membres de l'Église raëlienne. J'ai beau lui donner mon numéro de membre, elle n'en démord pas. Je n'y suis pas. Chantal non plus.

Ne pas s'énerver. Surtout, ne pas s'énerver.

Tout aussi exaspérée, Sylvie va demander conseil à une autre employée, occupée elle aussi. Pendant que nous poireautons, je me rappelle que l'expérience est supposée être le rêve de ma nouvelle vie de raëlienne... Je dois donc continuer à sourire, même si j'ai envie d'arracher des têtes.

Sylvie revient et nous fait signer un nombre de formulaires dignes de la Gestapo : un consentement à se faire filmer, une demande d'adhésion au mouvement international, un formulaire « d'engagement financier » envers l'Église raëlienne, et d'autres documents où il faut écrire nos nom, adresse, talents, langues parlées et profession.

Avec nos identités fictives, Chantal et moi donnons la même boîte postale sur tous les formulaires. Mais aucun préposé ne relève la chose. Je finis de remplir le premier formulaire lorsque Chantal me fait les gros yeux. Elle pointe ma feuille du doigt. J'ai signé mon vrai nom! Aïe! Aïe! Aïe! Gardant un air relax, je déchire tranquillement le questionnaire et planque les morceaux dans ma poche. Sylvie m'en fournit un autre sans rien dire. Ouf!

Nous devons ensuite nous faire photographier. L'instantané sera collé sur notre carte d'identité. Bénévole dévoué, le photographe raëlien tient à nous faire rire pour nous donner un air sympathique. Je ne sais trop comment il s'y prend, mais je finis par sourire.

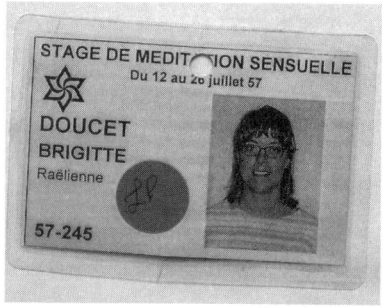

Nos cartes d'identité pour le stage.

21 h ◆ Nous sortons finalement du bureau. Claquées. Affamées. Écœurées. Mais contentes d'être inscrites en bonne et due forme. C'est fait. Nous sommes installées.

Nous avons reçu un petit sac blanc avec un plan du site, un calepin et six curieux rubans de couleurs différentes. Les rubans sont agrafés à une note photocopiée:

> Cher participant et participante,
>
> Vous avez dans cette enveloppe 6 rubans de couleurs différentes. Le but de ces rubans est de vous permettre d'exprimer ouvertement et librement vos choix et orientations sur le plan sexuel. Ainsi, vous pourrez porter à votre poignet un ou deux bracelets de couleurs différentes, selon votre libre choix. Vous pourrez même changer de bracelet aussi souvent que vous le désirez. Voici la signification de ces bracelets.

Le calepin et les rubans reçus à l'inscription.

NOIR : signifie que vous êtes mineur, donc que vous ne pouvez pas avoir de relations sexuelles avec des majeurs comme l'exige la loi ;
BLANC : signifie que vous ne voulez pas être sollicité sexuellement, soit parce que vous êtes en couple, soit parce que vous préférez vivre votre stage seul ;
VERT : signifie que vous cherchez à nouer une relation sentimentale avec un partenaire unique ;
ROUGE : signifie que vous êtes à la recherche de plaisirs multiples avec des partenaires différents ;
ROSE : signifie que vous êtes homosexuel ;
VIOLET : signifie que vous êtes bisexuel.
Nous vous souhaitons un merveilleux stage,

Daniel Chabot
Responsable planétaire de l'enseignement

Chantal et moi décidons d'attendre de voir si les participants portent ou non ces bracelets avant d'en enfiler un.

À la noirceur, nous finissons de monter la couverture imperméable de la tente quelques minutes avant les premières gouttes de pluie. Nous la baptisons « le palace » parce qu'elle est énorme.

Puis nous partons souper « en ville », à Valcourt. Nous mangeons comme des ogresses au resto-bar Chez Hélène, devant la grande usine de Bombardier. Nous faisons un premier bilan à voix basse, puisque d'autres raëliens ont eu la même idée que nous. Avant d'entrer, j'ai laissé ma médaille dans ma voiture. C'est meilleur pour l'appétit.

Nos quartiers, avec la salle à manger (et d'entrevue) à droite et notre « palace » à gauche.

samedi 12 juillet

À notre réveil, Chantal et moi avons un choc. Les seules douches disponibles sont communes. Misère !

Encore endormies, serviettes et bouteilles de shampooing sous le bras, nous ouvrons la porte de la salle des douches… pour la refermer aussitôt, surprises. Un grand gaillard tout nu discute tranquillement de tantrisme et d'échangisme avec une jolie fille, nue elle aussi, qui brosse doucement ses longs cheveux.

En route vers les douches.

La seule salle de douches, commune et mixte.

Nous rebroussons chemin. Des douches communes entre filles, ça va. Mais mixtes ! Qu'allons-nous faire ? Connaissant la désorganisation raëlienne, nous étions prêtes à faire face à de longues files d'attente. Mais ça...

Avec la chaleur du soleil, la poussière des chemins de terre et l'humidité de la nuit, il nous faut prendre une douche tous les jours. C'est tout simplement non négociable.

Nous examinons les options qui s'offrent à nous. La baignade est hors de question. Le petit lac artificiel au milieu du site est un grand trou d'eau stagnante rempli de bactéries. Il y a bien deux douches individuelles un peu plus loin, mais elles sont hors d'usage.

Les toilettes sont mixtes, elles aussi. Pendant deux semaines, nous aurons le plaisir de nous brosser les dents avec vue imprenable sur les urinoirs des gars. Heureusement, chaque toilette est compartimentée. Il ne manquerait plus que ça... Je propose que nous nous y lavions en nous enfermant avec notre bac à vaisselle rempli d'eau chaude. Pas idéal, mais intimiste.

Comme les activités ne débutent que ce soir, nous décidons d'aller prendre une douche chez des amis, à Granby. Nous trouverons bien une solution plus tard à nos ennuis de logistique hygiénique.

En sortant du site, nous devons obligatoirement présenter notre carte d'identité. Un préposé note notre numéro avant de nous ouvrir la barrière.

— Comme ça, si Raël vous cherche, on saura si vous êtes sorties ou pas, expliquera France Blais, la grande responsable du stage des Amériques, au cours d'un rassemblement.

En chemin, j'appelle mon boss pour lui fournir mon premier rapport quotidien. Je lui fais part du manque total d'organisation lors de l'accueil ainsi que du problème des douches communes. Il est sympathisant à notre cause.

En revenant, nous nous arrêtons à l'accueil pour nous inscrire aux trois ateliers obligatoires pour les nouveaux stagiaires. Un raëlien qui fait la file lui aussi est assis avec sa valise ouverte sur ses genoux. Une quinzaine de préservatifs extra-larges y sont éparpillés.

Je sursaute quand je vois Manon entrer. Malgré le temps frais et la pluie qui menace, elle ne porte qu'une toute petite culotte bleue avec un caraco transparent assorti qui couvre à peine ses bourrelets.

Manon n'est pas la seule en petite tenue. Je regarde aux alentours et je constate à quel point je détonne avec mes jeans et mon t-shirt. À part moi, aucune fille n'en porte. On dirait une parade de mode minimaliste. Malgré les chemins de terre remplis de cailloux, les raëliennes sont toutes vêtues de jupes serrées, de blouses décolletées et de talons hauts. J'imagine les soirées! Ma garde-robe de camping, constituée uniquement de jeans, t-shirts, shorts et de gros pulls chauds pour les soirées fraîches n'est pas du tout adaptée à la situation. Il me faudra y remédier.

Chantal et moi nous nous arrêtons devant les piles de djellabas blanches placées sur une petite table à l'extérieur du bureau des inscriptions. Obligatoire durant les grands rassemblements du stage, le costume a pour but « d'uniformiser » l'apparence vestimentaire des participants pour limiter les stimuli externes, nous explique Stiv Lebœuf, responsable des nouveaux stagiaires. L'espèce de drap blanc grossièrement cousu nous coûte 20 $ comptant chacune. La dame du kiosque ne nous donne pas de reçu.

Vers midi, je m'assois sur mon matelas dans la tente pour écrire tout ce qui s'est passé la veille, pendant que Chantal fait cuire des spaghettis sur son petit poêle portatif. Son dévouement pour cuisiner et faire la vaisselle me permettra d'écrire plusieurs textes pendant les heures de repas, à l'abri des regards.

Chantal en compagnie de Stiv Lebœuf, responsable des nouveaux stagiaires.

17 h 30 ◆ Quelque 425 raëliens, tous de blanc vêtus et gonflés à bloc, remplissent le grand auditorium. Les techniciens et les traducteurs sont installés au fond, derrière une balustrade qui surplombe l'immense pièce.

N'entre pas qui veut. Pour franchir la porte, les participants doivent porter leur djellaba et montrer leur carte d'identité à un responsable de

Traducteurs et techniciens surplombent la salle de 500 places.

la sécurité. Tous se voient remettre un élastique et un carré d'essuie-tout. Après un rapide coup d'œil dans la salle, je constate deux choses : 1) Je ne connais personne. Ouf! ; 2) La grande majorité des participants ont dû acheter une djellaba. Disons 300. Ça fait un joli magot de 6 000 $ pour le mouvement. Pas mal pour des draps avec des trous.

Encore une fois, je suis frappée par l'ambiance survoltée qui précède les apparitions du « prophète ». L'énergie est palpable.

Chantal et moi prenons place à l'arrière pour observer ce qui se passe. Debout devant tout le monde, Jean-François, alias le renifleur de manteaux, échange un langoureux baiser avec une raëlienne. Une vingtaine de Mexicains, arrivés dans la journée à l'aéroport Pierre-Elliott-Trudeau, sont assis ensemble à notre droite. Ils logent tous dans des tentes compactées sous une énorme serre blanche, comme on en voit dans les centres de jardinage. Chantal et moi surnommons l'endroit « le ghetto des Mexicains ».

Une vingtaine de Mexicains sont arrivés hier.

France Blais monte sur scène sous les applaudissements de la foule. Elle souhaite la bienvenue aux 56 nouveaux stagiaires et leur demande de s'asseoir dans la première rangée à chaque rassemblement. Puis elle enchaîne tout de suite avec les règlements. Je vois que certains disciples

Le « ghetto des Mexicains »

sortent leur crayon et leur calepin. Trop contentes de pouvoir prendre des notes, Chantal et moi faisons de même. Nous transcrirons à la main tout ce qui se dira durant les « cours ». J'écrirai ce qui se passera à l'extérieur de l'auditorium à l'ordinateur, le soir et la nuit.

France Blais explique qu'aucune drogue ou cigarette n'est permise sur le site. L'alcool n'est pas toléré, sauf pour « un petit verre de vin lors du dîner communautaire ». Pas de *party* après 23 h. Personne n'a le droit de prendre de photographies ou d'enregistrer quoi que ce soit dans l'auditorium. Il faut aussi demander la permission avant de photographier le site, ce que peu de stagiaires feront.

De toutes les règles, l'une me contrarie encore plus : pas de voiture sur le terrain. Tous les véhicules doivent être garés dans le stationnement à l'entrée du site, situé à 15 minutes de marche de notre emplacement. Merde. Chantal et moi avons besoin de notre véhicule pour cacher notre ordinateur, nos caméras et nos pièces d'identité.

Ma collègue avait prévu le coup. Elle a acheté de minuscules cadenas pour verrouiller les fermetures éclair des portes et fenêtres de notre tente. Nous planquerons donc notre matériel dans « le palace », même si c'est plus risqué.

Blais nous dit ensuite d'enfiler l'élastique remis à l'entrée à notre poignet, tout en y insérant le coin d'un carré d'essuie-tout. En guise de test, elle nous demande d'applaudir pendant que les techniciens ferment les lumières et allument les lampes fluorescentes. L'effet des bouts blancs fluorescents s'agitant dans le noir devrait plaire au prophète, juge-t-elle.

Nicole Bertrand, la «première guide-évêque continentale», vient ensuite présenter les participants étrangers. Acclamés par la foule, ils doivent se lever, tour à tour. Ils sont venus d'Asie, d'Australie, du Mexique, de Vancouver, de la Guadeloupe, de New York, de Chicago, de Colombie-Britannique...

Puis, Bertrand passe à un sujet plus délicat: les mineurs. Elle annonce que pour la première fois cette année, le stage annuel n'est pas uniquement réservé aux 18 ans et plus, l'âge de la majorité au Canada. Toutefois, les organisateurs ne prennent pas ce changement à la légère. Sous peine d'être expulsés, les cinq mineurs présents au stage doivent porter un bracelet noir en tout temps, ce qui les identifie comme sexuellement intouchables.

Pour éviter toute ambiguïté, Bertrand fait lever les cinq jeunes afin que l'assemblée puisse bien les identifier. Elle exige ensuite à toute l'assemblée de répéter: «Pas touche! Pas touche! Pas touche!» Elle explique à la foule qu'il est illégal pour un majeur d'avoir des relations sexuelles avec ou en présence d'un jeune de moins de 18 ans au Québec. Le prophète lui-même ne défendra pas un raëlien qui contreviendrait à la directive.

— Les mineurs avec les mineurs et les majeurs avec les majeurs, lance la guide-évêque.

— Est-ce qu'on a quand même le droit d'être nu devant des mineurs autour du lac? demande un spectateur en levant la main.

— Oui, répond Bertrand. Ce n'est pas illégal.

Puis, Daniel Chabot, le numéro deux du mouvement, monte sur scène, chaudement applaudi. Ne faisant plus partie de l'Ordre des psychologues depuis 1996, il est présenté sur scène comme un «professeur de psychologie».

Sans perdre une minute, Chabot nous annonce le début d'un jeûne qui nous permettra d'examiner (et de critiquer) tous les aspects de notre vie. Jusqu'à 19 h demain soir, personne n'a le droit de manger, de parler ou d'avoir des relations sexuelles. L'interdiction comprend la masturbation, souligne-t-il. Le silence, la faim et l'abstinence. Nous n'avons même pas le droit d'utiliser de dentifrice. Que de l'eau.

— Ils essaient de nous affaiblir pour mieux nous bourrer le crâne, me souffle Chantal. C'est une technique connue.

Je pense en souriant à toute la bouffe que nous avons dans le «palace», loin des regards...

Les femmes ne doivent pas se coiffer ou se maquiller. Chabot précise que rien de tout ça n'est obligatoire, mais que «ça fait partie du stage» et que tous devraient s'y conformer.

Tout à coup, Raël fait son entrée dans la salle. En grande forme, le capitaine Cosmos salue la foule qui se lève d'un bond et commence à applaudir à tout rompre.

Le «capitaine Cosmos» fait son entrée triomphale.

Les arrivées du prophète dans l'auditorium font partie des moments forts du stage. Comme un roi, Raël marche d'un pas sûr jusqu'au milieu de la salle avec, sur ses talons, un garde du corps, un assistant, son épouse Sophie, un Ange et d'autres dignitaires.

Les ovations peuvent durer jusqu'à 20 minutes. Les disciples applaudissent et sifflent, sifflent et applaudissent. Les acclamations prennent le

Le «prophète» reçoit une ovation délirante.

rythme d'un tam-tam. En continuant de taper dans leurs mains, plusieurs raëliens se mettent à danser, à crier et à battre des pieds. Irrésistible, l'énergie qui se dégage de la foule nous arrache un sourire, à Chantal et à moi. L'ambiance est digne des plus belles fêtes nationales.

À mesure que de nouveaux rythmes surgissent, la clameur se transforme en vague. Debout sur leurs sièges, certains crient des «E-lohim» pleins de ferveur religieuse.

L'ambiance électrisante des ovations galvanise tout le monde... sauf le prophète. Durant la plupart de ces manifestations passionnées, il aura l'air de s'ennuyer ferme, bâillant parfois. Il restera bien calé dans les deux ou trois couvertures blanches disposées sur son fauteuil. Les mains en prière devant son visage, l'air de méditer, il semblera avoir à peine conscience des friandises, de l'eau et des fleurs disposées sur une table devant lui. De jolies décorations fabriquées par les Anges sont accrochées aux sièges devant le sien. À ses pieds, un radiateur électrique portatif diminue l'humidité les jours de pluie, tandis qu'un ventilateur lui souffle un vent frais les jours de canicule.

Vorilhon ira jusqu'à examiner des documents, discutant avec ses adjoints tel un homme d'affaires préoccupé par de graves questions, pendant que ses fidèles se donneront mal aux mains à force de l'applaudir.

L'ovation faiblit. On baisse les lumières, et on projette une vidéo sur l'écran géant du fond de la scène : un montage d'extraits d'entrevues de Raël, dans la foulée de l'annonce de la naissance du bébé Ève à différentes chaînes de télévision (CNN, Radio-Canada, des chaînes d'Asie, d'Europe, etc.). À la fin, quatre énormes lettres couleur or, R-A-E-L, explosent à l'écran dans un grand fracas sonore. Debout au pied de la scène depuis un moment déjà, Vorilhon en profite pour s'y ruer, pendant que la foule l'acclame comme jamais. Une pluie de marguerites géantes tombe à l'écran.

Toute l'assistance a mal aux mains.

Vorilhon débute un long discours complètement décousu. Il souligne l'importance du rêve éveillé, qualifiant les rêves qui ponctuent le sommeil de « rots de l'esprit ». Il enchaîne avec les « journalistes stupides », un pléonasme, selon lui.

Il égratigne George Bush, son souffre-douleur par excellence, avant de parler de la vie des papillons de nuit.

— Voyez ce papillon, dit-il. Il peut sentir sa femelle à deux kilomètres. À deux kilomètres ! Imaginez si on pouvait nous aussi faire ça.

Il indique, au passage, que les femmes de l'Ordre des Anges lui « servent à boire quand j'ai soif et m'apportent de petites choses à grignoter quand j'ai faim ».

Le « prophète » passe constamment du coq à l'âne, comme si toute sa prestation était improvisée, ce qu'il laisse croire, d'ailleurs :

> Moi, je ne sais jamais ce que je vais vous dire une fois sur scène. Avant, je suis soit en train de jouer à un jeu sur ordinateur, soit en train de regarder CNN. Je n'ai aucune idée de ce que je vais dire ici ou quand je serai là (*il pointe son doigt un mètre plus loin*). Et je ne veux pas le savoir. Parce qu'il faudrait que je pense. Et la pensée, c'est le passé. Il ne faut pas vivre dans le passé. Il faut rêver. [...] Quand vous voyez un nouveau chanteur, vous dites : « Tiens, il me fait penser à tel ou tel autre. » Quand vous voyez un nouvel acteur et que quelqu'un vous demande ce que vous en pensez, vous lui dites : « Il me rappelle tel autre acteur connu… » C'est ça, vivre dans le passé. Et ce n'est pas bon. Ce n'est pas bon.

Raël affirme avoir l'intention de lancer sous peu une machine à cloner portative : le bébétron. Il affirme que Brigitte Boisselier travaille à la mise au point d'une machine de presque un mètre de large capable de cloner des bébés. Une sorte de ventre artificiel portatif.

— Imaginez la réaction des médias quand nous leur annoncerons ça! lance le soi-disant prophète.

Pendant son discours interminable, François, un vieux raëlien français assis à ma droite, me souffle son haleine fétide au visage, ponctuant chacun de ses commentaires d'une caresse sur mon bras. Il m'est insupportable.

Au bout d'une heure et demie, je n'en peux plus. Le cirque de l'assemblée, les inepties interminables de Vorilhon et la proximité forcée du voisin malodorant me mettent à bout de nerfs. Je suis sur le point d'exploser.

Raël parle de Brigitte Boisselier, et tous se lèvent pour lui faire une ovation debout, à elle aussi. Je tente de mettre à profit l'affection évidente de François à mon égard. D'un air innocent, je lui demande:

— Est-ce qu'elle travaille ici?

Le ton du Français se fait sec:

— Elle travaille un peu partout, répond François, sèchement. Avec tout ce qui se passe, je n'entre pas dans les détails. Avec Internet, on peut travailler de n'importe où.

Bon, ça va, j'ai compris. Plus de questions, Votre Honneur.

Vorilhon arrête finalement de parler après deux heures, alors que ses disciples les plus fervents s'agitent sur leur siège depuis 30 minutes au moins.

La foule regagne ses quartiers en silence.

En silence, les participants se lèvent et sortent, les yeux au sol. Le jeûne est commencé. Muette, la foule en blanc se déplace dans la noirceur du camping comme un cortège de fantômes. Dans la tente, Chantal et moi éclatons de rire (le plus silencieusement possible) en dévorant nos conserves de fruits et des biscuits à l'érable.

Nous avons survécu à notre première journée de stage!

dimanche 13 juillet

Je n'ai dormi que trois heures cette nuit. Le stress m'empêchera de bien dormir les deux prochaines nuits. L'ambiance est des plus bizarres sur le terrain. Pour respecter le jeûne, tous les disciples marchent en silence, les yeux au sol, l'air grave.

9 h ♦ Chantal et moi nous nous présentons à l'auditorium pour la méditation, le début de chaque journée du stage. La séance commence en retard, comme à peu près toutes les autres activités. Tout le monde a le droit de parler, mais seulement pendant le rassemblement.

9 h 30 ♦ Après les grandes respirations habituelles, un certain Jean demande à la foule de prendre conscience qu'elle fait partie de l'univers. Nous devons «entraîner notre machine à rêves», apprendre à imaginer l'univers et le plaisir, à créer des images dans notre cerveau pour apprendre à «ressentir». Le «ressenti», prononcé avec un *t* très doux, sera une des expressions fétiches du stage.

10 h ♦ Le premier cours de notre «stage d'éveil» me fera comprendre le but exact de ces deux semaines.

Comme bien d'autres, je prends des notes dans mon calepin de raëlienne.

En blanc des pieds à la tête, Daniel Chabot prend le micro. Sa mission, ce matin: nous convaincre que tout ce que nous avons appris jusqu'à maintenant est de la... «merde». Une merde qui laisserait des «traces» dommageables «dans nos neurones».

Son exemple: la controverse entourant le clonage humain.

— Les gens nous disent tous qu'ils sont contre, déplore Chabot. Et quand on leur demande pourquoi, ils nous répètent les mêmes trucs entendus à la télé. Ils sont convaincus que c'est leur opinion.

Il cite Vorilhon comme modèle.

— Avec notre prophète, quand nous devons prendre des décisions, nous considérons même les possibilités qui seraient mises de côté par un individu normal.

Flatteur. Un vrai cireur de pompes.

Raël fait son entrée triomphale dans l'auditorium et monte sur scène après une longue ovation. Il renchérit sur le même thème :

> Nous n'avons jamais d'opinion sans que ce soit une réaction. Une opinion, c'est un réflexe. Dans 99 % des cas, quand vous exprimez votre opinion, ce n'est pas la vôtre. C'est important d'en prendre conscience, parce que ça change tout. Dans 99 % des disputes, ce n'est pas vous qui vous disputez, c'est tout le passé culturel, votre passé qui se dispute. […] Demandez-vous toujours : est-ce que c'est moi, ça ?

L'ironie de tous ces propos me frappe venant d'un groupe qui ne cesse de dicter à ses membres quoi penser sur tout : le catholicisme, George Bush, les complots gouvernementaux, les médias, les OGM, le clonage, la science, etc. J'ai l'impression nette qu'on essaie de me laver le cerveau. Et moi qui croyais avoir été invitée à une grosse fête !

C'est peut-être irrationnel, mais je sens que les discours de Chabot et de Vorilhon me salissent l'esprit. Je reçois leur endoctrinement comme une espèce de viol mental. Ils essaient de pénétrer ma pensée, comme celle de tous les autres, pour la changer à leur profit. C'est dérangeant et très inconfortable, mais cette constatation me renforce dans l'obligation morale de rester. Ce qui se passe ici doit être rapporté.

Je me tourne vers Chantal et j'entrevois pour la première fois le plus grand danger de ce stage. Si je sens que ce qui se dit ici nous affecte ou nous convainc l'une ou l'autre un tant soit peu, nous devrons partir. Si mon boss nous savait en pleine session d'endoctrinement, nous laisserait-il ici ? Prendrait-il ce risque ? Je me jure de rester vigilante.

Sans crier gare, Vorilhon change radicalement de sujet :

— J'aime les sauterelles grillées, les œufs pourris, les cuisses de grenouille.

Rires de la foule.

— Ce n'est pas vous qui rigolez, là, c'est le fruit d'une culture ! s'exclame-t-il. Qui suis-je ? Suis-je vraiment ça ?

Il encourage ses disciples à « tout essayer ». Lui-même veut absolument manger du chien lors de son prochain voyage en Corée. Il aime aussi les « petits veaux » :

— Je mets les doigts dans leur bouche et ça suce. Ça suce très bien, les veaux. Mais n'allez pas abuser des veaux autour d'ici parce qu'on va avoir des problèmes.

Passant encore du coq à l'âne, il déplore la « discrimination végétale ». Selon lui, « une salade est aussi vivante qu'un minou. Si on l'arrache feuille par feuille, elle souffre. Il faut couper net! C'est pareil pour les fleurs. Il ne faut pas les arracher pétale par pétale, il faut couper net. Lorsqu'un homme va cueillir une fleur pour une femme, il coupe le zizi d'une plante parce qu'une fleur, c'est le sexe de la plante. Un bouquet de roses, c'est un bouquet de pénis, un bouquet de sexe ».

Pour la énième fois depuis le début de mon enquête, je me demande comment Vorilhon fait pour inventer autant de conneries.

La démonstration qui suit est d'un sensationnalisme gratuit et dégoûtant.

L'image projetée sur le grand écran me donne mal au cœur. Il s'agit du gros plan du derrière d'un haltérophile. Son rectum a été complètement expulsé par l'effort. L'initiative de Daniel Chabot me laisse bouche bée. Je ne sais pas du tout où ce « prof de psychologie » veut en venir.

— C'est l'histoire d'un monsieur qui fait de l'haltérophilie, commence Chabot. Dans un concours, il a fourni un effort démesuré. Ça arrive souvent aux femmes qui accouchent : l'anus sort. Qu'est-ce que ça vous fait? Ça vous choque? Ça vous dégoûte? Ça vous fait rire? Demandez-vous qui réagit.

Voilà, c'est tout. Au suivant.

Je ne suis vraiment pas certaine d'avoir saisi son message, mais Chabot a l'air fier de son coup.

Selon Chabot, le jeûne débuté hier servirait justement à déterminer ce qui « vient vraiment de nous », c'est-à-dire pas grand-chose :

> Quand vous allez explorer votre jardin intérieur aujourd'hui, dites-vous toujours : « Ça ne vient pas de moi. » Et après, examinez ce qui est une fleur et ce qui est une mauvaise herbe. L'une des plus grandes erreurs qu'on peut faire, c'est d'avoir l'impression qu'on se connaît. C'est là qu'on commence à s'acharner et à défendre des positions qui ne sont pas de nous. Plus je me regarde en me disant que 99 % de ce qui est là n'est pas moi, plus j'ai la chance de me construire.

La première moitié du cours se termine avec la présentation d'un extrait d'entrevue de la controversée pop-star américaine Michael

Jackson. Le chanteur affirme être Peter Pan. Il grimpe à la branche d'un arbre dans lequel il aurait écrit quelques-uns de ses plus grands succès. J'apprends que sa simplicité et sa spontanéité lui ont valu le titre de «guide honoraire» du mouvement raëlien, à son insu.

Nous profitons de la pause qui suit pour prendre l'air. J'en ai besoin, Chantal aussi. Nous faisons le tour du petit lac à pied, seules, question de pouvoir se parler malgré l'interdiction. À l'autre bout, nous discutons en chuchotant. Chantal me fait part de son indignation face aux discours de ce matin. Ça lui rappelle son «lavage de cerveau» à son entrée dans l'armée, il y a plusieurs années. Pour elle, le jeûne est une façon de nous affaiblir pour faciliter notre endoctrinement. Je crois qu'elle a raison. De plus, elle est aussi scandalisée que moi par le cours. Ça me rassure.

Elle me prend en photo, vêtue de ma djellaba, l'air grave, à l'image de notre état d'esprit. Nous retournons à l'auditorium en silence.

Le cours reprend. Le prophète annonce le thème du stage: la contemplation.

Je ne m'attendais pas à ce bourrage de crâne.

— La contemplation paraît idiote aux imbéciles, alors qu'elle est la seule voie salvatrice de la conscience, affirme Vorilhon, qui recommande le tricot en guise d'exercice méditatif. Il ajoute :

À travers les mots et les enseignements que je vous amène, vous êtes venus vous trouver vous-même. Une fois par an, c'est un grand minimum. Comment serait votre maison si vous n'y faisiez le ménage qu'une fois par an? [...] Nous vivons dans un monde qui ne cherche qu'à nous éclabousser d'une boue qu'il appelle sa culture. Soyez en amour avec vous-même, soyez fou de vous-même! Ça ne devient du narcissisme seulement quand il y a de l'orgueil.

Toujours devant Daniel Chabot, professeur de psychologie, Vorilhon émet un avertissement : ce stage ne doit pas être une thérapie de groupe pour gens victimes d'abus. Je comprends que lui-même ne veut pas «gaspiller» son temps à aider les femmes battues, victimes d'abus ou violées, ainsi que les nombreux mésadaptés sociaux qui grossissent les rangs de son mouvement.

Vous avez été abusé? Violé? Dites-vous que c'est des salauds, je les déteste, et après on pardonne. Parce qu'ils ne savaient pas ce qu'ils faisaient. Parce que s'ils avaient su, ils ne l'auraient sûrement pas fait. [...] Si vous décidez de vous rendre intéressant avec votre malheur, O.K., mais nous, on n'entrera pas dans votre jeu. Tu me parles de ton passé? Est-ce que t'as été violé là, présentement? Non? Alors, tout va bien! Il y a plein de gens à l'extérieur qui vous diront : «Allez, raconte-moi!», mais pas nous.

Chantal et moi allons connaître maintenant notre première grande trouille. Vorilhon demande à tous les nouveaux membres de monter sur scène, un à un. Nous devons nous présenter en parlant au micro installé au milieu de la scène. Il y a plus de 400 personnes dans la salle, dont plusieurs viennent de Montréal. Si une seule nous reconnaît ou si je commets une erreur en parlant... Pendant une seconde, j'imagine la foule nous huant, nous bousculant, pendant que Chantal et moi nous nous frayons difficilement un chemin jusqu'à la porte. Terrorisées, humiliées...

— Est-ce qu'on y va? murmure Chantal.

Daniel Chabot insiste. Vorilhon veut bien nous «capter», comme il l'a dit.

— C'est un exercice très puissant qui fait partie du stage, rappelle Chabot. Moins vous en avez envie, plus c'est bon pour vous.

Il encourage les anciens membres à pointer les nouveaux qui ne se lèvent pas.

— Allez, ne vous faites pas prier! ajoute-t-il.

Nous n'avons pas le choix. Je me lève d'un coup et me dirige vers la file de nouveaux membres. Chantal me suit.

Je prends de grandes respirations, mais mes mains tremblent quand même.

Les 56 nouveaux membres se placent en rang d'oignons devant les marches de la scène. Un premier y monte et se présente, puis un deuxième et un troisième. Je suis la 12e. Plus j'avance dans la file, plus j'ai du mal à contrôler ma respiration.

Un micro à la main, Vorilhon questionne certains membres brièvement sur leurs origines ou sur la façon dont ils ont entendu parler des Messages. J'ai peur de figer, de faire une erreur, de montrer mon malaise, de me tromper de nom de famille... Dans ma tête, je répète douze fois: «Je suis Brigitte Doucet, je suis Brigitte Doucet, je suis Brigitte Doucet!»

Les nouveaux viennent des quatre coins du monde et œuvrent dans tous les domaines. Il y a un vendeur de téléphones cellulaires, un écrivain, une dessinatrice de mode, une physiothérapeute...

Un gaillard de la Floride assure qu'il a déjà vu des OVNI. Il croit qu'il a été «appelé» ici, à Maricourt.

C'est le tour de Manon. Hypernerveuse, elle est tordue de rire. Elle rit tellement qu'elle éprouve du mal à parler au micro. Chantal et moi rions avec elle. Ça nous fait du bien.

Mon tour est venu. Je prends une grande respiration en montant les marches. Je ne peux m'empêcher de sourire en pensant: «S'ils savaient!» Mais devant le micro, sous le projecteur, je ne parviens pas à émettre le moindre son. J'attends deux secondes. Personne ne se lève pour me dénoncer. O.K., ça va.

— Bonjour, Raël. Bonjour à tous. Je m'appelle Brigitte Doucet. J'ai 29 ans et j'ai fait ma transmission en avril. J'ai connu les Messages par les médias. On entendait tellement parler de vous que je me suis dit qu'il devait bien y avoir un fondement à tout ça. J'ai pris contact avec Martin Hétu, qui m'a intéressée au mouvement. Je fais de la tenue de livres dans la compagnie de mon père et je viens de Montréal. Voilà.

Petits applaudissements. Pas de questions. Ouf! Je descends les marches de la scène, fière de mon coup. Ce sera l'une des multiples fois où mon sourire de soulagement passera pour un sourire de foi sincère. Tant mieux.

Au tour de Chantal. Je croise les doigts pour elle.

— Je m'appelle Chantal, j'ai 40 ans, je suis pâtissière et je viens de Montréal. C'est grâce à Brigitte si je suis ici et...

Vorilhon l'interrompt.

— Quelle Brigitte? demande-t-il, pensant sans doute à Boisselier.

— Celle qui vient de parler. Depuis six mois, elle a beaucoup changé, et c'est très inspirant.

Je deviens rouge comme une tomate. Chantal descend les marches sous une salve d'applaudissements chaleureux. Son histoire a séduit l'auditoire. Impressionnant.

À la fin du cours, les spectateurs sortent de nouveau de l'auditorium dans un silence morbide, la tête basse. L'ambiance est surréaliste. Tous devront trier «mauvaises herbes» et «fleurs» jusqu'à la fin du jeûne, à 19 h, question de se préparer pour la semaine d'enseignements raëliens. Un repas nous sera alors offert à la salle à manger. Les organisateurs nous avertissent de ne pas être en retard «pour ne pas faire attendre le prophète».

Chantal et moi regagnons le «palace», affamées. Nous y mangeons discrètement des denrées non périssables, dont de succulents biscuits au chocolat. Dans l'après-midi, nous prenons ma voiture et sortons du site. Notre prétexte: acheter de la glace pour refroidir nos aliments périssables. Personne ne nous pose de questions. Chantal et moi profitons de la route pour pester bruyamment contre l'endoctrinement raëlien. Ça nous fait un grand bien. J'appelle mon boss pour lui dire que tout baigne dans l'huile.

19 h ◆ Un cortège austère de raëliens, bouteille d'eau à la main, marche lentement vers la salle à manger en sandales ou en talons hauts. Certains ont déjà troqué leur djellaba contre des vêtements plus sexy ou plus chics.

Toujours vêtues de notre drap blanc, Chantal et moi approchons du bâtiment. La scène est étrange. Immobiles comme des statues, des centaines de fidèles fixent silencieusement les portes closes de la grande bâtisse grise. De temps en temps, un raëlien affamé lève le coude pour prendre une gorgée d'eau. Un parfum de femme flotte dans l'air.

Cinq minutes, dix minutes passent. Personne ne bouge. Les retardataires s'agglutinent tranquillement derrière nous avant de s'immobiliser, eux aussi. Tous posent leur regard affamé sur les organisateurs qui sortent de la salle ou y entrent.

19 h 25 ◆ La porte s'ouvre. Dans un froissement de draps, le groupe se précipite avec un semblant de retenue vers l'entrée. Deux gardiens vérifient les cartes d'identité de chacun.

À l'intérieur, le même manège recommence. Tout le monde s'assoit devant son assiette, et le silence regagne la salle. Personne n'ose bouger pendant de longues minutes en attendant l'arrivée du prophète. Je rage. Ces gens jeûnent depuis 24 heures. Leur estomac les torture. Vorilhon pourrait au moins être à l'heure! Son appartement est à deux minutes de marche! Comme tout le monde, je garde le silence. C'est une tactique de soumission me dira Chantal, plus tard.

Chacun a sous le nez une assiette de riz sauvage froid. Des petites carottes, des morceaux de céleris rabougris et deux radis y ont été déposés, avec un petit gobelet de crème aux herbes et une tranche de pain. Le dessert: deux biscuits à la noix de coco et une pêche. Pour une raison que j'ignore, je n'ai pas d'assiette de dessert.

Personne ne touche à sa nourriture, ne parle ou ne bouge.

Après de longues minutes de silence, la voix de Daniel Chabot résonne dans les haut-parleurs.

— Profitez des dernières minutes de votre jeûne pour revoir votre cheminement, dit-il. Ce sont les meilleures.

19 h 45 ◆ Vorilhon arrive finalement. Personne ne bouge. Daniel Chabot reprend la parole. Il nous demande de prendre notre pêche dans notre main, sans la manger. Il faut «contempler» sa beauté, la sentir et y mettre nos dents, mais sans la croquer.

Chabot finit par nous autoriser à manger. Privés d'ustensiles, tous mangent le riz avec leurs doigts. Le jeûne est officiellement fini, mais…

— Ne parlez que si ce que vous avez à dire est plus beau que le silence, demande Vorilhon.

Pour une fois, personne ne l'écoute. La salle bourdonne vite de conversations.

Je me tourne vers mes voisins de table. Je fais la connaissance d'Yvon, un raëlien de Québec dans la trentaine. Celui qui en est à son deuxième stage avoue franchement ne pas être un «grand passionné» du mouvement. Tiens, un esprit critique. Intéressant. Je l'interroge:

— Alors, pourquoi t'es là ?

— Ben, je n'ai plus de copine. Et ça ne me tentait pas de partir en voiture tout seul en vacances aux États-Unis. Ici, c'est facile de venir tout seul.

Sans que je lui pose la question, Yvon raconte qu'en deux ans, il n'a jamais couché avec une raëlienne.

— Ah non ? C'est surprenant, ça !

— Ben, celles qui sont belles sont déjà tellement sollicitées ! C'est aberrant !

Il affirme être un gars gêné, même si ses parents le traînaient dans des camps de nudistes dès l'âge de 10 ans. Les raëliennes l'intimident.

— Pourquoi ?

— Je sais pas.

— Mais toi, t'es pas sollicité ?

— Oui, ça arrive, mais ce sont des restants, alors je dis toujours non.

— Des restants ?

— Oui ! Des grosses, des laides...

Je n'ose lui demander dans quelle catégorie il me classe.

— Ouais, c'est vrai que, dans le mouvement, celles qui ont le plus de succès sont les plus belles.

— Raël dit qu'il faut faire une différence entre l'être et le paraître, mais c'est totalement faux, dit-il. Lui-même s'entoure seulement de belles filles.

Il parle de l'Ordre des Anges, ces filles au service de Vorilhon :

— Celles qui portent des plumes roses appartiennent exclusivement à Raël.

— Elles ne peuvent coucher qu'avec lui ?

— C'est ça.

— Et les autres couleurs de plumes, qu'est-ce qu'elles signifient ?

— Je sais pas.

— Et comment tu fais pour entrer dans cet Ordre ?

— Ben, il faut que t'en fasses la demande durant la deuxième semaine du stage. Ils ne viendront pas te solliciter à moins que tu ne sois exceptionnellement belle, je pense. Et après, un comité de sélection décide.

— Il est formé par qui ?

— Je ne sais pas trop. Ces choses-là sont gardées ultra-secrètes.

Il me raconte ensuite que lui-même n'est pas le genre de gars à accuser une fille de ne pas être une vraie raëlienne si elle refuse de coucher avec lui. Étonnée, je questionne :
— Il y en a qui font ça ?
— Ben, il y a de la manipulation, des fois, oui.

Selon lui, les guides, entre autres, se serviraient de leur position d'autorité pour parvenir à leurs fins. Toutefois, Yvon affirme qu'il est raëlien pour une raison : il croit que les extraterrestres ont créé les hommes sur terre. Le reste, il s'en fout pas mal. Les événements des prochains jours me permettront d'en douter.

Je me tourne vers Chantal, qui parle avec Ted, raëlien depuis de nombreuses années. Je demande au grand mince aux cheveux bruns si nous devons porter les rubans de couleur, remis à notre arrivée.

— Tu verras surtout des gens qui portent un ruban blanc (celui de l'abstinence), explique Ted.

J'ai remarqué aujourd'hui que certains fidèles du troisième âge portent un ruban blanc au cou ou au poignet. Selon Ted, la grande majorité des stagiaires préfèrent ne pas porter de ruban. Lui-même n'en portait pas à son premier stage, mais il l'a « regretté ».

— J'ai eu du mal à faire comprendre à une fille que je ne cherchais pas de copine, mais tout autre chose, raconte-t-il. Si j'avais porté un ruban rouge (celui des partenaires multiples), elle aurait peut-être compris plus vite.

22 h 30 ◆ Une vingtaine de raëliens dansent au milieu de la salle à manger, transformée en discothèque. De loin, Chantal et moi voyons Manon qui discute, dos à moi, avec l'homosexuel qui partage sa tente. Je me dirige vers elle et lui tape sur l'épaule. Elle se retourne et... Sa veste en coton est ouverte sur sa grosse poitrine nue ! Encore une fois, tout le monde est habillé, sauf Manon. Bon.

Lorsqu'elle gagne la piste de danse, certaines filles la regardent en levant les yeux au ciel. Yvon, lui, ne perd pas de temps. Il prend Manon dans ses bras et l'entraîne dans un slow langoureux.

Jean-François vient vers moi pour savoir si je me fais harceler par des gars trop insistants. Il me dit de ne pas hésiter à l'avertir si c'est le cas et me raconte qu'il y a quelques années, les raëliens sollicitaient tellement les raëliennes qu'elles quittaient parfois le mouvement.

— Il a fallu faire beaucoup d'éducation, dit Jean-François. Mais il reste encore des hommes qui ne comprennent pas.

23 h 30 ◆ Chantal et moi quittons la salle de danse.

Collantes d'humidité, nous décidons d'un commun accord de prendre une douche ce soir, très tard, en espérant de tout cœur qu'il n'y ait personne. Après une journée comme celle-là, je n'envisage pas me glisser dans mon sac de couchage sans m'être lavée.

L'alcool est interdit, mais il faut ce qu'il faut. Nous nous versons de la vodka aux canneberges dans des tasses à café en plastique et nous nous joignons à une dizaine de raëliens autour d'un énorme feu de joie.

Au feu de camp, avant la douche.

lundi 14 juillet

00 h 30 ◆ Les scrupules engourdis par l'alcool, nous entrons dans la salle de douche. Merde. Nous ne sommes pas seules. Un gars et une fille se savonnent tranquillement, chacun dans son coin. Voulez-vous bien me dire qui prend sa douche à cette heure (à part deux journalistes infiltrées!)? Nous décidons d'y aller quand même.

Un, deux, trois... Go!

C'est la course.

Mon savon dans les mains, je cours presque sur le tapis de caoutchouc gluant jusque dans un coin de la salle. Je m'installe dos à tout le monde et je me lave le plus vite possible. Chantal, elle, se place à côté de la fille, qui n'en finit plus de se savonner. Le gars a terminé, mais il reste immobile sous le jet d'eau.

— L'eau chaude, c'est le petit robinet, nous lance-t-il trois ou quatre fois.

Non mais, de quoi je me mêle? Pendant que je me lave, je sens son regard posé sur moi. Chantal me dira la même chose. Apparemment, il se rince l'œil.

Un autre gars entre dans la salle. Et remerde! Gênée, je ferme les yeux pour rincer mes cheveux. J'espère que je ne le connais pas! Le gars ressort après avoir jeté un long regard dans notre direction.

Enfin, j'ai fini! Chantal aussi.

Nous regagnons le vestiaire. Le gars sort de son jet d'eau chaude et nous suit. Il s'essuie au moins trois fois en regardant dans notre direction pendant que nous enfilons nos pyjamas. Nous quittons finalement les douches, soulagées!

Dans la nuit, Chantal et moi gravons un premier CD avec six textes et 29 photos.

Je m'endors vers 2 h 30.

10 h ◆ De retour à l'auditorium pour une deuxième journée de stage. Après la méditation, Chantal et moi rencontrons Josée, une raëlienne de niveau 2, qui se prétend la copine de Pierre Bolduc depuis 9 ans[2].

Pierre a parlé de nous à Josée à la suite de notre voyage à New York. Elle se dit enchantée de faire notre connaissance.

Elle est pâmée devant les discours improvisés de Raël.

— Je le trouve tellement dynamique! s'exclame la grande femme mince aux longs cheveux auburn. Il ne prépare jamais ses discours, et c'est toujours fluide et cohérent!

---

2. Pierre Bolduc était marié à une autre femme pendant cette période. Il a divorcé en juin 1998, selon les registres officiels de la Cour.

Chantal remarque les fringues luxueuses de Josée. Sa garde-robe de camping comprend des soutiens-gorge à 120 $ pièce et un pantalon Guess en soie, de Marciano. Josée ne couche pas sous la tente. Elle loge dans un grand camping-car qui trône au milieu de nos petites tentes.

Les haut-parleurs crachent le succès de Eminem, *Lose Yourself*, et Daniel Chabot s'élance sur scène, visiblement en forme. Reprenant ses propos d'hier, il commence par nous mettre en garde contre nos émotions, le thème de son cours de ce matin :

— Si on est bien articulé, on peut justifier toutes sortes de réactions qui, tout à coup, font paraître nobles des choses qui n'ont aucun sens.

Personne, sauf Chantal et moi, ne semble frappé par l'ironie de ses propos. Chabot vient de résumer exactement ce que je pense des enseignements raëliens.

— L'objectif, c'est de devenir conscient et de placer son raisonnement en amont de ses réactions. Il faut être excessivement vigilant, parce que ça va vite.

Chabot décortique les séquences de la vidéo d'un gag. Un piéton marchant sur un trottoir est surpris par l'apparition subite d'un énorme clou dans le mur, juste à côté de lui.

— Initialement, nous avons tous les mêmes réactions, mais, après, ça dépend de chacun de nous, selon ses propres conditionnements, explique Chabot.

Il introduit un concept clé dont on entendra parler pendant tout le stage : la conscience. Elle doit être plus forte que les émotions.

Pour illustrer son propos, il nous demande de regarder un documentaire sur le syndrome post-traumatique d'un vétéran du Vietnam. Les scènes de guerre ont marqué l'homme pour la vie. De sorte que la partie de son cerveau qui réagit à la peur peut déclencher la même émotion au moindre souvenir, à la moindre inquiétude.

— Nous avons encore une fois la preuve de ce qu'on enseigne ici depuis 25 ans, affirme Daniel Chabot. Tout s'inscrit dans notre cerveau, tout laisse des traces et tout peut être entretenu dans le négatif.

J'ai beau faire un effort, je ne vois pas le lien entre un traumatisme de guerre et les enseignements raëliens. Mais tous mes voisins hochent la tête, impressionnés par le savoir du « professeur de psychologie ».

— Nous sommes dotés d'un mécanisme naturel de guérison psychologique au même titre que celui de guérison physique, mais aidons la nature ! continue Chabot. Les expériences marquantes laissent des traces, et si on joue dedans, ça n'aide pas. Soit on en sort plus faible, soit on en sort plus fort.

Il affirme que les femmes violées ne sont pas toutes marquées pour la vie.

— Certaines en sortent plus fortes, encore meilleures !

Ses propos m'horrifient. J'en ai la chair de poule.

— Les gagnants ont tous vécu des situations difficiles. Prenez n'importe quel individu connu et vous n'en reviendrez pas comment il a profité de ces circonstances pénibles. Pensez à Brigitte Boisselier. Elle aurait pu pleurnicher le reste de sa vie après avoir perdu son travail, il y a quelques années. Mais elle s'en est sortie extraordinairement plus forte.

En valorisant la difficulté de la sorte, j'ai l'impression que Chabot prépare ses disciples à faire fi des commentaires négatifs et parfois agressifs de leur entourage face à leur religion.

Exit Daniel Chabot. Vorilhon prend le micro. Il s'installe à côté d'un rétroprojecteur. Il dessine deux cercles séparés et les relie par une ligne pointillée.

Ce qu'il (Daniel) vient de vous dire, c'est le fondement du processus d'éveil, indique le gourou. Sans matière, il n'y a pas d'esprit. Chaque pensée nouvelle crée une connection entre deux neurones. Au début, c'est petit, mais plus vous y pensez, plus ça devient une autoroute à huit voies. Nous sommes tous des sculpteurs. Ceux qui sont habitués de la mettre dans le négatif vont toujours la mettre avec le négatif. Toute pensée, même la plus folle, c'est des réactions chimiques.

Si votre cerveau est rempli d'autoroutes négatives, le seul responsable, c'est vous. Parce qu'avec la pire des choses, on peut faire des choses extraordinaires. Comme Bouddha le disait : « La pensée s'alimente de la pensée. » C'est une des plus belles choses qu'il ait dites. C'est le cerveau qui sculpte le cerveau.

Quatre-vingt-dix pour cent des dépressifs sont déprimés d'être dépressifs. Ils vont coucher avec Miss Univers et ils vont dire qu'elle a un anus qui sent la merde.

Grands rires de la foule.

Vorilhon sort ensuite l'artillerie lourde.

L'émotion, c'est le mal. La conscience planétaire, c'est le bien. Vivre ses émotions, ça aboutit au camp de concentration. À tous les crimes commis. Hein, Hitler ! Elles étaient belles, ces émotions-là !

Ma traduction : devenir raëlien est émotivement très difficile. Toutefois, il ne faut pas tenir compte de nos émotions. À la place, il faut obéir à Raël et à Daniel Chabot en tant que grands détenteurs des secrets de la « conscience planétaire ».

Comment se fait-il que des gens tombent dans ce panneau ? Vorilhon rassure ses fidèles sur leurs qualités.

Ce sont les gens les plus extraordinaires de la planète qui sont ici, dans la salle. Prenez conscience de la qualité extraordinaire, de l'exceptionnalité des gens présents. Il n'y a pas un seul endroit où on est plus près de la vérité que lorsqu'on fait le stage.

Vivre, c'est avoir des problèmes. L'individu éveillé cherche à avoir le maximum de problèmes possible parce que c'est comme ça qu'on grandit.

France Blais annonce la tenue d'une importante activité l'après-midi même. Dans le cadre du stage, tous les membres de la structure sont fortement invités à aller former la phrase « J'M OGM » nus sur la pelouse de l'ancien bâtiment d'UFOland. L'activité se veut une réplique de l'événement « Bare Witness », qui a eu lieu en Angleterre, le 29 juin. Trente manifestants anti-OGM s'étaient alors dénudés pour former les lettres « NO GM ». Leur photo avait fait le tour du monde.

Les journalistes sont invités : TVA, Radio-Canada, TQS... On nous annonce que tous y seront. Je demande à Manon si elle y va.

— Certain ! répond-elle. Pour une fois que je peux me montrer toute nue, et à des journalistes en plus !

J'aurais dû m'en douter.

Chantal et moi n'y participerons pas. Nous ne voulons pas nous dénuder. Et puis, nous connaissons certains journalistes et photographes qui sont invités. Heureusement, nous ne sommes pas les seules à bouder les caméras. Plusieurs ne tiennent pas du tout à ce que leur patron ou leurs parents les voient parmi les raëliens à la télévision.

Ma collègue et moi décidons plutôt d'assister à la scène... à distance respectueuse.

Les fidèles travaillent fort pour que les « prophéties » de Vorilhon se concrétisent. Prenant le micro, Yves Boni, évêque raëlien africain au Québec, demande aux fidèles de l'aider à en réaliser une.

— Il y a cinq ans, Raël a fait des prophéties concernant l'adhésion de nouveaux membres sur le continent africain, dit-il. Il faut tout faire pour qu'elles se réalisent.

Yves Boni, évêque africain.

L'évêque invite la foule à participer à une activité de recrutement ce samedi lors d'un festival africain, à Montréal. Il termine en soulignant que la religion catholique est un « véritable poison qui a mis l'Afrique où elle est présentement ».

12 h 30 ◆ Nous préparons notre lunch quand Yvon se plante devant notre abri-moustiquaire. Sa tente est à deux pas de la nôtre. Comme il n'a pas de table à pique-nique, Chantal et moi l'invitons à se joindre à nous. Il accepte volontiers et part chercher une de ses boîtes de *Kraft Dinner*[3]. Il pourra peut-être nous en apprendre davantage sur le clonage.

Il fait cuire ses nouilles directement dans un mélange de lait et d'eau, ce qui a le don de dégoûter Chantal. Je lui demande s'il a eu du plaisir à la danse hier soir. Il nous confie que Manon se collait à lui, mais qu'il ne veut rien savoir d'elle. Il a même rêvé qu'elle lui courait après alors qu'il cherchait à s'en débarrasser.

Malheureusement, lui non plus ne sait rien sur le clonage du bébé Ève.

---

3. Boîte de repas tout prêts.

Nous devons marcher près d'un kilomètre pour atteindre ma voiture.

13 h 30 ◆ Ma collègue et moi sortons faire des emplettes à l'épicerie. Notre sortie quotidienne du monde de Raël nous permet de mettre en perspective les événements que nous vivons. Nous apprécions chaque jour davantage ces quelques minutes de défoulement.

Cette fois, nous en profiterons pour remettre notre premier CD à notre complice, un marchand de Valcourt que Chantal connaît. J'appelle mon boss et l'avertis de l'activité de l'après-midi, au cas où il voudrait envoyer un photographe. Il refuse. C'est le genre de publicité gratuite qu'il ne veut pas offrir aux raéliens. Je le comprends.

14 h 15 ◆ Plusieurs journalistes sont sur place à notre retour sur le site. Conformément aux habitudes raéliennes, rien n'est encore prêt.

Un groupe de journalistes discutent à la barrière. Merde. Nous devons passer devant eux. Je reconnais un collègue de Télé 7, de Sherbrooke. Chantal voit quelques photographes avec qui elle travaille régulièrement. Elle s'écrase dans son siège. Personne ne semble nous voir.

Je stationne ma voiture un peu plus loin. Nous restons dans le haut d'une côte qui surplombe la cour d'UFOland. Nous avons une bonne vue des quelque 200 raëliens nus, qui jasent et prennent du soleil en attendant d'être placés pour la séance. Chantal sort son petit appareil et photographie la scène.

Quelque 200 raëliens se dévêtent devant les caméras.

Nous décidons de nous approcher un peu. Après quelques pas, un gars sorti de nulle part roule vers nous en vélo. Pas de panique : nous lui montrons tout de suite nos cartes d'identité.

— Vous n'avez pas le droit de prendre des photos, nous avertit-il.

Même si c'est mal vu, je rouspète :

— Plein de médias ont apporté leur caméra. Le groupe va passer à la télé et dans les journaux, mais, nous, nous n'avons pas le droit de prendre des photos ?

— Les participants ont donné leur accord aux médias, pas à vous.

— Ah bon, excusez-nous.

— Mais vous pouvez vous approcher pour voir de plus près, par exemple.

— Euh... non, non... Je n'aime pas les journalistes.

— Bon, c'est comme vous voulez.

Il s'éloigne et nous laisse enfin tranquilles. Chantal me dit qu'elle a quelques bons clichés, mais elle en veut d'autres. Elle me demande de me placer devant elle, les poings sur les hanches. Discrètement, en faisant semblant de jouer avec sa caméra, elle s'exécute derrière moi, pointant son objectif dans l'espace entre mon bras et mes côtes.

— Le gars revient, murmure Chantal, nerveuse.

— Ne bouge pas. Fais semblant de rien.

Je lui fais un signe de la main en souriant. Il passe son chemin. Chantal a les photos qu'elle voulait. On dégage.

17 h ◆ Les 56 nouveaux membres et quelques anciens prennent place dans l'auditorium. Jean Gary, un « vieux de la vieille » au sein du mouvement, se plante devant la scène. Son premier atelier s'intitule : « À la découverte de sa sensualité ». Il est obligatoire pour les nouveaux membres.

— As-tu peur ? Moi j'ai peur, dit Dream, assis à côté de moi, en faisant mine de se ronger les ongles.

Tiens, il me parle, maintenant !

Je remarque que Manon porte deux rubans : un rouge (partenaires multiples) et un violet (bisexualité).

Gary, un grand gars à la longue tignasse grise et bouclée, donnera les trois « ateliers d'éveil » cette semaine. Il commence par nous expliquer ce que sont les « cinq étapes pour arriver à l'éveil et développer sa sensualité ». Après plusieurs anecdotes inintéressantes, il en vient à la première étape : « l'élément déclencheur », qui pique notre curiosité.

Il faut ensuite aller chercher « l'information objective » et se renseigner soi-même, ce qui constitue la deuxième étape.

— Il faut lire les livres (de Raël), même si tous vous regardent en disant : « T'es fou ! tu t'en vas dans une secte ! » s'exclame Gary.

Je sursaute en entendant pour la première fois le mot « secte » ici.

Troisièmement, il faut remettre toutes nos habitudes en question.

Une fois fait, nous pouvons passer à la « découverte de nos goûts véritables (traduction : des goûts raëliens) pour que l'extérieur ne nous influence plus ». Selon Gary, la quatrième étape consiste à « enlever la vision du monde qu'on a eue avec notre éducation pour retrouver la vision qui nous est propre ».

Finalement, il ne nous resterait plus qu'à méditer pour « construire une carapace qui rend imperméable à l'influence extérieure ».

Pause de 15 minutes bien méritée.

Au retour, Gary parle de tout ce qui lui passe par la tête. Il passe du coq à l'âne, lui aussi, comme la plupart des orateurs raëliens. Voici quelques exemples.

Sur la peur de la «secte» de Raël :

— Cette peur, il faut l'enlever et se dire que c'est simplement la découverte de soi-même. Et j'espère que vous n'avez pas peur de vous!

Sur la télépathie :

— La télépathie est plus rapide que la vitesse de la lumière, assure-t-il. Un bébé, tout petit, est télépathe. Nous, les raëliens, il faut expliquer que la télépathie n'est ni plus ni moins qu'une vibration de notre cerveau.

Sur le président américain :

— Il y a tellement de choses à faire avec George Bush que la télépathie, c'est un petit gadget. Il faut savoir que ça existe, c'est tout.

Sur notre éducation qui est une «tartine épaisse comme ça» :

— Au stage, on en gratte une couche, mais c'est tout. Il faut gratter et gratter encore pour retrouver ses sens.

Sur la technologie :

— Dans un futur très proche, les murs seront en cristaux liquides. Nos enfants pourront voir leur pensées sur écran.

19 h 30 ◆ Je déguste un autre dîner préparé par Chantal. Des bruits bizarres attirent notre attention. Nous les reconnaissons vite.

Nous mangeons au son des cris de jouissance de nos voisins.

Une fille pousse de grands soupirs suivis des râles d'un gars. De toute évidence, nos deuxièmes voisins de droite ne font rien pour camoufler leurs ébats amoureux. C'est ainsi que nous serons bien malgré nous informées très fréquemment des manifestations de leur libido, tout au long du stage.

De tels cris n'émeuvent personne ici. Notre voisin d'en face étend son linge sans même lever la tête pendant que nos voisines en diagonale continuent de préparer leur repas. Nous poursuivons notre dîner.

21 h 45 ◆ Comme tout le monde, j'attends depuis 45 minutes le début du spectacle offert à Vorilhon par ses disciples doués de talents artistiques. Martin Hétu s'est occupé des auditions de ce «Raël Académie» cet après-midi. Je discute tranquillement avec Chantal et Manon dans le vestibule de l'auditorium, alors que nous sommes entourées de dizaines de raëliens.

Je me retourne pour voir s'il y a une file aux toilettes. Catastrophe. Ah non! Louis, mon ancien collègue de *La Voix de l'Est*, discute avec une raëlienne, à un mètre cinquante de moi! Mais qu'est-ce qu'il fait là, lui? N'était-il pas censé passer ses vacances au Nouveau-Brunswick? De plus, j'ai la surprise de le voir... habillé en femme. Son soutien-gorge doit être de taille D.

Je n'en crois pas mes yeux. Des sueurs froides inondent mon corps. Je suis partagée entre l'envie d'éclater de rire et la panique.

J'attrape le bras de Chantal et la fixe droit dans les yeux.

— Il faut que je te parle, lui dis-je, le plus calmement possible.

Elle comprend que quelque chose ne va pas. Je m'excuse auprès de Manon, et nous la plantons là. Chantal me suit dehors.

— Qu'est-ce qu'il y a? me demande-t-elle, angoissée.

— Tu sais, le journaliste raëlien dont je t'ai parlé?

— Oui?

— Ben, il est là.

Sa mâchoire tombe.

— Est-ce qu'il t'a vue?

— Non. Euh... je ne sais pas. Enfin, je ne pense pas.

C'est trop. Trop de stress. Mes nerfs menacent de lâcher.

— Calme-toi, me commande Chantal, soudainement autoritaire. Il ne t'a pas vue. Sinon il aurait bougé. Il ne t'a PAS vue. CALME-TOI.

Manon nous rejoint.

— Est-ce que ça va? J'ai fait quelque chose?

Sa sollicitude me rassure.

Pierre Bolduc et sa copine Josée viennent nous saluer.

O.K. Tout va bien. Personne n'est au courant. Je respire un peu mieux.

Les portes de l'auditorium s'ouvrent, et tout le monde s'y engouffre. Louis aussi. Devrions-nous y aller?

— On y va, ordonne Chantal.

Je la suis à l'intérieur, la tête baissée, encore sous le choc. Du coin de l'œil, je vois Louis, debout dans une des premières rangées. Il n'en finit plus d'embrasser et de saluer des guides et des membres du mouvement. De toute évidence, il est connu.

Chantal et moi en profitons pour nous faufiler vers les rangées arrière, suivies de Manon. J'ai encore peur que Louis m'ait vue. Je m'assois sur mon banc, sans le quitter des yeux. Je fais un signe à Chantal avec mon index et mon pouce. Elle comprend. Tranquillement, elle sort son appareil photo et se dirige vers la scène.

Je la vois qui sourit à un imposant garde du corps... avant de commencer à prendre des photos de l'auditoire. Comment a-t-elle fait pour en avoir la permission? Elle prend des clichés à droite et à gauche, faisant semblant que son appareil fonctionne mal. Puis, elle se tourne vers Louis. Un seul clic avec flash, et c'est fait. Elle revient s'asseoir à côté de moi. Les yeux ronds et la bouche ouverte, je la fixe, impressionnée par son cran.

Alors que tout le monde est assis, Louis sort de la salle, seul. Pourquoi? Ça y est, il est parti me dénoncer! Les gardiens du prophète vont venir m'expulser devant tout le monde. Morte de peur, je m'imagine déjà, tentant de leur échapper à la course, sautant dans ma voiture et démarrant en trombe. Après cinq minutes de torture, il revient s'asseoir. Je n'en peux plus. Je me tourne vers ma collègue:

— Tu crois qu'on peut s'en aller?

— Non. On reste. Relaxe. Tout est sous contrôle.

Je m'efforce de me calmer.

Le spectacle commence. Chanteuses, musciens et danseurs font tour à tour leur numéro devant Vorilhon, assis à la première rangée. Un certain Charles mérite de bons applaudissements avec un numéro d'acrobatie en patins à roues alignées[4].

Au milieu du spectacle, Nicole Bertrand monte sur scène, l'air grave.

---

4. Patins à roulettes très populaires en Amérique du Nord.

—J'ai un scoop pour vous, annonce-t-elle.

La référence journalistique me paralyse d'effroi. Louis m'a-t-il dénoncé?

Mais la guide-évêque quitte la scène. Les techniciens baissent les lumières. Les animateurs des bulletins régionaux de TVA et de TQS apparaissent tour à tour sur l'écran géant. Ils présentent les reportages sur... la manifestation pro-OGM des raëliens!

La foule réagit dans la seconde. Une euphorie comme je n'en avais encore jamais vue gagne la salle. Tout le monde se lève d'un bond en criant, le poing dans les airs. À côté de nous, Manon crie sa joie à pleins poumons. L'auditoire jubile devant les deux ou trois reportages qui sont présentés.

C'est le triomphe médiatique. La victoire contre les «journalistes imbéciles». La visibilité à grande échelle.

J'assiste à ce spectacle, étonnée, et je me réjouis que mon boss n'ait envoyé personne couvrir le cirque de cet après-midi.

Dans les reportages, une certaine Hortense Dodo, un niveau 4, se présente comme une nutritionniste raëlienne. Elle affirme que, grâce aux OGM, le mouvement va bientôt offrir des arachides non allergènes. Une journaliste lui demande si l'invention est prête.

—Non, mais on travaille là-dessus, répond Hortense.

Tous les journalistes ont mentionné qu'il leur a été impossible de rencontrer Vorilhon, pourtant présent sur le site ce jour-là.

Le reportage de TVA annonce une augmentation de 5 000 membres depuis le clonage. Celui de TQS: une augmentation de 10 % du nombre de membres. Mais où se cachent donc tous ces nouveaux adeptes?

La projection terminée, la foule en délire total réclame son prophète. À force d'applaudissements déchaînés, elle finit par le convaincre de monter sur scène. Le gourou a le sourire fendu jusqu'aux oreilles. Pour une fois, il montre autant d'enthousiasme que ses disciples. Il excite les spectateurs en affirmant que ce n'est qu'un début, puisque ces reportages vont être repris partout[5].

—Vos zizis vont se retrouver partout dans le monde! lance-t-il, provoquant d'autres cris hystériques.

Il vante ensuite la beauté des porte-parole du mouvement.

---

5. Dans les faits, la nouvelle ne sera reprise que par quelques médias de Sherbrooke, Montréal et Trois-Rivières, au Québec.

— Les médias connaissaient Brigitte, la Marilyn Monroe des laboratoires, s'exclame-t-il. Et là, on leur amène Hortense, tout aussi sensuelle. Et on en a d'autres!

Pas un mot sur les OGM.

22 h 40 ◆ Le spectacle va bientôt finir. Je murmure à l'oreille de Chantal :

— Comme il ne te connaît pas, il faut que tu t'arranges pour savoir si Louis reste ici. Si c'est le cas, nous devrons partir ce soir.

— O.K., je m'en occupe.

Je quitte la salle et me réfugie dans notre « palace ». J'écris tout ce qui s'est passé aujourd'hui… et j'attends Chantal.

Je saute sur mon ordinateur, en attendant Chantal.

23h ◆

— Mission accomplie! me lance fièrement Chantal en entrant dans la tente. Louis repart ce soir! On peut rester!

C'est trop beau pour être vrai. Je donne un gros bec à Chantal.

— T'es sûre? Comment t'as fait?

À la fin du spectacle, alors que tout le monde traînait encore dans la salle, Chantal a fait mine de tomber sur lui par hasard, en traversant la rangée où il était assis. Voici leur conversation, telle qu'elle me l'a rapportée :

— Tu viens d'arriver? Je t'ai pas vu avant! lui lance Chantal, jouant la petite stagiaire enthousiaste.

— Je suis venu pour la soirée.
— Tu restes une ou deux semaines ?
— Non, non, je ne peux pas faire les stages cette année.
— Ah, c'est dommage ! Moi, c'est Chantal.
— Moi, c'est Marilyne.
J'interromps Chantal :
— Quoi ? Il t'a dit qu'il s'appelle Marilyne ?
— Je te jure !
Nous rions tellement que de grosses larmes coulent sur nos joues. Tout le stress de la journée sort d'un coup.
Après avoir serré la main de Louis, alias Marilyne, Chantal a poursuivi :
— T'es invité pour passer la soirée ?
— Oui. C'est ton premier stage, Chantal ?
— Oui.
— Et tu connais autant de monde après deux jours ?
— Écoute, tout le monde est tellement sympathique ici ! T'es là demain ?
— Non.
— Bon, alors, bonne soirée !
Je suis ébahie par la performance de Chantal.
Je finis d'écrire mon compte rendu quotidien et nous trinquons au prolongement de notre séjour !
Nous gravons un deuxième CD avec 24 photos et trois textes.

mardi 15 juillet

Le quotidien francophone de Sherbrooke, *La Tribune*, consacre trois articles à la journée d'hier. Malgré le caractère sensationnaliste de l'activité, la direction a choisi de ne pas en faire sa une.

« Nous avons fait le choix de ne pas leur accorder la une, même si la photo aurait très bien pu la faire, compte tenu des antécédents du mouvement et de leur refus de répondre à nos questions », m'expliquera le rédacteur en chef du quotidien, Maurice Cloutier, après le stage.

Le journaliste Claude Plante écrit en page 3 :

Maricourt - Comme promis, des raëliens et des raëliennes des Jardins du prophète, de Maricourt, ont poussé l'audace, hier, jusqu'à se dénuder devant les caméras afin de promouvoir le développement des organismes génétiquement modifiés (OGM).

> *Plus de 200 personnes (237 si on prend le temps de les compter) ont formé «J'aime les OGM» et «I love GM». [...]*
> J'apprends que les journalistes ont dû se plier à des consignes très strictes, comme l'écrit le chroniqueur Mario Goupil.
>
> *On aurait bien aimé demander aux participants pourquoi ils sont favorables aux OGM, ce qu'ils en connaissent à tout le moins, mais le messie et ses grands prêtres et prêtresses nous ont interdit de leur parler. Or, les moutons et les brebis que j'ai approchés ont suivi la consigne du berger. Ils étaient là pour leur corps, pas pour leur tête.*
> *[...]*
> *Caméramen et photographes avaient été avisés de ne rien filmer et de ne rien photographier lorsqu'ils se trouvaient au sol. Un responsable a toutefois accusé le préféré d'Ombrelle (une responsable raëlienne munie d'un parasol, qui venait de flirter avec un caméraman de TQS) d'avoir filmé lorsqu'il se trouvait encore sur le plancher des... moutons.*
> *— Vous m'effacez toutes ces images! a-t-il intimé à mon jeune collègue.*
> *Devant le refus de ce dernier, qui s'est bien défendu d'avoir désobéi, le faux prêtre tout habillé de blanc lui a lancé : «Je vais le signaler...»*
> *Mais tu vas le signaler à qui, faux prêtre, le messie n'est même pas là...*

Dans un troisième article, Nicole Bertrand promet des coups d'éclat hauts en couleur :

> La réunion annuelle des raëliens et raëliennes, qui se tient présentement à Maricourt, sert effectivement aux bonzes du mouvement à dresser le plan d'attaque pour les prochains mois. «Nous ne voulons pas le dire. Nous sommes en train de mijoter quelque chose...» dit Nicole Bertrand. Tout est question de choquer ? «Oui, c'est vrai, admet-elle. Il faut que notre message passe. Tout le monde a droit de choisir. Les gens doivent être libres. Ils doivent le savoir.»

10 h 30 ◆ De retour à l'auditorium. Le thème de la journée : le sexe homosexuel.

Le cours du matin débute avec l'extrait du film sur la vie de Larry Flynt, fondateur du magazine érotique *Penthouse*. Dans un discours légendaire, il pose la question : «*What is more obscene : sex or war ?*[6]»

---

6. Traduction libre : Qu'est-ce qui est le plus obscène : le sexe ou la guerre ?

Pierre-Paul, le conseiller en homosexualité du mouvement, prend la parole sur scène.
— Vous aimez choquer, les raëliens?
— Ouiiiiii, crie la foule.
— Si vous aimez choquer, ça veut dire que vous aimez être choqués. Alors, je vais vous choquer ce matin.

Il demande à deux hommes de venir s'embrasser sur la scène. Deux jeunes raëliens ne tardent pas à gravir les marches, applaudis et sifflés par les spectateurs. Il s'embrassent à pleine bouche au milieu de la scène.
— Comment avez-vous réagi? demande ensuite Pierre-Paul. C'est à vous d'enlever la réaction qui n'est pas la vôtre. C'est sûr qu'à force de le voir, ça entre dans le cerveau. En Afghanistan, chaque Afghan a un petit garçon de 16 à 18 ans chargé d'assouvir tous ses plaisirs d'homme. Mais ça, les médias n'en parlent pas.

On baisse de nouveau les lumières. Un diaporama à l'écran montre des images de deux hommes qui s'embrassent dans des poses explicites.
— Hein! Il tient les deux pénis en même temps! s'exclame avec étonnement une dame dans la cinquantaine assise près de moi.
— Si vous n'avez jamais eu de relations sexuelles avec une personne du même sexe, c'est quelque chose à voir, à regarder, à essayer et à vivre, recommande Pierre-Paul, au micro.

Il poursuit son exposé avec un extrait du film espagnol *Ta mère aussi!*, de Alfonso Cuaron. Il s'agit d'une scène sexuelle torride entre une jeune femme et deux jeunes hommes. La femme debout embrasse le gars numéro 1 pendant que le gars numéro 2 lui lèche les fesses.
— Hein! J'ai vu ce film-là, s'exclame un raëlien quelque part dans la salle.

Durant la pause, je vois François, le vieux raëlien français à l'haleine fétide, qui embrasse goulûment une autre raëlienne dans la quarantaine devant tout le monde. La femme essaie de se dégager depuis déjà quelques secondes, mais il la retient et continue de l'embrasser en passant sa main sur ses fesses, son dos, son ventre et sa poitrine. Les mains plaquées sur la poitrine de François, la raëlienne le repousse mais il la retient. Elle garde le même sourire forcé jusqu'à ce qu'il finisse par la lâcher.

À la fin du cours, France Blais nous avertit qu'un ours rôde dans le camping. Rassurant. Il ne faut pas le nourrir et prendre soin de bien ranger nos aliments.

12 h ◆ Nous invitons à dîner Manon et Bruno, un raëlien rencontré à notre arrivée au stage. L'abri-moustiquaire meublé d'une table à pique-nique nous sert de plus en plus de salle d'entrevue.

Nous voulons aussi inviter Yvon, mais nous ne le trouvons nulle part.

Manon se joint à nous, mais refuse nos hot-dogs. Elle préfère manger la bouffe de la cafétéria. Malgré son budget limité, elle a payé 105 $ pour 10 repas et elle veut en avoir pour son argent.

— Je ne mange jamais aussi bien que ça chez nous, assure-t-elle.

Chantal et moi serons loin d'être aussi impressionnées lorsque nous y déjeunerons, quelques jours plus tard.

Les stagiaires trouvent aussi à manger au casse-croûte, à l'entrée de l'auditorium. Même lorsqu'il est affamé, Bruno n'y achète rien.

— Ça coûte dix fois le prix! critique-t-il.

Une bouteille d'eau: 1 $. Une bouteille de Perrier: 1,50 $. Une boisson autre non alcoolisée: 2,50 $.

Manon m'annonce qu'Yvon a quitté le site ce matin, prétextant une course, et qu'il n'est pas revenu. Ah bon.

En mangeant ses hot-dogs, Bruno passe son temps à soupirer en détaillant Chantal des pieds à la tête. Il la trouve très belle et le lui fait comprendre sans arrêt. Il la touche chaque fois qu'il le peut, lui prenant la main, lui caressant l'épaule, l'embrassant sur la joue ou dans le cou... Pauvre Chantal! Elle ne sait plus trop où se mettre ou quoi lui dire.

Elle a pourtant été très claire avec Bruno. Elle lui a raconté avoir un copain non raëlien avec qui elle désire une relation exclusive, ce qui est d'ailleurs la vérité. Mais ses arguments n'ont eu aucun effet.

Les raëliens ne sont pas habitués à se faire dire non. À ce jour, nous n'avons jamais vu une raëlienne protester face à leurs mains baladeuses. Au contraire. Plusieurs apprécient et répondent à ces avances par de langoureux baisers ou des caresses tout aussi sensuelles.

Chantal en a déjà remis un à sa place, durant la pause d'un rassemblement. Le raëlien l'avait prise dans ses bras en lui demandant de l'embrasser. Ma collègue l'a repoussé, mais il l'a retenue. Elle l'a poussé plus fort et s'est dégagée. Il n'a pas apprécié.

— Pourquoi tu me résistes? lui a-t-il sèchement demandé, l'air surpris.

En s'éloignant, Chantal l'a entendu ajouter:

— Oui, oui, t'as le droit de me résister.

— Je pense qu'il est devenu gêné parce que des gens autour l'avaient vu faire, m'a-t-elle expliqué.

Malheureusement, Bruno est loin de se déclarer vaincu. Il soupire en prenant une bouchée de hot-dog, éploré :

— Pourquoi tu ne me serres pas quand je te prends dans mes bras ? Toutes les autres filles le font ! T'es la seule qui ne le fait pas !

Mine de rien, Bruno nous raconte que, ce matin, une raëlienne est venue le trouver pour lui dire à quel point il a un «beau corps». Nous n'avons pas de mal à le croire. Bruno est grand, mince, musclé et bronzé. Il a les cheveux bruns bouclés. Il a un sourire d'enfer. Et il le sait.

— Je me fais souvent dire que j'ai un beau visage, mais un beau corps, c'est rare, rigole-t-il avec une fausse modestie évidente. Je n'aime pas entendre ça, ça me gêne trop.

Bruno raconte qu'il est marié à une Chinoise non raëlienne qui l'attend à Montréal. Il la trompe allégrement durant le stage, où il porte un ruban rouge sans aucune culpabilité.

— Ta femme, elle sait ce que tu fais ici ? lui demande Chantal.

— Ben, oui !

— Pis elle tolère ça ?

— Elle m'a dit : «Tu peux y aller, mais c'est dix jours sans sexe.»

Malgré ses grands soupirs, nous constatons que Bruno n'a pas l'air d'en éprouver trop de peine. Après le dîner, il nous abandonne avant la vaisselle pour aller voir un «petit couple» qui l'a invité dans sa tente.

— La fille, c'est une Asiatique et j'ai envie de me la faire, mais pas le gars. Je ne le trouve pas beau, nous dit-il avant de prendre congé.

Bruno a finalement passé l'après-midi tout nu au bord du lac, avec des dizaines d'autres nudistes. Quelques jours plus tard, il relancera Chantal, l'air plus piteux que jamais :

— Je ne veux plus te voir. T'es seule qui me fait de l'effet et t'es la seule qui me résiste.

Bruno parti, Manon nous annonce qu'elle va poser sa candidature cet après-midi pour entrer dans l'Ordre des Anges de Raël. Je la félicite en essayant d'avoir l'air sincère, même si ça m'attriste. Avec toute son énergie et sa bonne volonté, Manon pourrait accomplir tellement de choses plus constructives pour elle !

Avant de se mettre au service de Raël, elle doit lire deux textes décrivant les engagements des Anges. Je lui dis que je voudrais les lire, moi aussi. Elle me promet de me les prêter en fin d'après-midi.

J'appelle mon boss pour mon rapport quotidien.

15 h 30 ◆ En route vers notre épicerie, je bifurque sur un petit chemin de terre retiré et stationne au bord de la route. Je préfère ne pas conduire en appelant mon boss, aujourd'hui.

Je lui fais part des derniers événements. Il est abasourdi par ma rencontre avec Louis. La nouvelle ne fait son chemin dans sa tête que lorsque je lui jure que Chantal l'a pris en photo.

— Il dit s'appeler comment ?

— Maryline. Et il a été journaliste pour le mouvement. J'ai mis la main sur un magazine trimestriel appelé *Le raëlien* de 1996. Louis y est présenté comme un « nouveau collaborateur ». Il signe un texte où il tente de « faire des liens » entre l'actualité et les Messages des extraterrestres.

— Est-il encore journaliste pour le mouvement ?

— Je ne sais pas. C'est possible.

Une fois l'appel terminé, nous allons déposer un nouveau CD chez notre complice et nous passons acheter de la bouffe et de la glace à l'épicerie.

17 h 15 ◆ Chantal part seule à l'atelier du jour, à l'auditorium, pendant que je copie les deux textes de l'Ordre des Anges prêtés par Manon. Dans le premier texte, je trouve un résumé du mandat de l'Ordre des Anges, créé en l'an raëlien 52 (1997).

C'est un ordre religieux regroupant des jeunes femmes membres de la religion raëlienne légalement majeures qui seront chargées de servir à temps complet leur Créateur les ELOHIM et les Grands Prophètes qui les accompagneront comme MOÏSE, BOUDDHA, JÉSUS et MAHOMET durant leur séjour dans l'Ambassade en veillant sur tous les plans à leur confort. En attendant, elles se prépareront à ce jour tant espéré en étant au service du dernier des Prophètes, Raël, et en s'occupant de son bien-être lorsque ce sera nécessaire par exemple, lors des rassemblements, stages ou réunions.

Les critères de choix sont, dans l'ordre : la religiosité, la discipline, la sérénité, l'harmonie, la pureté, l'humilité, le charisme, la beauté intérieure et extérieure. La beauté physique est un critère important, car, nous, les Elohim, si nous avons un amour infini pour un être humain quel que soit son aspect, préférons être entourés comme le rappelle la Bible d'individus d'une grande beauté correspondant aux modèles originaux des différentes races que nous avons créées jadis sur terre et absolument parfaits... Les tares physiques sont toutes dues aux erreurs des générations passées ayant endommagé notre patrimoine génétique.

Un passage me fait sursauter :

Pour les Anges de Raël, les Elohim et leur Messager passent avant tout. Ce sont des individus qui sont prêts à tout sacrifier pour eux, tant leur vie professionelle, que sentimentale et même leur vie tout court. Ils seraient prêts à donner leur vie pour protéger leurs Créateurs et leurs Prophètes. [...]

Elles seraient sûrement devenues jadis des «bonnes sœurs» qui se considèrent toutes les épouses de Jésus. Toutefois, les Anges de Raël peuvent avoir une vie normale dans la société et, si elles le désirent, une vie professionnelle brillante à condition d'être prêtes à sacrifier cette réussite, si c'était nécessaire, pour leur religion.

Quoi ? Les Anges doivent être prêtes à mourir pour «protéger» Vorilhon ? Ce passage m'inquiète. Vorilhon est le seul raëlien en contact direct avec les Elohim, qui l'avertissent de tout, semble-t-il. Il serait donc le seul à pouvoir savoir s'il a besoin d'être «protégé». A-t-il un pouvoir de vie ou de mort sur ses Anges ? Je dois leur poser la question.

Le deuxième texte explique le rôle de l'élite de l'Ordre des Anges, les cordons dorés. Il leur demande aussi d'être prêtes à tout sacrifier au besoin, incluant leur vie sexuelle et même leur vie tout court.

C'est impensable que lorsque nos Créateurs Adorés arriveront, que les cordons dorés qui seront dans leur entourage pour les accueillir refusent d'avoir des relations sexuelles avec eux. Le privilège d'être à proximité d'eux implique d'être ouverte à tout sans restriction et sans une attitude de manque de respect pour avoir refusé d'avoir des contacts intimes. Le privilège d'être près d'eux devrait être réservé à celles qui sont profondément amoureuses d'eux, d'un amour religieux, prêtent [sic] à donner tout sans restriction, incluant leur propre vie si cela était nécessaire pour les protéger.

[…]

Une fois de plus, il vous appartient de choisir d'avoir le privilège d'être en contact étroit avec le dernier des Prophètes et de le servir en envoyant votre adhésion pour devenir un cordon doré. Rappelez-vous que seulement les cordons dorés pourront prendre soin de notre Prophète bien-aimé qui sera la meilleure formation possible pour le jour de nos rêves, l'arrivée des Créateurs, en se rappelant qu'ils nous observent à travers ses yeux! Être près de Lui, c'est être près d'Eux!

18 h ◆ Je termine de copier les textes quand un petit groupe de raëliens s'installe chez ma voisine d'en face. J'ouvre silencieusement le coin d'une fenêtre et je regarde.

Les participants se nomment et mentionnent leur orientation sexuelle. Ils doivent se mettre dans la peau d'une personne du sexe opposé, en préparation pour la « soirée travestie », dans quelques heures. Avec l'aide du groupe, chaque individu adapte sa démarche, sa façon de parler et son attitude.

Les conseils des gars aux filles :

— Imagine qu'il y a un gros poteau à terre et qu'il faut que tu marches de chaque côté. Plus large ! Plus large !

— Il faut que tu te grattes les parties toutes les trois minutes, dit un grand gars chauve à une femme dans la cinquantaine.

Les conseils des filles aux gars :

— Relève la tête et sors ta poitrine.

— Bouge tes hanches.

— Fais des petits pas.

— T'as encore un poteau entre les pieds ! Marche sur une corde.

L'exercice pose un problème pour une lesbienne aux allures très masculines. Vu son orientation sexuelle, personne ne sait si elle devrait imiter un gars ou une fille. Ils en discutent et optent finalement pour la fille.

19 h ◆ Chantal entre dans le « palace ». Elle me raconte que plusieurs hommes se déguisent en femmes, à côté du lac, pour la soirée travestie.

Josée, la copine de Pierre Bolduc, lui a interdit de prendre des photos. Chantal veut y retourner avec moi, certaine que Josée la laissera tranquille si je demande qu'on me prenne en photo. Cela lui permettra de croquer toute la scène sans problème. J'y vais.

Je fais mine de fouiller parmi les vêtements.

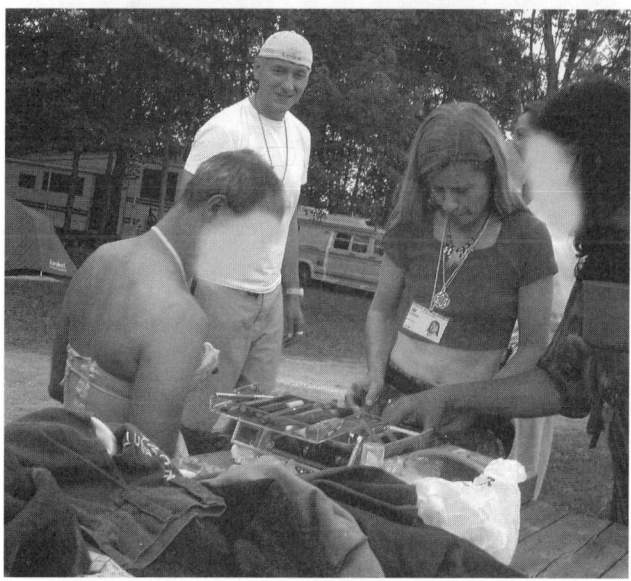
Les femmes aident les hommes à se maquiller.

Au lac, une pile de vêtements de femmes sont éparpillés sur une table à pique-nique. Une des Anges de Raël met du fard à paupières à un homme chauve qui porte un corset rose. Je fais semblant de fouiller dans les vêtements pendant que Chantal me photographie. Personne ne vient nous avertir. Ma collègue en profite pour fixer sur pellicule un vieux raëlien en robe à carreaux et un autre avec du rouge à lèvres éclatant.

Les stagiaires prennent l'activité très au sérieux.

Je me place ensuite au milieu d'autres hommes en robe et je fais un salut de la main à Chantal, qui immortalise toute la scène. Par crainte de se faire avertir, nous coupons court à notre session de photos et regagnons vite notre tente.

20 h 30 ◆ Je dois m'habiller en gars pour la soirée travestie. Pour une fois que mes vêtements de camping conviennent! J'enfile des jeans et une veste à carreaux. Chantal, qui adore se déguiser, s'attache les cheveux. Elle se dessine une barbichette et des favoris. Son déguisement est très réussi.

Chantal, alias Roger, entourée de travestis d'un soir.

21 h ◆ La salle à manger a de nouveau été transformée en piste de danse. La scène est étrange. Jamais je n'aurais pensé voir autant d'hommes de tous âges en talons aiguilles. Le visage maquillé, les che-veux attachés, ils marchent et dansent en faisant rouler leurs hanches. Les filles en chandails en coton et en jeans s'écrasent nonchalamment sur les chaises, une main entre les jambes écartées. Je vois qu'Yvon est de retour. Lui aussi a troqué ses habituels cuissards noirs contre des vêtements féminins.

À ma grande surprise, dès mon entrée dans la salle, une grande « fille » m'invite à danser un slow. « Elle » est tellement bien maquillée que je ne reconnais pas Charles, le spécialiste du patin à roues alignées qui a participé au spectacle amateur, hier soir. Je suis prise de court. La soirée est jeune, et le tripotage n'a pas encore commencé sur la piste de danse à moitié vide. Alors, j'accepte sa proposition. Au milieu des danseurs, il colle tout de suite son entrejambe sur ma cuisse. Pas très féminin, finalement, le gars.

—Je m'appelle Carlita, dit-il d'une voix efféminée. Et toi, tu t'appelles comment ?

— Euh... Robert.

Robert !?

Nous parlons du spectacle d'hier, du camping, puis un silence inconfortable s'installe. Carlita tourne beaucoup trop vite. J'ai du mal à ne pas lui écraser les pieds. La chanson finit, et Carlita se met à parler avec Manon. Dieu merci! Je m'éclipse pour retrouver Chantal, près du mur. Elle a réussi à prendre deux photos avant de recevoir un avertissement. Elle s'est confondue en excuses, bien sûr.

Nous décidons de partir. Avant de sortir, j'aperçois Daniel Chabot qui porte les mêmes vêtements blancs qu'à l'habitude, bonnet blanc compris.

Les hauts dignitaires du mouvement sont-ils exemptés de travestissement?

mercredi 16 juillet

1 h ◆ Chantal et moi gravons notre troisième CD: trois textes et 29 photos.

1 h 10 ◆ Je m'endors.

1 h 37 ◆ Des cris non équivoques me réveillent. Les soupirs saccadés de Pascal, notre voisin immédiat, à gauche, sont ponctués des rires de sa conquête du jour, une Ange de Raël. Leur tente est collée contre la nôtre. J'entends si distinctement leurs gémissements que je peux presque deviner leur position.

À droite, mon deuxième voisin savoure aussi bruyamment sa énième baise de la journée, en écoutant la trame sonore du film *Braveheart* à plein volume. La musique est tonitruante, mais pas assez pour enterrer le vacarme orgasmique.

Je m'assois sur mon lit. Ça fait cinq jours que je ne peux ni me laver, ni manger, ni me brosser les dents, ni même dormir en paix. Je suis épuisée.

Je me demande comment Chantal s'y prend pour dormir.

Je mets des bouchons en mousse dans mes oreilles et j'essaie de me rendormir. Peine perdue. *Braveheart* finit par baisser de volume, mais Pascal et sa partenaire sont passés en mode grande cavalerie. J'entends aussi les cris d'un troisième couple, quelques tentes plus loin. Tous composent un canon, comme les grenouilles au bord du lac. Oh, joie!

J'attends que ça passe. Je compte les secondes pour me changer les idées. Mon but : changer de minute en même temps que mon cadran. 17, 18, 19... 1 h 55... 2 h 15... 57, 58, 59...

2 h 30 ◆ J'entends des pas près de notre abri-moustiquaire. Merde ! C'est peut-être l'ours qui rôde dans le camping ! Il flaire peut-être notre nourriture, planquée sous la table à pique-nique. Et moi qui n'ai jamais été très brave dans le noir... On dirait vraiment que quelqu'un se bat avec notre abri. Il faut que je fasse quelque chose ! Je souffle :
— Chantal ?
Pas de réponse.
Très doucement, j'ouvre le coin de ma fenêtre pour voir ce qui se passe.

Il y a bel et bien un rôdeur, mais ce n'est pas un ours. C'est un homme. Très grand, très mince et très... nu ! Une échalote. Il se tient à environ trois mètres de la tente de mon voisin... avec son pénis en érection bien en main ! Meeerde ! Et puis quoi encore ! C'est courant, ici ? Un petit atelier nocturne de développement personnel, peut-être ?

La fatigue aidant, un début de panique m'envahit, silencieusement. Je me rends compte que je ne connais pas du tout les campeurs qui m'entourent. J'ai peut-être sous-estimé leurs divers... euh... dérangements.

Les claquements de sandales me tirent de mes réflexions. Comme un fantôme, l'homme trottine dans la noirceur, d'un côté à l'autre de la tente de Pascal. Il se penche devant la porte pour essayer de voir à l'intérieur. Dix secondes plus tard, il refait le tour et s'approche d'une fenêtre. Puis, il s'éloigne vers la forêt et... se branle allègrement, à deux pas de la tente d'Yvon. Je suis incapable de distinguer son visage, mais je sais que ce n'est pas Yvon. Il est trop grand.

Je ne sais que faire. Devrais-je avertir mon voisin ? Crier pour faire fuir le rôdeur ? Ou rester ici, sagement, et laisser tout le monde prendre son pied ? Toutes sortes de scénarios me passent par la tête. Je pense à tous ces mésadaptés sociaux, ces incompris, ces frustrés, ces gens « abusés » comme les appelle Vorilhon, qui font le stage. Et si cet homme avait un couteau avec lui ? S'il entrait dans notre tente ? S'il avait d'autres intentions que celle de soulager son érection ? Et si, et si...

Les nerfs à vif, je songe à décamper au plus vite l'espace d'une seconde. Je réveille Chantal. La tête embrouillée par le sommeil, elle m'écoute lui raconter la situation.

— C'est juste un voyeur, rendors-toi ! me dit-elle avant de me tourner le dos.

Je me calme en me répétant qu'elle a sûrement raison.

Après de longues minutes, les claquements de sandales cessent. Quelqu'un ouvre la tente en face de la nôtre, de l'autre côté du chemin. L'homme vient de là. Je me promets de repérer le locataire de cette tente demain... et de m'en tenir loin.

3 h 30 ◆ Je plonge finalement dans un sommeil agité.

8 h 15 ◆ Je suis réveillée par les mêmes cris que la veille, ceux de mon voisin immédiat. Je suis vraiment exaspérée.

9 h ◆ Pascal sort de sa tente pendant que Chantal et moi prenons notre petit déjeuner. Je lui fais le récit ce que j'ai vu en cachant à peine mon inquiétude. Cela ne le scandalise pas du tout. Le beau mec dans la vingtaine soupçonne même deux ou trois personnes. Raëlien depuis toujours, il m'explique posément :

— Quand tu t'adonnes à des ébats nocturnes dans un camping, tu dois accepter que les autres t'entendent et te voient.

Selon lui, il faut faire preuve de compassion face à la frustration sexuelle des malchanceux qui passent leurs nuits seuls, ici.

— Je ne pense pas qu'il aurait pu me planter un couteau dans le dos, affirme-t-il, s'amusant de mon regard alarmé. Qu'il rôde ne me dérange pas. Mais s'il était entré dans ma tente pour me dire un petit bonjour, je l'en aurais sorti avec mon pied dans le cul. En revanche, si toi t'étais venue m'avertir, je ne suis pas sûr que tu serais ressortie...

Pascal part, un sourire en coin, relater tout ça à ses amis, qui rigolent un bon coup en mangeant. J'espère seulement qu'ils ne rient pas de moi.

Ce matin, le quotidien *La Tribune* en rajoute avec un suivi sur la manifestation pro-OGM, en page 2. Dans un article intitulé «Donnez-nous des preuves», André Nault, vice-président de l'organisme Les Amis de la Terre, critique vertement le mouvement.

«Avant d'embrasser la cause des OGM, les raëliens devraient livrer la preuve de l'existence de leur bébé cloné», affirme-t-il dans l'article.

Il met en doute la crédibilité de Hortense Dodo en matière d'OGM.

« Si c'était une sommité dans les OGM, j'aurais certainement lu quelque chose d'elle quelque part », commente celui qui étudie le domaine des aliments transgéniques depuis quatre ans.

10 h ◆ Un extrait du film *Valmont* débute le cours à l'auditorium. Pris en flagrant délit d'adultère par sa douce moitié, Valmont lui lance :
— Je raye la chasteté du catalogue des vertus !
La foule applaudit et siffle avec enthousiasme.
Dehors, la pluie a commencé à tomber, et le temps est très humide. Deux petits radiateurs électriques réchauffent les pieds de Vorilhon confortablement installé dans son siège décoré.
Daniel Chabot revient sur l'activité d'hier soir. Il invite ceux qui le désirent à s'approcher du micro pour expliquer comment ils ont vécu leur incursion dans l'univers du sexe opposé.
Ironiquement, la soirée a particulièrement éprouvé les vrais travestis du mouvement. Les hommes qui s'habillent en femme dans la vie de tous les jours ont passé la soirée habillés en homme, puisque l'exercice demandait d'adopter un comportement contraire à sa nature.
C'était notamment le cas de Benoît, alias Lara, de Montréal.
— De m'habiller en femme hier, c'était comme de revenir en arrière, dit le travesti au micro, les larmes aux yeux. C'est dur de « travailler » sa féminité. Hier, c'est la femme en moi qui s'est habillée en homme.
L'exercice a aussi fait souffrir certaines lesbiennes très masculines, comme Georgina.
— Ça a été difficile parce que, pour la première fois, je dévoilais mes seins en public, témoigne-t-elle d'un ton grave. Je m'assoyais à côté des gars déguisés en fille et ils me regardaient les seins.
Certaines femmes hétérosexuelles n'ont pas apprécié non plus.
— J'ai vraiment pas aimé être un homme, clame une jeune femme. J'ai trouvé ça difficile. J'avais moins d'assurance que je ne l'aurais pensé.
Toutefois, la soirée a été révélatrice pour notre voisin Yvon, qui se dit hétérosexuel.
— J'ai vraiment compris qui était la femme en moi et quels sont mes goûts, raconte-t-il au micro. Ça m'a fait réaliser le genre d'homme qui m'attire. Je devrais peut-être m'habiller plus en cuir, moi qui suis habituellement habillé en polo. La femme en moi était attirée par les hommes tout habillés de cuir, style motard.

Ses remarques provoquent des rires étouffés dans la foule. Un micro dans les mains, Vorilhon lui répond d'aller voir Pierre-Paul pour des conseils sur l'homosexualité.

— L'important, c'est d'être humain. Et être humain, c'est être asexué, conclut Vorilhon. C'est peut-être la chose la plus importante sur terre de découvrir l'autre moitié. On ne peut pas être une femme sans connaître son côté masculin, et vice-versa.

Et puis…

— Pendant que je vous parle, il y a des dizaines de petites filles qui sont excisées. Mais je suis heureux parce que, moi, j'agis sur la population. Nous, on peut se régaler parce qu'on consacre une grosse partie de notre vie à lutter contre. Parce qu'on agit.

Vorilhon encourage ensuite les femmes du mouvement à s'activer au lit, même si lui-même aime mieux se laisser faire :

— Votre vie sexuelle en tant que femme sera beaucoup plus riche si vous êtes active. Il n'y a rien de plus anti-érection qu'une femme qui se met sur le dos. J'adore être un homme-objet. J'adore me laisser faire. Quand j'entre dans une chambre avec quelqu'un qui me plaît, je ne suis plus Raël, je ne suis plus un homme, je suis un jouet.

Je réprime une grimace de dégoût. J'aimerais crier comme les anglais : «*Too much informatiooooon!*» (Trop d'information!), mais Vorilhon est lancé. Il poursuit ses précieux enseignements en affirmant que :

— Les femmes n'aiment pas les grands sexes. Un grand sexe leur fait mal. Truc aux hommes bien outillés : essayez une moitié de pénétration seulement.

Une pause. Enfin.

Au retour, Vorilhon reprend le micro. Tout à coup, ses propos se corsent. L'endoctrinement passe en mode turbo.

En résumé, selon lui, nous devons éliminer toutes les influences négatives autour de nous étant donné que : a) nous sommes conditionnés par la société, b) notre éducation est merdique, c) nous formons l'élite mondiale. Cette démarche essentielle à notre bien-être est la seule voie de l'éveil.

Selon le gourou, l'idiotie serait contagieuse durant les rencontres familiales :

— Si vous fréquentez des imbéciles, vous allez sortir de votre rencontre un peu moins intelligent. Et vous l'avez tous vécu, ça! Vous vous dites : «Il faut que j'aille les voir, c'est ma famille.» Bof! C'est pas nécessaire. C'est pas nécessaire. On va voir sa grand-mère, son oncle, etc... Et on se sent mal pendant trois jours!

J'ai une mère épouvantable. Je la vois une fois tous les dix ans, et c'est trop. Ma famille, elle est là (*il pointe la foule*). Est-ce que les fils d'Adolf Hitler étaient obligés de l'aimer? On n'est pas obligé d'aimer les enfants qu'on a, simplement parce qu'un petit spermatozoïde a fécondé un petit ovule.

Moi, ma famille, c'est vous. Je suis tellement mieux avec vous qu'avec ma mère! Après une demi-heure avec elle, je suis épuisé. On ne choisit pas sa famille, mais on choisit ses partenaires.

Ne restez pas avec des gens qui abusent de vous, vous insultent ou qui sont violents. C'est sans appel. Car 99, 99 % des gens violents le restent. On ne peut jamais changer les autres. Ne vous laissez pas détruire par des gens qui ne vous méritent pas.

Je suis abasourdie. Donc, il faudrait renier tous ceux qui nous aiment... pour notre bien. Moi qui croyais avoir tout entendu! Décidément, les enseignements raëliens n'ont pas fini de m'horrifier. Ce qui m'inquiète le plus, c'est de voir les fidèles acquiescer, accepter toutes ces balivernes comme paroles d'évangile.

Le gourou n'a pas terminé. Il dissuade ensuite les femmes de faire des enfants.

— Vous pouvez engendrer Adolf Hitler! Pensez-y! déclare celui qui est père d'au moins deux enfants, dont il ne parle presque jamais. C'est pour ça qu'ils sont tellement idiots, les gens sur cette planète. Parce qu'ils font des enfants pour être mieux.

Lui-même ne ferait jamais l'amour sans préservatif:

— Ce n'est pas vrai que le condom coupe le plaisir. Il y a des raëliens qui ont le sida et qui ont le courage de le dire. Cependant, il y en a beaucoup moins que chez les catholiques! Mais il y en a. Alors, utilisez un préservatif. Protégez-vous, sans exception. Cette planète a besoin de vous pour l'éveiller. Ça serait dommage de vous perdre pour un petit bout de zizi.

12 h 30 ◆ Chantal et moi préparons le déjeuner sous notre moustiquaire quand mon voisin Pascal vient me trouver. Après s'être informé, il est «sûr à 90 %» que le rôdeur était... Yvon. Ses amis ont remarqué son comportement étrange, dit-il.

— Toi et ton amie, vous devriez garder vos distances, recommande-t-il. Aujourd'hui, Yvon s'est planté devant les douches pendant que j'étais là et il regardait les gens nus, sans bouger. C'était *weird*[7].

Je ne suis pas convaincue. D'abord, Yvon n'est pas aussi mince que le rôdeur. Et puis, sa tente ne se situe pas dans le même coin que celle qui a été ouverte à la fin du manège. Je garde toutes ces réflexions pour moi.

16 h 30 ◆ Le deuxième atelier de Jean Gary à l'auditorium s'intitule «Le plaisir, l'infini et la religiosité».

— Nous sommes trempés depuis notre enfance dans une certaine couleur de vie. Il faut qu'on se *reformate* et on reprend à zéro, explique le gaillard bedonnant à l'auditoire de nouveaux membres.

Lui aussi nous flatte dans le sens du poil :

— Si vous êtes ici, c'est que vous avez quelque chose de plus que ceux qui sont restés à Montréal. Parce que vous avez choisi de vous remettre en cause. Ce que Raël nous enseigne, c'est de remettre le *computer* à zéro.

Gary commence par nous expliquer les neuf niveaux de la matière :

- l'humain,
- les cellules,
- les molécules,
- les atomes,
- les particules,
- l'univers,
- la galaxie,
- le système solaire,
- la Terre.

— Il y a une erreur! s'exclame l'homme que nous avons vu dans la douche, dimanche soir. Avant les particules, il y a les électrons et les neutrons, affirme-t-il.

Jean Gary a l'air embarrassé puis frustré. Il dirige sèchement le protestataire vers des spécialistes du mouvement et reprend vite sa présentation.

— Je ne suis pas un scientifique! J'ai appris ça dans les Messages, justifie-t-il d'un ton contrarié.

On baisse les lumières pour nous permettre de méditer «sur le symbole» raëlien en noir sur fond blanc projeté à l'écran. Il s'agit d'une

---

7. Bizarre.

spirale au milieu de deux triangles superposés — l'un à l'envers et l'autre à l'endroit. L'image fixe mesure environ six mètres de haut sur six de large.

— C'est la vision la plus belle qui aide notre esprit à prendre conscience que nous sommes pile au milieu, explique Jean Gary. La méditation sur ce symbole est très forte.

L'exercice commence. Avec sa voix caverneuse, notre «enseignant» nous demande de promener notre regard en partant d'un coin de triangle jusqu'au centre du symbole. Il insiste pour que nous le fassions très lentement.

— Ressentez l'intégralité du symbole, ordonne-t-il.

Nous devons recommencer l'exercice à partir de chacune des pointes des deux triangles. Cela dure de longues minutes. Puis, soudain, le symbole disparaît de l'écran. Gary nous enjoint alors de fermer les yeux.

Comme nous venons de fixer le point lumineux, nous voyons le symbole en blanc à l'intérieur de nos paupières. Bizarrement, Jean Gary semble croire que le phénomène est unique au symbole raëlien.

— Le symbole s'est inscrit en nous, affirme-t-il solennellement.

Il recommande de méditer en fixant le symbole, chez soi, le plus souvent possible. Il souligne que des symboles sur pied sont vendus à la boutique du mouvement, installée dans un petit local à l'entrée de l'auditorium.

19 h ◆ Nous préparons notre dîner lorsqu'Yvon s'arrête en vélo devant notre table à pique-nique.

— Est-ce que je peux vous déranger une minute ? demande-t-il, l'air piteux.

C'est clair : il veut que nous l'invitions de nouveau à manger. Pas question. L'histoire que Pascal m'a racontée n'a rien de rassurant. Mais il y a pire. Cet après-midi, Yvon a révélé à Chantal qu'il s'était absenté hier pour «travailler». Il lui a relaté qu'il a conduit des célébrités d'une destination à l'autre dans la plus grande discrétion, selon leur souhait. Son tarif : 250 $. Son histoire ne tient pas debout. Nous sommes au milieu de nulle part, et il n'a qu'un vélo.

— Je pense qu'il donne toujours deux versions aux gens, m'a dit Manon plus tôt aujourd'hui.

Yvon reste planté devant notre abri-moustiquaire pendant un bon quart d'heure. Il nous fait, encore une fois, le triste récit de sa vie. Il n'a pas de petite amie. Il ne s'entend pas avec ses parents. Quand il était jeune, il avait beaucoup de mal à se faire des amis. Il a 36 ans, il est tout seul, et ça lui pèse. Il est vendeur pour la compagnie de son père. Il écrit un livre sur «tous les problèmes qu'il a vécus et comment il a réussi à les surmonter».

— Mais il n'est pas publié encore, précise-t-il, comme si cela était nécessaire.

Il monologue sur un ton neutre, égal. Chacune de nos petites interjections polies provoque un nouveau flot de paroles.

Ma patience épuisée, je finis par demander à Chantal si nos steaks sont prêts. Elle répond oui. Il comprend le signal et s'éloigne. Il me fait pitié.

21 h ◆ Yvon nous suit jusqu'à l'auditorium. Quand je me retourne, il marche à quelques pas derrière nous. Ce soir, le mouvement présente une copie piratée du film *Bowling for Columbine,* de Michael Moore. Yvon s'assoit à côté de moi. Sa proximité m'exaspère.

Durant le film, il se colle sur mon bras gauche. Ah non! Je me tasse le plus possible du côté de Chantal, vers ma droite. Il comprend le message et reprend ses distances. Ouf!

Tous les spectateurs se retrouvent au feu de camp après le film. Chantal et moi discutons avec des connaissances, passant d'un groupe de raëliens à l'autre. Certains nous saluent de loin ou viennent nous parler. Notre aisance me surprend. Je réalise que nous nous sommes complètement intégrées au groupe. Si mon boss nous voyait!

J'aperçois Manon, assise sur une chaise, à côté de Daniel... qui a une autre fille dans les bras. Pauvre Manon.

Yvon ne parle à personne et se tient toujours à deux pas de moi. Je change de place, mais il me suit. Il commence à m'inquiéter, celui-là. Je le signale à Chantal, et nous regagnons notre tente. Yvon ne nous suit pas.

Avant de me coucher, j'aperçois finalement notre voisin d'en face... et je le reconnais. C'est lui! L'homme aux sandales de la nuit dernière! Il est grand et mince, et marche de la même façon. Je ne dis rien. Je fais simplement signe à Chantal.

— Il a fait la prise de son lors de ton baptême, à Montréal, me rappelle-t-elle.

Je mets une heure à m'endormir, toujours stressée, avec des bouchons dans les oreilles.

jeudi 17 juillet

Le soleil est de retour. À part quelques dégoulinades d'eau sur le plancher, notre tente tient toujours le coup. Après six nuits de camping, Chantal et moi avons toutes deux un superbe mal de dos. Heureusement, mes voisins ne m'ont pas réveillée cette nuit.

10 h 10 ◆ À l'auditorium, l'extrait du jour provient cette fois du film américain *La Société des poètes disparus*. Robin Williams joue le rôle d'un professeur de littérature dans une école privée. Il révèle à ses élèves :
— *No matter what everybody tells you, words and ideas can change the world*[8].

Ce matin, Vorilhon veut «sculpter nos cerveaux» à l'aide de la musique d'un raëlien, qui s'installe sur scène. On baisse les lumières. Tel un moine tibétain, Emmanuel Comte fait tinter ses petites clochettes une à une, laissant le silence s'installer entre chaque son. On entendrait une mouche voler.

— Emmanuel ne joue pas de la musique, il entre dans vos cerveaux et vient toucher vos neurones, murmure Vorilhon au micro. Il vient vous aider à sculpter vos cerveaux. Ressentez.

Le musicien fait visiblement partie des élus de «Sa Sainteté», contrairement aux groupes rock.

— Pas besoin d'aller se défoncer les tympans avec des percussions excessives et qui créent des maladies, lance le gourou. Soixante pour cent des jeunes qui vont dans les discothèques sont médicalement sourds. La musique, la vraie musique, est un moyen d'élever son niveau de conscience. Il y en a toujours qui ont besoin de se bouger les fesses. Mais on peut bouger les fesses dans le silence.

Comme si ça allait de soi, le gourou enchaîne sur le bonheur et les couples.

— Presque tout le monde sur terre est avec quelqu'un faute de mieux, affirme-t-il.

Plusieurs gars n'assisteraient au stage que pour y «surveiller» leur copine, selon Vorilhon. De sorte que celles-ci ne seraient pas libres de découvrir leur vraie «âme sœur», quand elles la trouvent.

---

8. Qu'importe ce que tout le monde vous dit, les mots et les idées peuvent changer le monde.

— Il vaut mieux être seul qu'avec quelqu'un qui ne vous mérite pas, dit-il.

Je songe à quel point j'aimerais, justement, être seule chez moi en ce moment.

Comme à son habitude, le gourou passe tout de suite à un autre sujet. La lumière, cette fois. Portées trop souvent, les lunettes de soleil rendraient «dépressif», selon lui.

— La lumière permet d'être en bonne santé et, moi, je vous l'apporte.

La foule pousse quelques exclamations émues.

— C'est bien dit! s'exclament quelques-uns.

Trois grands portraits de l'épouse de Vorilhon, Sophie Lemieux, 28 ans, sont installés sur des chevalets à la sortie de l'auditorium. Les photographies, prises par Vorilhon lui-même, montrent son épouse les seins nus, dans des positions suggestives. On nous demande de bien les regarder puisqu'elles seront mises aux enchères durant le spectacle amateur de ce soir. Je me demande qui voudrait acheter ces splendides œuvres d'art.

12 h 30 ◆ Des groupes ont été formés pour un dîner communautaire. Chantal et moi sommes invitées chez… notre deuxième voisin de droite! Le fan de *Braveheart* s'appelle Norberto. J'apporte des biscuits et des jus. Benoît, du pain. Notre hôte nous offre des fruits, des fromages et quelques pâtés. Nous nous régalons.

Norberto nous raconte qu'il ne voit sa copine, une jolie Asiatique, que pendant les deux semaines du stage, ce qui explique la fréquence et l'intensité de leurs ébats.

Steve, un jeune homme musclé, raconte s'être senti personnellement visé par les propos de Raël, ce matin. Il fait partie de ces gars qui accompagnent leur douce moitié au stage pour la «surveiller». Les enseignements mettent d'ailleurs son couple à rude épreuve. Depuis deux jours, sa copine se demande si elle l'aime vraiment.

— Elle remet notre couple en question, déplore-t-il, penaud.

Mais il a quand même droit à quelques avantages sociaux.

— Le soir, elle me saute dessus! Je ne l'ai jamais vue comme ça! se réjouit-il.

16 h 30 ◆ Jean Gary nous a promis que notre dernier atelier de la semaine serait la «méditation ultime» nous liant directement avec «l'infini».

Pour Chantal et moi, ce sera l'une des épreuves les plus pénibles du stage.

Nous suivons le groupe jusqu'à une petite clairière, près du lac. Plusieurs anciens se sont joints à la cinquantaine de nouveaux membres, dont Gabriel, une des idoles de Manon. Cette dernière s'assoit face à nous, à côté de Benoît. Tous s'installent sur les couvertures que Gary nous a demandé d'aller chercher. Le soleil est radieux et la brise, rafraîchissante.

Sans un mot d'explication, des animateurs distribuent des petits miroirs à chacun.

Chantal reçoit des reflets dans les yeux. Nous levons toutes les deux la tête et voyons... deux gars flambant nus étendus sur une couverture à l'autre bout du groupe. Ils la regardent avec de grands sourires séducteurs. Comme le nudisme n'a rien d'inhabituel ici, nous n'en faisons pas grand cas.

Dans sa djellaba blanche, Jean Gary plante sa stature imposante devant le groupe. Il prend le micro.

— Déshabillez-vous.

Les deux mots résonnent dans ma tête. Quoi ? Chantal et moi n'en croyons pas nos oreilles. Mais les raëliens qui nous entourent obéissent à l'animateur. Ils se dévêtent sans rouspéter.

— On va être les seules à ne pas être nues, me murmure Chantal, inquiète.

Je lui réponds sur un ton catégorique :

— On s'en fout.

Mais Jean Gary, lui, ne s'en fout pas :

— Les sous-vêtements aussi ! Tout doit être enlevé. Ceux qui n'arrivent pas à surmonter la barrière de leur éducation, forcez-vous !

Il dit que c'est moins difficile que l'on pense. Que ça va «accélérer» notre évolution. Que c'est «pour notre bien». D'autres récalcitrants cèdent et se déshabillent. Va-t-on nous renvoyer si nous désobéissons ?

Au bout du compte, cinq ou six participants ne cèdent pas : deux filles, Benoît, Chantal et moi. Le travesti a gardé son soutien-gorge et sa petite culotte de dentelle. Je garde mes shorts et mon haut de costume de bain. Chantal est en bikini.

L'animateur est visiblement déçu, mais il n'insiste plus. La «méditation sensuelle» commence. Elle porte sur les cinq sens. Obéissant aux ordres, tout le monde se couche sur le dos, en silence. La voix enregistrée de Vorilhon retentit dans les haut-parleurs.

Il nous demande de nous toucher les bras et les épaules avant de passer aux seins :
— Caressez bien vos seins. Sentez les muscles sous la peau, la pointe de vos seins...
Mais qu'est-ce que c'est que ça ? Je suis très mal à l'aise, mais tout le monde s'exécute. Je ne touche que mon sternum.
La voix nous demande de nous asseoir :
— Pétrissez bien vos fesses. C'est votre corps à vous.
Je ne descends pas plus bas que mon dos. Non, mais !...
Il faut ensuite se toucher les pieds, les genoux, les cuisses... le sexe et... l'anus !
Ça commence à ressembler à une séance de masturbation collective. J'entrouvre les yeux. Tous suivent à la lettre les directives. Je n'en reviens pas.
Quitte à me faire repérer par les animateurs, je ne bouge pas. Chantal non plus.
Un peu à l'écart, Jean Gary discute tranquillement avec d'autres animateurs.
Vient ensuite le goût.
Nous devons nous sucer et nous lécher la peau, comme des chats, pendant de longues secondes. Ça va trop loin pour moi. Je suis gênée et de plus en plus embarrassée. Est-ce que je devrais rester ? Qu'est-ce que mon boss me conseillerait dans cette situation ? N'ai-je pas trop dépassé la limite que je dois garder entre mon sujet et moi ? D'un autre côté, plus ça va loin, plus je sens l'importance du reportage. Ce qui se passe ici doit être connu. Ce sont eux, les présumés créateurs du premier clone humain. Si je ne joue pas suffisamment le jeu, je risque de me trahir et de ne pouvoir enquêter davantage.
Je procède à un autoexamen rapide. Tout se passe dans ma tête. Je me sens encore et toujours comme un simple témoin. Je ne participe pas et je ne crois rien de ce que Gary ou Vorilhon raconte. Je continue d'observer, un point c'est tout. Je garde le sens critique qui me sert dans mon travail.
C'est bon. J'ai réussi mon examen. Je reste.
J'espère que Chantal n'est pas trop angoissée.
Au tour de l'odorat. Il faut sentir nos aisselles. Oh joie !
— Sentez l'odeur très forte qui se dégage de sous vos bras. C'est votre odeur à vous.

Nous devons ensuite frotter notre cuir chevelu et sentir nos doigts. Et puis, encore le sexe.

— Maintenant, caressez très légèrement votre sexe [...]. Là aussi des glandes exhalent certaines odeurs. Frottez longuement et portez vos doigts à votre nez.

L'image me donne mal au cœur, mais je ne peux pas protester. Personne ne dit rien. Mes voisins ont l'air très concentrés.

Le pire est à venir avec la vue.

La voix de Vorilhon nous demande de prendre le miroir distribué au début pour nous regarder... l'anus!

Je ne bouge pas. Je ne crois pas avoir été aussi mal à l'aise de toute ma vie. En face de moi, Benoît et Manon se placent. Le travesti écarte sa petite culotte d'une main et tient son petit miroir de l'autre. L'air grave, mes autres voisins écartent aussi les jambes solennellement. Ils me donnent l'impression d'accomplir quelque chose d'important, qui pourrait les marquer à jamais. Des animateurs prennent des notes en pointant certains participants. Pourquoi? Mystère.

— Regardez sous votre sexe de manière à voir votre anus. [...] Votre anus par où la vie passe. Par où les matières qui étaient à l'intérieur de vous-même ont circulé, ont laissé en vous le meilleur d'elles-mêmes. Cette partie est très importante. Pour être totalement en harmonie, il faut aimer toutes les parties de son corps, y compris celle-là. Le dessin de votre anus est magnifique...

La tension est à son comble. Prête à tout, tendue au possible, je reste complètement immobile, préparée à bondir au moindre geste déplacé à mon égard ou à celui de Chantal. J'espère qu'elle tient le coup.

La méditation terminée, je pousse un grand soupir de soulagement. Jean Gary nous explique que nous venons de franchir une étape importante dans notre développement personnel. Que nous sommes dorénavant des «privilégiés» sur cette planète remplie de cons.

Malheureusement, il n'en a pas fini avec nous. Nous devons nous placer en équipe de deux pour le deuxième exercice. Je me place, bien sûr, avec Chantal. En ce moment, je m'attends à tout: masturbation collective, orgie, cours de fellation... Ça, je ne pourrais pas tolérer. Nous quitterons l'exercice, si c'est le cas. Advienne que pourra.

Jean Gary ordonne à tous de rester nus. L'une de nous deux doit se coucher sur le ventre. Bon. Chantal s'étend. La voix de Vorilhon se fait entendre de nouveau dans les haut-parleurs. En utilisant les pouces, je dois masser les jambes, les cuisses et le dos de Chantal. Une poignée d'animateurs se promènent entre les stagiaires pour s'assurer que le massage est « bien fait ».

Je m'efforce de faire de mon mieux. Puis la voix de Vorilhon demande à ceux qui sont couchés de se retourner sur le dos. Tel que demandé, j'entreprends de masser le front de Chantal quand... nos regards se croisent.

Alors que tout le monde se concentre pour « rester en méditation », Chantal et moi... éclatons de rire. Un rire nerveux, spontané et totalement incontrôlable. J'en suis secouée de partout. De grosses larmes coulent sur mes joues et sur celles de ma collègue, toujours couchée sur le dos.

Que va-t-il nous arriver !? Va-t-on nous jeter dehors ?

— Surtout, il ne faut pas rire, crache Jean Gary, au micro.

Je prends de grandes respirations en fixant le ciel. Je ne dois plus regarder Chantal. Devant moi, les raëliens nus comme des vers continuent de se masser comme si de rien n'était. À ma droite, une des filles qui ne s'étaient pas complètement dévêtues éclate de rire, elle aussi, en massant le corps nu d'un raëlien dans la quarantaine, étendu au sol.

Au bout de quelques grandes respirations, les yeux remplis de larmes, je réussis à me contrôler. Chantal aussi.

Le deuxième exercice se termine enfin. Jean Gary félicite tous ceux qui l'ont réussi. Les autres n'auront qu'à se reprendre l'an prochain.

Les participants restent assis sur leur couverture un long moment. Ils sentent qu'un nouveau lien les unit. Leur attachement au gourou est plus profond que jamais.

Je prends quelques minutes pour me remettre de mes émotions, moi aussi. Puis, je vais voir Jean Gary pour tenter de réparer les pots cassés. Il est monté à bord de son 4 × 4 et s'apprête à partir. J'ai vraiment l'air de l'emmerder. Je lui parle, mais il n'ouvre ni sa porte ni sa fenêtre. C'est carrément humiliant. Il me crie qu'il va revenir, il démarre et me plante là.

Gênée, je pars rejoindre Chantal qui a commencé à préparer le dîner, au « palace ».

Quelques minutes plus tard, Jean Gary roule en trombe à côté de notre tente. Il me cherche. Je sors et il s'arrête. Je lui dis avoir complètement raté l'exercice à cause de ma trop grande nervosité, et que je suis vraiment désolée. Pour lui, ce n'est pas grave, mais il me recommande d'aller acheter le CD de la méditation à la boutique pour me pratiquer chez moi.

Je le remercie de ses « bons conseils ».

19 h ◆ Chantal et moi invitons Benoît à dîner dans notre parloir. Le travesti accepte volontiers, content d'avoir de nouvelles amies. Il nous raconte qu'il fait de gros efforts pour être le plus féminin possible depuis qu'il est passé dans l'autre camp, il y a quatre mois. Et ce n'est pas de tout repos.

Benoît est convaincu que les bébés clonés existent.

Benoît passe des heures à observer les femmes : leur démarche, leur maquillage, leurs réactions, leur façon de parler entre elles, leurs moindres gestes. Il ne sort plus de chez lui sans porter son grand soutien-gorge bien garni, ses minijupes et ses hauts ajustés, sauf pour aller travailler. Il perdrait son job de serveur s'il portait autre chose que des pantalons.

Son récit terminé, je me lance à nouveau. Benoît sera-t-il ouvert, lui, à me parler de bébé Ève ? Je lui dis que l'annonce du clonage humain est ce qui m'a amenée dans le mouvement et que je suis déçue de constater que personne n'en parle.

— Le clonage se fait dans une machine pas plus grosse que ça, assure Benoît, en pointant du doigt notre bac à vaisselle.

Lui non plus ne sait pas où se situe le fameux laboratoire secret de Brigitte Boisselier.

— La plupart des raëliens ne sont pas au courant, avoue Benoît. Mais ceux qui doivent être au courant sont au courant.

— Mais est-ce que c'est vrai (que Clonaid a cloné un bébé)?

— Raël se fait souvent poser la question par les médias. Dans un rassemblement (celui de février), il nous a dit : « Si c'est pas vrai, c'est un méchant bon coup de publicité ! »

— Est-ce que Raël sait si les bébés sont réellement des clones?

— Il n'a plus grand-chose à voir avec Clonaid. La spécialiste, c'est Brigitte Boisselier.

— Donc, il y a seulement elle qui sait?

— Oui.

Benoît croit qu'il vaut mieux que l'identité des bébés ne soit pas dévoilée. Sinon, les scientifiques voudraient s'emparer des nouveau-nés pour les étudier et ils ne seraient plus libres, une croyance largement partagée au sein du mouvement. Lui-même n'a pas besoin de preuves pour croire au clonage d'Ève.

— La preuve (du clonage) peut se faire que dans des années ! Ils n'ont qu'à apporter une de ses cellules en laboratoire, et voilà !

21 h 30 ◆ Le deuxième spectacle amateur commence. Après quelques numéros de danse et de musique, la conjointe de Vorilhon, Sophie Lemieux en personne, monte sur scène, sous les exclamations excitées de la foule. Elle est torse nu. Son corps à la peau blanche n'est couvert que d'un paréo à paillettes dorées, noué sur les bourrelets de sa taille, jadis fine. Elle porte aussi de longs gants dorés.

Je ne suis pas une spécialiste, mais même comparé aux autres prestations de la soirée, son numéro de danse et de karaoké est tout simplement... pitoyable ! Et tellement cliché ! J'ai presque le goût de rire en la voyant se caresser la poitrine et brandir un index vainqueur dans les airs en articulant agressivement les paroles de la chanson.

Chantal et moi sommes d'accord, cette fille n'a aucun talent de danseuse, mais dès la fin du numéro, la foule est sur ses pieds. C'est l'ovation debout pendant de longues minutes.

Sophie Lemieux, la conjointe de Vorilhon, pendant son numéro de danse.

22 h 30 ◆ Le spectacle amateur est interrompu.

Gérard Jeandupeux, guide de l'Europe, monte sur scène pendant qu'on rallume les lumières. C'est lui qui animera la vente aux enchères. Les trois photos encadrées de Sophie Lemieux sont installées au milieu de la scène. Encore une fois, Chantal arrive à prendre des photos sans flash en tenant sa caméra devant son ventre.

Jeandupeux nous assure que tout l'argent ramassé à l'encan ira directement à Vorilhon.

— Vous savez qu'il n'a pas de salaire, souligne-t-il.

Il nous demande d'être généreux pour l'aider le plus possible dans sa « mission ». L'air grave, il rappelle que la charge du gourou n'est « pas drôle » et qu'il n'a certainement pas demandé à être investi d'une mission aussi cruciale, du jour au lendemain.

L'encan démarre.

Les trois photos de Sophie Lemieux, à moitié nue, ont été exposées toute la journée à l'auditorium.

Sur la première photo, Sophie est debout de dos et regarde vers l'arrière, par-dessus son épaule. Ses longs cheveux bruns tombent en cascade jusque dans le bas de son dos.

Après une petite surenchère, la photo va à Marc Létourneau, journaliste pour le magazine du mouvement. Son prix : 900 $!

Toutefois, Jeandupeux est loin d'être content. Il enjoint les fidèles à une plus grande générosité, répétant que le prophète se donne sans compter, lui...

Son message porte fruit. Assis en avant de moi, Daniel, l'amant de Manon, veut absolument la deuxième photo. Sophie y est couchée dans l'eau, la poitrine généreusement exposée à la chaude lumière d'un coucher de soleil. Daniel n'est pas le seul à convoiter l'image. Un raëlien fortuné lui fait la vie dure. L'enchère atteint les 1000 $, les 1500 $, puis les 2 000 $.

Daniel continue de lever la main, mais il hésite et grimace, torturé. De toute évidence, son budget va en souffrir. Le prix monte à 2 500 $, 2 800 $, 3 000 $. À chaque surenchère, la foule pousse des exclamations impressionnées.

Gérard Jeandupeux dirige la vente aux enchères, sur scène.

— Qui dit 3 100 $? demande Jeandupeux, 3 100 dollars ? 3 100 ?
— 3 300, lance Daniel d'une voix forte.

Son adversaire se tait. Ça y est. Daniel a gagné. Je me demande où il va bien pouvoir accrocher la photo de cette fille à moitié nue. Dans sa salle à manger ? Dans sa chambre à coucher ?

La troisième photo ressemble à la première.

Réal, un guide raëlien en phase terminale de cancer, coupe court aux enchères en criant : « 5 000 dollars ! » Les spectateurs l'applaudissent spontanément.

En une demi-heure, Claude Vorilhon vient de se mettre 9 200 $ dans les poches.

Avant de se coucher, Chantal grave un quatrième CD : six textes et 92 photos.

vendredi 18 juillet

Objet : [raelscience-fr] (Sélectionné par Raël) La masturbation réduirait les risques de cancer de la prostate.

Les hommes qui se masturbent fréquemment réduisent leurs risques d'être atteint d'un cancer de la prostate, selon une étude publiée en Australie. Des chercheurs du Conseil du cancer de l'État de Victoria ont indiqué qu'ils pensaient que des éjaculations fréquentes permettaient d'évacuer les substances potentiellement cancérigènes de la prostate. Le responsable de ce Conseil, Graham Giles, a indiqué que cette étude, qui a porté sur plus de 2 000 hommes âgés de 40 à 69 ans, avait démontré que ceux qui éjaculent plus de cinq fois par semaine réduisaient d'un tiers le risque de cancer de la prostate. «C'est une grande nouvelle pour les hommes et l'éjaculation est tout à fait inoffensive», a déclaré M. Giles.

Il a précisé que les éjaculations fréquentes empêchaient le sperme de s'accumuler dans les canaux de la prostate, où il peut potentiellement devenir cancérigène. «Le sperme est une association de nombreuses substances chimiques qui, en raison de leur réactivité biologique, peuvent devenir cancérigènes si elles ne sont pas évacuées», a déclaré Graham Giles.

Il a cependant indiqué que l'effet préventif de l'éjaculation semblait être uniquement lié à la masturbation mais pas à des relations sexuelles fréquentes. Le chercheur a également souligné que les résultats de cette étude, conduite entre 1994 et 1998, devaient être corroborés par d'autres travaux.

10 h ◆ Vorilhon en remet côté sexe, durant le cours du matin, à l'auditorium.

Il explique que «la virilité, c'est la capacité d'avoir des érections». Il encourage les hommes de la salle à être plus raffinés parce que ça améliore la virilité.

— Il y a des hommes extrêmement raffinés qui ont des érections de taureau, assure-t-il.

Il propose un exercice à ceux qui auraient des problèmes érectiles.

— Quand vous vous retenez de faire pipi, vous vous musclez. Il faut couper vos jets sans arrêt. Petit coup... coupe! Petit coup... coupe! Et vous allez voir que votre sexualité va être bien plus à l'aise.

Vorilhon fait un lien entre le sexe et la contemplation, le thème du stage.

— L'autocontemplation, c'est sentir son cœur battre, sentir le flux de sang dans son sexe. Quand vous vous masturbez, vous ne vous masturbez pas le sexe! Le plaisir, il est dans le cerveau!

Daniel Chabot prend le relais quelques minutes plus tard. Il nous propose une autre méditation. Sans nudité, cette fois. On baisse les lumières, et le silence s'installe dans la salle.

— Hé! Vous ne savez pas ce que je viens de voir, s'exclame soudainement Chabot. Il y a quelqu'un qui vient d'enlever sa petite culotte pour méditer! C'est extraordinaire! Tout ce qui vous gêne pour méditer, il faut l'enlever!

La foule rit de bon cœur avec le bras droit du gourou, qui procède ensuite à la méditation.

Durant la pause, j'entre dans la boutique du mouvement. Je veux y acheter le CD de la méditation d'hier. Son prix me renverse: 140 $! L'exercice n'est offert que dans un coffret de six méditations. Je m'informe sur le prix des cassettes audio: 200 $! Chantal et moi possédons à peine 20 $ sur nous. Encore une fois, je vais devoir passer à la banque.

La boutique est remplie d'articles à l'effigie du mouvement. Je note:

Porte-clés: 5 $
Plaque d'immatriculation: 7 $
Poster de Raël: 10 $
Parapluie: 20 $
Tee-shirt: 20 et 23 $
Montre: 50 $
Symbole sur pied: de 20 à 200 $
Médailles en argent ou en or: de 80 à 950 $

Chantal et moi achetons chacune un t-shirt portant l'inscription «Oui au clonage humain».

Au retour de la pause, Chabot demande à une stagiaire qui aimerait oser davantage de monter sur scène pour un exercice sur la peur. Georgina, la lesbienne masculine, se porte volontaire. Chabot la place debout à l'extrémité d'une table de pique-nique. Elle tourne le dos à la foule. Sept raëliens costauds se tiennent debout sur la scène, derrière elle.

Chabot demande à Georgina de lui faire confiance et de se laisser tomber. Elle ne s'exécute qu'après de longues minutes d'hésitation. La foule l'applaudit chaleureusement.

— C'est lorsqu'on a le plus peur qu'on en a le plus besoin pour évoluer, conclut Chabot. Comment puis-je savoir ce qu'il me faut pour me développer? La réponse: ce que t'essaies d'éviter.

Je lis entre les lignes: plus vous avez peur de vous embarquer dans le mouvement, plus vous en avez besoin. À d'autres.

— Les personnes qui ont de la difficulté à s'abandonner ont aussi de la difficulté à s'abandonner sexuellement, à avoir un orgasme, prévient Chabot.

Il prend de nouveau un exemple extrême : celui de la femme battue qui ne quitte pas son partenaire violent.

— Il faut accepter de sauter dans le vide, dit-il. Une fois qu'on a passé une nuit, une semaine, un mois loin du tas d'ordures, on va dire parfait ! Ce que vous évitez le plus, c'est ce dont vous avez le plus besoin. Sur tous les plans. Sexuel, professionnel, etc. Et 90 % des homophobes sont eux-mêmes homosexuels. En partie, du moins.

Avant la pause du déjeuner, Nicole Bertrand, guide-évêque du mouvement, monte sur scène, acclamée, comme toujours, par les disciples.

— Nous avons l'occasion de démontrer notre amour à Raël, dit Bertrand. Aimer, c'est donner sans attendre en retour et on va vous la donner, cette occasion.

Une autre quête pour Vorilhon ! Les 9 200 $ amassés hier soir ne l'ont pas satisfait, semble-t-il.

Une Ange de Raël en train de recueillir les « dons en argent comptant » à l'aide d'un chapeau de paille.

— Les Messages nous demandent de prendre soin de Raël, continue-t-elle. Il est tellement généreux! En témoignage de votre estime pour lui, vous allez avoir l'occasion de le gâter sans rien attendre en retour. [...] L'argent, c'est de l'amour, si vous vous en servez pour donner de l'amour. Les plus beaux dons sont les dons anonymes, car ça veut vraiment dire que rien n'est attendu en retour.

Bertrand indique les sorties de l'auditorium où des Anges recueilleront les dons en billets dans des chapeaux de paille.

— Déjà, vous pouvez vous alléger tout de suite en sortant, dit l'évêque. Si vous n'avez pas de sous, pensez à en rapporter. Vous avez l'occasion de démontrer, chacun à sa mesure, à quel point vous l'aimez.

Elle fait appel à la générosité des guides, qui devrait être plus grande encore que celle des simples membres.

— En tant que guides continentaux, nous avons le privilège de le côtoyer, dit-elle. Souvenez-vous quand Raël vous regarde comment vous vous sentez...

13 h ◆ Chantal et moi recevons à nouveau Benoît à dîner sous notre abri-moustiquaire. Moins gêné que la première fois, le travesti prend l'initiative d'entrer dans notre tente, pour visiter. Catastrophe! L'ordinateur portable traîne sur mon matelas.

— Ah, vous avez un ordinateur! s'exclame-t-il, intéressé. Et il est beau comme tout!

Je lui sers vite ma réplique d'urgence, préparée d'avance.

— Euh, oui... J'écris mon journal. Comme c'est mon premier stage, je ne veux rien oublier. Est-ce que tu pourrais ne pas en parler? Je ne voudrais pas me le faire voler, tu comprends?

— Oui, oui, je comprends. Pas de problème.

Nous ne devrions plus laisser l'ordinateur dans la tente, mais nous n'avons pas le choix. Où pourrions-nous le planquer? La voiture est toujours à l'autre bout du site! Je décide d'assumer le risque... me fiant à l'affection de Benoît envers ses nouvelles amies. Je pense vraiment être au-dessus de tout soupçon.

17 h ◆ Un dernier rassemblement a lieu dans l'auditorium avant la fin du stage d'éveil. Certains ne resteront pas pour le stage de formation de la deuxième semaine. Le séjour est réservé aux membres de la structure raëlienne (actifs et décideurs) et à ceux qui désirent en faire partie.

Marcus, un guide anglophone, prend le micro. Il nous explique comment nous allons apprendre à devenir l'espoir de l'humanité, la semaine prochaine.

— On a laissé le passé derrière nous, dit-il avec son accent anglais. On a pissé le passé.

Rires de la foule.

— C'est vrai ! Le mouvement raëlien est l'avant-garde, ajoute-t-il. On est la conscience de l'humanité.

Vorilhon intervient :

— Le passé, c'est de la merde.

— Nous n'habitons plus dans un monde dangereux, assure Marcus. Il y a 300 ans, peut-être que 1 bébé sur 5 survivait à sa naissance. Il y avait toutes sortes de misères, des envahisseurs qui venaient tous les jours du village voisin, la superstition... Maintenant, on vit dans un monde sécurisé. Il n'y a presque pas de danger.

Reprenant les propos de Vorilhon, lui aussi décourage la procréation et la vie de couple.

— Être marié peut-être qu'il y a 1 000 ans, c'était utile pour que les bébés soient nourris. Mais maintenant, plus besoin. Est-ce qu'on doit se torturer à avoir des enfants, neuf mois de torture, quand on peut faire fabriquer ça par des machines ?

Son discours ravit Vorilhon, qui l'interrompt de nouveau :

— Il faudrait se poser la question et, là, ça va secouer. L'amour, si c'est vraiment de l'amour, il n'y a pas de sexe ! Pourquoi un homme trouve les seins d'une femme beaux ? L'instinct reproductif ! Si je ne prends que le plaisir, là, je prends le contrôle.

Vorilhon, lui, dit nous aimer, toutes, avec ou sans jupon :

— Cet amour-là, c'est le seul vrai. C'est pour ça que généralement, l'amour homosexuel, c'est plus sûr. Parce qu'il n'a rien à voir avec l'instinct de reproduction. [...] Quand vous dites « je t'aime » à quelqu'un, est-ce vraiment de l'amour ? Il y a plus de chances que ça en soit quand un homme aime un homme ou quand une femme aime une femme. Pensez à toutes les pensions alimentaires que ça peut vous faire payer et généralement, l'envie d'avoir des enfants retombe très vite.

Le gourou redonne la parole à Marcus.

— C'est à nous de développer la conscience et de regarder l'humanité objectivement. Nous sommes le futur de l'humanité. Quelque chose vous a amené ici.

Marcus oublie qu'il vient de dire que nous n'habitons plus dans un monde dangereux et se contredit allègrement.

— Maintenant, il y a des bombes nucléaires sur Internet, et on peut apprendre à les fabriquer. Maintenant, s'il y a un groupe de personnes frustrées, ça devient grave.

Bien sûr, personne ne relève ce fatras de contradictions.

Le moment que j'attendais depuis longtemps arrive. Brigitte Boisselier monte sur scène. C'est l'ovation debout. Enfin, je vais en savoir plus sur Ève! La blonde aux cheveux décolorés semble avoir vieilli de 10 ans depuis l'annonce de la naissance du soi-disant clone. Elle porte un paréo blanc et une chemise blanche. La foule finit par se rasseoir. Je suis tout ouïe.

— C'est une très belle émotion d'être ici et de vous regarder, dit-elle d'une voix très douce. Je n'ai pas envie de parler de science aujourd'hui.

Ah merde! Brigitte Boisselier elle-même ne veut pas parler de clonage!

— Le 27 décembre, quand je me suis amusée à jouer avec les journalistes, j'avais dans la tête les visages de gens qui cherchent les Messages, raconte-t-elle sobrement avant de s'esclaffer. Il fallait voir le zoo que c'était ce jour-là! Je suis sortie de la salle cachée sous une couverture.

Tout le monde se bidonne.

Boisselier se tourne vers son prophète :

— C'est peut-être la journée la plus importante de ma vie quand tu m'as dit: «T'as fait ce que tu devais faire.» Imaginez que j'aurais pu rater ça! Rater ce pour quoi je suis faite!

Décidément, Boisselier est endoctrinée jusqu'à la pointe des ongles. Elle ne différencie plus la science de la religion. Elle poursuit son récit en parlant lentement, prenant des pauses entre chaque phrase :

— Il y a cinq ans, quand mon prophète, qui rêvait à des brebis, m'a appelé et m'a dit: «Il faut que tu m'aides», c'était peu après Dolly... J'ai sautillé de peur en peur... [mes collègues de la communauté scientifique] pouvaient dire ce qu'ils voulaient, j'étais avec mon prophète bien-aimé.

Elle termine sa phrase en coulant un regard tendre vers Vorilhon, assis à son siège habituel.

Boisselier n'ajoute rien au sujet du clonage humain. Elle passe à d'autres sujets. Elle parle des heures qu'elle passe à tricoter, de son amour de la poésie et de la science qu'elle s'est imposé d'apprendre, à l'adolescence.

—J'ai dit : « Je vais sauver l'humanité et je vais être médecin. » La science enrichit ma vie, mais pas autant que l'enseignement du dernier des prophètes.

Elle lance un autre regard amoureux vers Vorilhon.

— En retour de tous les efforts, on découvre un monde. J'espère que ça se reflète dans mon être, conclut la scientifique.

— Merci, Brigitte et Marcus, pour ces diamants, termine Daniel Chabot.

L'assemblée est invitée à se diriger vers le lac, pour une célébration offerte au gourou par une quinzaine d'Anges, parmi les plus belles. L'aire gazonnée se remplit vite de couvertures.

Je prends place avec Chantal au milieu de la foule pour le show de clôture de la première semaine.

Quelque 400 raëliens s'assoient de part et d'autre d'un large couloir délimité par le lac et le paravent blanc de « Sa Sainteté ». Le show s'y déroulera.

Le silence s'installe. Les Anges débutent une procession des plus étranges. Bras dessus, bras dessous, les seins nus, elles avancent très lentement vers le prophète, ne faisant un pas qu'au son d'une des clochettes d'Emmanuel Comte, installé sur le côté. Aucun bruit ne s'échappe de la foule. Chacun semble hypnotisé par le surréalisme de la scène ou par les poitrines de ces jolies filles, c'est selon.

Les Anges dénudées, à gauche, avancent vers le prophète.

Chantal place son appareil sous ma jambe relevée. Elle se racle la gorge pour camoufler le bruit de son déclencheur.

Rébecca, la sex-symbol du mouvement, brise le silence. Équipée d'ailes blanches et vêtue d'un costume blanc en tissu diaphane, elle entonne la chanson *Wind Beneath my Wings* de Bette Midler. Entourée d'Anges à moitié nues, elle chante avec passion en regardant le gourou.

Tous célèbrent la fin de la première semaine de stage dans l'allégresse. Sur la photo, Sandrine, une Ange, et Stiv Lebœuf s'étreignent.

Pendant ce temps, une autre Ange complètement nue vient se coucher à ses pieds, le corps recouvert de plumes blanches. La scène est grotesque. Mais le moment est solennel : c'est la fin du stage d'éveil annuel. Le point final de notre apprentissage à «l'avant-garde de l'humanité».

19 h ◆ Nous découvrons que plusieurs raëliens s'en vont pour le week-end. Chantal et moi nous décidons aussitôt de partir.

Dès notre sortie du site, nous ressentons un soulagement énorme. Nous sommes enfin libres de rire et de nous exclamer à notre aise ! Les sujets de discussion se bousculent. Notre bilan nous épouvante et nous fascine à la fois.

Nous faisons un saut chez notre complice pour reprendre nos CD et nous prenons la route, direction Montréal. En chemin, nous nous payons un énorme steak, à la Casa du spaghetti à Granby. Que c'est bon !

Avec l'aide de Chantal, je note tous les sujets des articles qu'il me reste à écrire, quand j'aurai le temps.

22 h 30 ◆ Nous arrivons à Montréal trop fatiguées pour sauter de joie. De toute façon, tout mouvement brutal réveillerait nos nombreuses courbatures.

Toutefois, ni Chantal ni moi ne pouvons résister à l'envie de passer au *Journal*. L'heure de tombée approche, mais Denis Poissant, le boss de fin de semaine, nous reçoit quand même. Il regarde, bouche bée, les photos de la soirée des déguisements, des Anges, de la vente aux enchères, du journaliste travesti... Nous lui racontons la méditation.

— Tu dois écrire tout ça au plus vite, tant que c'est frais dans ta mémoire, me recommande-t-il.

— C'est déjà fait, Denis !

samedi 19 juillet

11 h ◆ Quel bonheur de me réveiller dans mon lit, chez moi, dans le quartier Rosemont ! Comme j'aime mon chat, ma télé, les cris des enfants dehors et, même, mon petit bordel domestique !

J'enfourche mon vélo et je roule jusqu'au Vieux-Port, mon itinéraire préféré. Je traverse le parc La Fontaine et je descends la rue Berri.

En arrivant rue Sainte-Catherine, qu'est-ce que j'aperçois ? Eh oui ! Une grande pancarte avec un visage d'extraterrestre. Une dizaine de raëliens déambulent sur le trottoir en bordure du site du Festival international Nuits d'Afrique. Comme Yves Boni l'a demandé cette semaine, ils tentent de réaliser une prophétie de Raël. Je m'approche et je vois Roman, un raëlien de New York, Heather, de Chicago et Hortense Dodo, la nouvelle star des OGM.

Le groupe distribue un feuillet décrivant l'Église catholique comme une institution sauvage, cruelle et meurtrière. Les raëliens demandent aux passants de se faire débaptiser, ou apostasier.

Je vais voir Roman. Il porte sur la poitrine une pancarte de 20 centimètres de large sur 30 de haut : l'image d'une prison en forme de croix. Je le questionne, en anglais :

— Ça va bien, vos affaires ?

— Bof ! Je ne parle pas français, alors c'est pas évident, déplore-t-il. Ils ont pas voulu qu'on reste en dedans, dit-il en désignant le site du Festival.

De l'entrée du site, un gardien de sécurité surveille les raëliens. Je m'approche d'Hortense, qui recrute un peu plus loin. Aussitôt, deux grands raëliens m'abordent.

— Holà ! T'as un beau vélo, toi ! me lancent-ils sans me reconnaître.

Pour qu'ils arrêtent leur salade, je leur annonce tout de suite que je suis raëlienne, moi aussi.

— Ah, c'est vrai ? C'est bien, ça ! s'exclament-ils en s'avançant immédiatement pour m'embrasser sur les joues.

Je souris, gênée comme toujours d'être désignée en public comme une des leurs. Je leur souhaite bonne chance et je pars.

Le résultat de leurs efforts sera affiché au stage, quelques jours plus tard. Les données officielles feront état de 18 apostasies. Toutefois, seules sept personnes ont rempli le formulaire requis. Les 12 autres l'ont simplement apporté avec elles. Autre statistique comptabilisée : 10 personnes auraient manifesté une volonté de contacter le mouvement pour en savoir davantage.

dimanche 20 juillet

Je me réveille, la mort dans l'âme : je dois repartir aujourd'hui. La perspective de remettre les pieds dans ce stage à surprises m'angoisse. Qu'est-ce que cette deuxième semaine nous réserve ? J'espère toujours en découvrir davantage sur Clonaid.

Le mouvement a demandé aux nouveaux de s'inscrire au stage de formation dans la matinée. Chantal et moi décidons de n'y retourner qu'après le dîner, puisque nous sommes déjà inscrites. De plus, ma famille célèbre cet après-midi le 18ᵉ anniversaire de mon frère avec cousines, neveux et nièces. Je ne peux manquer ça.

La réunion de famille me fait un grand bien. Pendant deux heures, j'essaie d'oublier le mouvement raëlien et ses enseignements. Mes tantes et mes parents me posent toutefois plusieurs questions. J'essaie de calmer leurs craintes, mais tous voient bien que je ne suis pas rassurée non plus. Ma mère est particulièrement inquiète.

Chantal vient me rejoindre vers 16 h. Le temps a passé tellement vite ! Je suis contente de retrouver ma collègue. Elle aussi a passé un beau week-end avec son copain.

— Est-ce que ça vaut tout le mal que tu te donnes, au moins ? me demande ma mère en me disant au revoir.

— Oh oui, maman ! Je te raconterai quand ça sera fini. T'en fais pas pour moi.

Au volant de ma voiture, je lui fais un signe de la main, avec un pincement au cœur.

— Une autre semaine au boulot ! ironise mon boss.

En chemin, nous sommes passées par chez lui. Cette semaine, il prévoit envoyer un hélicoptère avec un photographe du *Journal* pour avoir une vue d'ensemble du terrain. Nous empruntons son appareil GPS. Nous devrons l'actionner sur le site pour obtenir la latitude et la longitude exactes du camping, difficile à repérer du haut des airs en raison de la forêt.

Nous en profitons pour lui montrer quelques-unes de nos photos. Il n'est pas déçu.

Il nous répète que nous pouvons tout abandonner dès que ça se corse. Que nous avons déjà assez de matériel pour faire un bon reportage. C'est gentil de sa part, mais je sais qu'il tient autant que nous à connaître la suite. Et puis, Chantal et moi n'avons pas encore réussi nos missions respectives.

Nous sommes allées de surprise en surprise durant la première semaine. La deuxième devrait nous en apporter autant, sinon plus.

Nous arrivons à la tente à la tombée de la nuit. L'équipement laissé sur place est intact. Nous commençons à peine à nous installer quand... Norberto et sa compagne se remettent à crier. La semaine va être longue. Exaspérée, je lance à Chantal :

— Elle jouit encore, elle !

Nous éclatons de rire.

Nous allons rejoindre Manon et les autres au feu de camp. Manon nous raconte qu'elle s'est ennuyée à mourir pendant tout le week-end.

— Ça fait deux jours qu'on s'emmerde, affirme-t-elle. Même pas moyen de trouver quelqu'un pour baiser !

Aucune activité n'a été prévue pour les raëliens restés sur le site, à part la projection de films le soir.

— Ils étaient en anglais, déplore Manon, unilingue.

Soudain, elle s'écrie :

— Hein ! Si vous venez d'arriver, ça veut dire que vous n'avez pas passé le test !

— Le test ! Quel test ?

— Les nouveaux devaient passer un test écrit aujourd'hui, pour déterminer leur niveau dans le mouvement, je pense, explique Manon.

— Ah oui ? Et c'était quoi, ce test ?

— Ah ça, je ne peux pas vous le dire. J'ai signé un papier m'interdisant d'en parler, et je ne voudrais pas briser ma parole de raëlienne...

— Non, non, O.K., ça va. Je ne te demanderais pas ça.

— Ah ! Marcus ! Bisous, bisous !

Pendant que Manon se concentre sur Marcus, l'un des guides qui nous donnera notre formation, j'aperçois Jean-François, devant le feu. Je vais le rejoindre.

— Salut, Jean-François ! Excuse-moi de te déranger, mais...

— Brigitte ! Bisous, bisous...

— Oui... Bon. C'était la fête de mon petit frère aujourd'hui, je ne pouvais pas rater ça. Chantal et moi sommes déjà inscrites et nous venons juste d'arriver. Il paraît que nous avons manqué un test écrit...

— T'as manqué le test ! s'exclame Jean-François, les yeux ronds.

— Ben... euh, oui !

Manifestement, un anniversaire familial ne semble pas constituer une raison suffisante pour ce manquement au règlement.

— Ah là, je suis pas certain du tout que tu puisses le repasser, dit-il, en se grattant la tête, contrarié. Pas certain du tout. Tous les nouveaux devaient être là. Vous étiez averties, pourtant.

À l'entendre parler, mon stage est foutu et il ne me reste plus qu'à retourner chez moi. Je ne comprends pas la gravité de ma faute.

— À cette heure, tous les guides sont couchés. Mais attends, je vois Marcus.

Les deux guides discutent quelques secondes, l'air grave. Voyant que Jean-François ne parvient pas à plaider ma cause, je m'avance et je m'adresse moi-même à Marcus :

— Écoute, Marcus, nous sommes déjà inscrites, nous avons déjà payé et on nous avait dit que rien ne commençait avant lundi matin.

— Ah oui, d'accord, je comprends, dit Marcus. Hum… Présentez-vous quand même demain et allez voir Nicole Bertrand.

Comment ça, «quand même»? Ils me pompent l'air, ces deux-là !

Je retrouve Chantal aux toilettes. Je lui raconte, exaspérée, que nos quelques heures de retard nous causent des problèmes.

Avant de nous coucher, nous lisons toutes les deux le résumé des Messages distribué aux nouveaux la semaine dernière. J'imagine que le test écrit de demain portera là-dessus.

lundi 21 juillet

Cette journée sera la plus éprouvante du stage et de toute l'enquête. Et comme de raison, j'ai mal dormi.

9 h 15 ◆ Chantal et moi arrivons à l'auditorium pour la méditation quotidienne. Nous remarquons tout de suite l'ambiance différente. Finie la réunion décontractée. Les responsables de l'organisation exercent un contrôle beaucoup plus serré des participants. Aux portes, des gardiens de sécurité examinent les cartes de stage de chaque nouvel arrivant pendant que des bénévoles notent leur numéro d'identité. La confiance ne règne plus.

En voyant nos cartes de membre, Richard Riel, un gardien de sécurité, nous intercepte tout de suite. Il nous interdit formellement d'entrer dans l'auditorium.

Il nous laisse sous la surveillance d'un organisateur pendant qu'il va avertir un guide.

— Ça ne sera pas long, attendez ici, nous ordonne ce dernier, qui se dit portier au Peel Pub, à Montréal.

Je ne comprends pas ce qui se passe. Nous sommes pourtant dûment inscrites au stage de formation, et nos frais d'admission ont déjà été encaissés.

Riel revient finalement nous voir, après quinze minutes. Sans explication, il me somme de monter à l'étage. Tout de suite !

Je suis inquiète. Je ne veux pas laisser Chantal seule en bas alors que je ne sais pas ce qui arrive. Mais le gardien de sécurité me presse de monter. J'y vais.

J'entre dans une petite salle de réunion. Trois guides y sont assis côte à côte, l'air grave. J'en connais deux. Yves Boni, le guide africain, et Joseph, le nouveau représentant officiel du mouvement raëlien canadien. Une chaise vide leur fait face.

— Euh... je m'assois là?

Pas de réponse.

C'est clair : ils savent que je suis journaliste. Merde! Mais est-ce qu'ils savent aussi pour Chantal? Vont-ils nous laisser repartir sans problème? Comme ça ne me servirait à rien de m'énerver, je reste calme.

Je m'assois sans rien dire. J'attends.

Joseph finit par ouvrir la bouche.

Il veut d'abord me faire signer une entente de confidentialité écrite à la main, mais il se ravise.

— Brigitte, peux-tu nous jurer que ce qu'on va te dire va rester secret?

— ...

— C'est hyper confidentiel.

Et très théâtral.

— Je vous donne ma parole de raëlienne.

— C'est bon. T'étais au stage la semaine dernière. Donc, t'as vu les guides.

— Euh... oui!

— T'as remarqué qu'on est une trentaine de guides venus d'un peu partout.

— Oui, oui, j'ai vu.

— Eh bien, ça fait longtemps que, tous ensemble, on fait des recherches et qu'on travaille. On a fait beaucoup de recherches.

Ça y est! Je suis vraiment hors jeu. Et ma voiture qui est à l'autre bout du camping. Les trois guides ne me lâchent pas des yeux. J'ai l'impression qu'ils scrutent la moindre de mes réactions. Je songe à m'enfuir en courant.

— On s'est réunis ce matin parce que nos recherches sont finalement terminées. On a les preuves, toutes les preuves, que Raël est un menteur...

— ...!

Je suis bouche bée... et toujours raëlienne!

— Tout ce qu'il nous a dit depuis le début, depuis des années, n'est que mensonges, continue Joseph. Tout ce qu'il veut, c'est notre argent.

Ce soir, c'est le grand soir. On va dénoncer sa supercherie. À 18 h, les journalistes seront là. Nous serons tous là.

Là, je comprends. Ils testent ma foi. Ils vont me demander si moi aussi, je dénonce Raël. Mais pour qui me prennent-ils ? Une nouille ?

— Et toi ? Es-tu avec nous ? me demande Joseph.

Voilà. La grande question. Je dois maintenant être convaincante. Je prends mon air le plus horrifié. Je recule dans ma chaise en serrant les accoudoirs.

— Si je suis avec vous ? NON ! Jamais de la vie !

Un grand sourire apparaît sur le visage de Joseph.

Bingo.

— T'as réussi le test, me dit-il.

Nooon ! T'es sérieux, là ?

Pour l'effet, je pousse un énorme soupir de soulagement. Et je constate que mes mains tremblent. J'ai eu chaud, quand même. Je m'exclame :

— Oh mon Dieu ! J'ai eu tellement peur !

Les trois guides m'embrassent et me félicitent, touchés par ma fidélité à Raël. Je sors de la pièce. En descendant les marches, j'essaie de trouver un moyen d'avertir Chantal. Richard Riel, Pierre Bolduc et Jean-François Cyr m'attendent au bas des marches. Ils me félicitent chaleureusement en me serrant dans leurs bras. Ils me considèrent vraiment comme l'une des leurs, maintenant.

Chantal vient me porter son sac avant de monter à son tour. Je ne peux rien lui dire devant les trois guides. Il ne me reste plus qu'à attendre. J'ai confiance en elle. Vas-y, Chantal ! Vas-y !

J'ai besoin de m'asseoir. Mes mains tremblent encore. Pendant que Chantal subit le test, Mark Proulx, guide des Cantons-de-l'Est, s'installe à côté de moi. Il me raconte que tout le monde doit passer ce test avant de faire le stage de formation. Je lui demande si certains échouent.

— Il y en a.

— Qu'est-ce qui leur arrive ?

— C'est du cas par cas.

— Certains partent et d'autres restent ?

— Oui, c'est ça.

L'air inquiet, je questionne :

— Est-ce que certains ont vraiment réussi à vous... euh... nous infiltrer ?

— Oui.

— Et vous les avez repérés ?
— Oui. Il y en a eu deux, mais les deux sont devenus raëliens.
— Ah oui ?
— Un policier de la Sûreté du Québec nous a infiltrés, mais il a dit : « J'emmerde la police ! » et il est resté parmi nous. Il y a eu une autre personne envoyée par le gouvernement français. Elle aussi nous a choisis.
— Ah bon. Et des journalistes ?
— Certains essaient encore de nous infiltrer. Ils débarquent ici et essaient de prendre des photos.
— Non !
— C'est pour ça qu'on oblige tout le monde à demander la permission avant de photographier qui que ce soit. Plusieurs ne révèlent pas qu'ils sont raëliens dans leur vie quotidienne. Une fois, la photo d'un raëlien nu s'est retrouvée dans le journal. Son boss l'a vu et il a perdu son job.

Chantal ne descend toujours pas. Ça fait un bon quart d'heure qu'elle est là-haut. Pourvu que tout se passe bien ! Juste au moment où je commence vraiment à m'inquiéter, je la vois qui descend les escaliers... en larmes ! Pauvre Chantal ! Mais qu'est-ce qu'ils lui ont fait, ces salauds ?

Je la prends dans mes bras et je lui frotte le dos. Les guides autour de nous sont émus. Ils trouvent ça tellement mignon ! Ils nous croient bouleversées parce que nous avons eu peur pour Raël. S'ils savaient !

Dans le creux de son oreille, je demande à Chantal si elle a réussi le test.

— Oui, chuchote-t-elle, en s'essuyant les yeux.

Plus tard, Chantal me raconte son test. Lorsqu'elle a vu les trois gars dans la salle de réunion, elle était certaine elle aussi que nous étions démasquées. Ils lui ont raconté la même chose qu'à moi, mais en ajoutant des détails. Leur récit l'a abasourdie.

— Je ne savais pas quoi dire ! s'exclame-t-elle. Je ne voyais pas comment il fallait que je réagisse !

Les larmes lui sont montées aux yeux avec le soulagement d'avoir réussi le test... et de pouvoir continuer l'enquête. Elle a simplement décidé de les laisser couler.

10 h 15 ◆ Les gars de la sécurité nous laissent finalement entrer dans l'auditorium. Nous n'aurons pas le temps de nous remettre de nos émotions. À peine assises, nous apprenons que tous ceux qui en sont à leur premier stage de formation doivent retourner sur scène, un à un, comme au début de la première semaine. Cette fois, nous devons expliquer pourquoi nous tenons à joindre la structure du mouvement.

Quelque 350 raëliens sont restés pour le stage de formation.

Les explications de la trentaine de nouveaux stagiaires qui montent tour à tour sur scène, réjouissent l'assemblée. En voici un exemple :

— Je suis ici parce qu'il y a beaucoup d'amour, commence un grand mince que je n'ai jamais vu auparavant. Ce week-end, je suis allé voir ma copine et mes deux enfants. Nous allons nous séparer. Elle n'accepte pas que je revienne ici une deuxième semaine. Et je vous ai choisis !

Les spectateurs l'applaudissent à tout rompre.

De nouveau, Manon provoque l'hilarité de tous en riant sans cesse au micro.

Mon tour arrive. J'ai une idée. Debout sur la scène, je prends un air pince-sans-rire. Je regarde Vorilhon, puis le reste de l'auditoire :

— Bonjour, Raël. Bonjour à tous. Je m'appelle Brigitte. Je suis ici pour plusieurs raisons. D'abord, parce que depuis que je suis raëlienne, je suis constamment mise au défi. Être debout devant 300 personnes est toute une épreuve pour moi. Je n'aurais jamais pu monter sur cette scène avant d'être raëlienne. Pour me mettre à l'aise avant de parler à un groupe, mes parents m'ont souvent conseillé d'imaginer tout le monde tout nu. Mais ici, ça ne change pas grand-chose...

Un grand rire s'élève de la foule. Toute la salle se marre. Je rigole moi-même de bon cœur. Ça marche ! Je reprends mon air sérieux et je leur dis ce qu'ils veulent entendre :

— J'ai aussi décidé de suivre ce stage pour faire de la « diffusion ». J'ai eu l'immense honneur d'en faire à New York avec Pierre Bolduc et j'ai beaucoup d'admiration pour ceux qui vont dans la rue et qui s'exposent aux critiques et aux insultes des gens. Vous croyez que Montréal est une jungle, essayez New York ! Enfin, je suis venue chercher des outils pour « diffuser ». Voilà.

Un succès. À mon tour d'être applaudie !

Chantal, la suivante dans la file, en rajoute. Elle dit que c'est moi qui lui ai ouvert la porte du mouvement et qu'elle veut à son tour ouvrir la porte à d'autres. C'est tellement mignon ! La foule est émue.

En regagnant ma place, je sens qu'un revirement de situation s'est produit. Je ne suis plus la fille mal habillée que personne ne remarque. J'apparais. Finie la femme invisible ! Pour la première fois, les

Beach Boys et plusieurs autres raëliens me regardent avec leur plus beau sourire.

Vorilhon va au micro. Il explique que le but de la semaine sera de nous équiper pour mieux recruter et pour diffuser les Messages plus efficacement :

— Sur le marché de la vérité, on n'a pas de concurrent réel, affirme-t-il, sûr de lui. Il faut le voir comme un marché, comme si nous étions les représentants de commerce des Elohim. Sur le marché du mensonge, par contre, là, il y a de la compétition.

Truc numéro un. Le gourou explique qu'il ne faut pas noyer les gens que nous tentons de recruter sous un flot de paroles :

— Notre responsabilité de diffuser les Messages est beaucoup moins grande que notre responsabilité de ne pas freiner les gens qui ont envie d'y venir. Si on donne une mauvaise première impression, c'est très dur de revenir là-dessus.

Il faut plutôt donner l'exemple en étant heureux soi-même.

— Un guide est un être heureux. On ne peut pas donner le bonheur aux autres si on n'est pas heureux. Heureux à 100 % et en permanence.

Le syndrome prémenstruel (SPM) handicaperait inutilement le bonheur des femmes, selon Vorilhon.

— Vous le savez ! Voyez-le venir ! lance-t-il froidement à l'intention des spectatrices. Dites-vous : « Ma conscience est plus forte que mes hormones. Je vais méditer. » Quand ce SPM sera fini, vous n'aurez plus ce handicap.

Après une pause, Gérard Jeandupeux vient nous exposer les grandes lignes de la structure internationale qui comprend une foule de conseils et de comités.

Le mouvement serait présent dans 52 pays des 5 continents. Le Conseil de discipline examine et punit, au besoin, les critiques excessives des membres, ceux qui déforment les Messages, qui fument, qui se droguent et qui contreviennent aux enseignements. Il est secondé par le Conseil des sages, qui veille au respect des Messages et des valeurs raëliennes. Ces deux comités sont pris très au sérieux.

— C'est votre devoir de dénoncer qui que ce soit qui fume, qui se drogue ou qui boit, indique Jeandupeux. Sinon, vous êtes complice. C'est le garant pour qu'on continue d'exister et pour qu'il n'arrive pas ce qui est arrivé à toutes les autres religions. Aidez-nous à dénoncer les brebis galeuses, parce qu'après, avec les journalistes, on n'est plus crédibles.

C'est un service que vous rendez aux Elohim et à Raël. D'être exemplaires.

Le Comité éthique gère les finances.

— Nous ne sommes pas là pour prendre l'argent des raëliens, prévient toutefois l'évêque.

Le *Celebrity Team* transmet les Messages à certaines vedettes internationales qui semblent en accord avec les valeurs raëliennes, tels Michael Jackson, Madonna et Michael Moore.

S'ajoutent à tout cela le magazine raëlien *L'Apocalypse,* les dépêches de *Raël Science,* Nova[9], l'Université raëlienne dirigée par Daniel Chabot, les affaires légales, Clonaid et Raël TV.

— La télévision par Internet va permettre de voir Raël en direct partout ! annonce Jeandupeux, provoquant quelques applaudissements.

13 h ◆ Chantal et moi décidons de tester la bouffe de la cafétéria. Nous optons pour le menu du jour qui comprend une soupe ou une salade, une assiette principale, un carré de gâteau et une tisane. Nos plateaux en main, nous faisons la file jusqu'à la caisse, où on nous demande… 24 $! Pendant que je paie, la caissière m'avertit que je peux échanger ma soupe contre une salade, si elle a un goût de brûlé. Encourageant.

En effet, elle sent le brûlé. Mon assiette principale se résume à deux piments farcis, froids, et une montagne de petites patates assaisonnées, froides elles aussi. Le repas de Chantal vaut le mien. La bonne mousse en dessert me console un peu.

Durant le déjeuner, certains raëliens viennent me dire à quel point mon discours de ce matin les a touchés.

— On sentait que t'étais vraiment toi-même, me félicite Réal, le guide atteint du cancer.

— J'aime beaucoup quand tu prends la parole au micro. C'est frais, c'est sincère, me dira Jocelyne, une danseuse contemporaine.

14 h ◆ Après le repas, Chantal et moi partons en voiture, prétextant des achats à l'épicerie. Nous en profitons pour ramener l'appareil GPS chez notre boss qui habite à quelques dizaines de kilomètres. Nous lui fournissons les coordonnées exactes du camping. Il prévoit survoler le site à la fin de la semaine. J'ai hâte.

---

9. La boutique d'articles raëliens.

17 h ♦ Tous les nouveaux ont rendez-vous devant le bâtiment d'UFOland. Nous allons être entraînés à exposer les cinq éléments principaux des Messages en 60 secondes. Le cours obligatoire de technique de recrutement est donné par Diane, une Ange au large sourire qui a animé le stage du Gesù, en avril dernier.

— L'idée, c'est d'être capable de vous infiltrer dans n'importe quelle conversation, explique-t-elle. Raël lui-même essaie de survoler ces cinq points dans toutes ses entrevues.

Les 30 nouveaux sont séparés en deux groupes : les unilingues francophones d'un côté, les bilingues, les anglais et les hispanophones de l'autre. Chantal et moi allons dans le deuxième groupe, avec Diane. Elle traduit tout en anglais et en espagnol pour les stagiaires mexicains.

Elle nous encourage à noter ses explications. Je sors mon crayon.

Point 1

Vous devez dire aux gens que le mot « Elohim » signifie « ceux qui sont venus du ciel », en hébreu. Ce mot a été mal traduit dans la Bible.

Point 2

Les Elohim sont venus sur terre et ont créé toutes les formes de vie avec l'acide désoxyribonucléique (ADN). Avant, Raël nous faisait répéter acide désoxyribonucléique parce que, en le disant en entier, on avait l'air mieux informés. Ça nous donne de la crédibilité. Mais vous pouvez aussi dire ADN. Vous avez le choix.

Point 3

Parlez des prophètes. Si vous vous adressez à des chrétiens, mentionnez Jésus, à des musulmans, Mahomet, à des bouddhistes, Bouddha. Dites que Jésus est le fils d'un Elohim et qu'il doit nous préparer à l'âge de l'Apocalypse.

Point 4

Le mot « apocalypse » vient du mot grec *apocalupsis*, qui veut dire révélation. Insistez beaucoup là-dessus. Ça ne veut pas dire la destruction du monde.

Le 6 août 1945, quand la bombe atomique a détruit Hiroshima, les Elohim ont réalisé que les humains avaient assez de connaissances pour s'autodétruire ou pour pénétrer dans leur Âge d'or. Ils ont réalisé qu'il était temps d'envoyer un autre prophète, Raël, qui est né en 1946.

Point 5

Le but du mouvement est de diffuser les Messages et de construire une ambassade à Jérusalem en Israël, si possible, ou dans tout autre pays au climat tempéré.

Heather, la jeune raëlienne de Chicago, demande :
— Pourquoi Jérusalem ?
— Parce que c'est là que leur premier laboratoire (où les hommes auraient été conçus) a été construit, répond Diane. Le lieu a une valeur sentimentale pour eux.
— Pourquoi alors privilégient-ils un pays où le climat est tempéré ?
— Ils n'aiment pas le froid !
Quelqu'un demande quand les Elohim prévoient revenir sur terre.
— Il faut que ça soit avant 2035, parce que Raël va commencer à se faire très vieux, dit Diane avec un grand sourire.
— Quand vous avez terminé votre «minute», prenez le nom et le numéro de téléphone de votre interlocuteur pour faire un suivi parce qu'autrement, tout ça va tomber dans l'oubli, ajoute Diane.

Le cours se déroule à côté de la réplique de l'ovni que Vorilhon dit avoir vu en 1973.

Tous doivent pratiquer en groupe de deux et de quatre. Après une demi-heure, la pluie force tout le monde à se réfugier à l'intérieur, dans la grande salle d'exposition d'UFOland.

Au milieu de la pièce trône une énorme soucoupe volante, réplique exacte de l'OVNI que Vorilhon dit avoir visité en 1973. Le groupe s'assoit sur des rangées de chaises, face à un modèle géant d'ADN. Oh pardon! D'acide désoxyribonucléique.

Tour à tour, les volontaires récitent les cinq points devant tout le monde pendant qu'un deuxième animateur, Amidraël (quel nom!), prend des notes.

Manon pratique sa « minute » devant le groupe, sous la supervision d'Amidraël, à gauche.

— Ne parlez pas au conditionnel, conseille-t-il. Ne dites pas Raël aimerait créer une ambassade, dites plutôt Raël VEUT créer une ambassade.

Assises dans un coin, Chantal et moi arrivons à nous faire oublier.

L'exercice suivant consiste à se faire interviewer par… un journaliste! Diane joue le rôle d'un reporter de CNN. En principe, les volontaires ont 60 secondes pour répondre à ses questions en utilisant les cinq points appris par cœur. Tous mettent au moins trois minutes. Ils se perdent et oublient constamment les points à énumérer.

— L'idée, c'est de rendre le message unique, avec vos couleurs, pour vous connecter avec les gens, rappelle Diane. Vous pouvez pratiquer entre vous durant tout le stage des guides.

L'Ange nous donne un dernier conseil avant de nous laisser partir :

— Je vous suggère de relire les cinq points avant de dormir et de répéter votre « minute » le matin. Vous pouvez le faire dans la douche, dans la voiture… et très bientôt, vous allez la connaître sur le bout de vos doigts.

Après le cour, Chantal et moi regagnons notre tente, complètement crevées. J'écris quatre articles et Chantal télécharge 50 photographies.

Notre abri-moustiquaire est trempé par la pluie. Nous dînons dans la noirceur, sur un coin encore sec de notre table de pique-nique.

Mon sac de couchage est humide, mais je ne mets pas de temps à m'endormir.

mardi 22 juillet

8 h 25 ◆ Le réveil sonne dans la tente. Il pleut encore. Quand j'ouvre les yeux, des milliers de gouttelettes courent sur le toit et les parois de la tente. Mon nez coule. Je me sens prise par le début d'une de mes grosses grippes légendaires.

Une bonne et une mauvaise nouvelle. La bonne : le toit ne coule qu'à un endroit. La mauvaise : le toit coule sur mon sac de couchage.

Le réveil sonne deux fois encore avant que Chantal n'ouvre les yeux. En se tournant vers moi, elle me dit : « J'en ai ras le bol. »

D'accord avec elle. La journée d'hier nous a brisé les os. Celle d'aujourd'hui ne s'annonce pas plus reposante. Tout ce qui est sous notre moustiquaire dégouline dans une flaque boueuse. Dans notre tente, tout ce qui n'est pas dans un sac de plastique est humide, jusqu'aux mouchoirs.

Chantal et moi avons traîné au lit trop longtemps. Il ne nous reste que le temps de nous habiller avant la méditation obligatoire du matin, à l'auditorium. J'espère avoir le temps de faire chauffer un sachet de gruau dans l'un des fours à micro-ondes du vestibule. Pour sa part, Chantal prend un bout de brioche.

Dehors, il pleut à verse. Nous arrivons à l'auditorium tout mouillées sous nos imperméables. Il ne nous reste que le temps de déjeuner. Je m'aperçois que j'ai oublié ma carte de stagiaire. Je n'en fais pas de cas puisque je connais mon numéro d'inscription par cœur et que la dame qui enregistre les présences me connaît. En fait, presque tout le monde me connaît depuis mon succès sur la scène, hier.

Je vais voir la dame en question.

— J'ai oublié ma carte.

— Ah, mais tu ne peux pas entrer!

— Mais je connais mon numéro par cœur!

— Non, non. Personne n'entre sans sa carte. C'est le règlement. Le règlement!

— T'as le temps de retourner la chercher, ajoute-t-elle avant de s'adresser à quelqu'un d'autre.

Au lieu de mon gruau, c'est moi qui bous. Je suis tellement en rogne que je n'ose pas argumenter, de peur de me mettre à crier.

Je suis entrée à l'auditorium sans ma carte d'identité quelques fois la semaine dernière. Mais aujourd'hui, il fallait bien que je tombe sur une bénévole zélée qui décide tout à coup d'appliquer à la lettre les règlements constamment contournés par les membres qui consomment de l'alcool et conduisent leur voiture impunément sur le site, faisant fi des interdictions. Pas le choix: je retourne sous la pluie en grognant.

L'extrait vidéo présenté à la foule ce matin est tiré d'un monologue sur l'univers de l'humoriste Martin Petit.

« Peut-être que toute la galaxie est sur le bout du doigt d'un géant alcoolique et que la fin du monde arrive parce que le cul lui pique. »

Sa remarque remporte un franc succès.

— J'espère qu'il n'y en a pas trop qui sont inondés! lance Daniel Chabot, en montant sur scène. Ça permet d'entraîner notre harmonie. C'est facile d'être heureux quand il fait beau!

Ou quand, comme lui, on habite un beau petit chalet bien au sec.

La pluie introduit parfaitement les thèmes des discours du jour: la critique est toujours négative. Les esprits critiques ne sont pas les bienvenus au sein du mouvement raëlien. Pas de liberté d'expression ici.

— C'est trop facile de s'extraire et de critiquer. Non seulement je n'arrange rien en critiquant, mais je nuis. J'infiltre un poison dans l'organisme qui s'appelle la critique négative. Il faudrait plutôt s'interroger sur notre utilité à nous, si minime soit-elle, avant de critiquer les autres. L'élément essentiel à l'amélioration d'une organisation, c'est l'harmonie, continue Chabot. Avant d'examiner en quoi l'autre peut s'améliorer, commencez par l'admirer.

Puis, il plaint ceux qui n'ont pas la chance de s'impliquer dans le mouvement :

— C'est l'occasion extraordinaire de pouvoir appliquer en temps réel les enseignements, termine-t-il.

La voix chaude de Rébecca emplit la salle pendant que Vorilhon monte sur scène. Sur l'air d'*Englishman in New York*, la sex-symbol chante :

— *I'm a Raelian. I was born a Raelian. I'm a Raelian on planet earth*[10].

— C'est beau, non ? commence Raël.

Il raconte comment la pluie lui fait plaisir parce que son rosier n'a jamais été aussi beau.

— Il y a de l'eau dans votre tente ? Allez, c'est pas bien grave ! Ça s'éponge.

Culotté, le gourou ! Il peut bien parler, lui, dans son château payé par le mouvement, avec ses 15 servantes et tous ses assistants. C'est pas lui qui s'est réveillé dans la flotte avec la grippe, ce matin !

Il poursuit le discours de Chabot contre la critique.

— Vous sentez cette vibration de bonheur qui rayonne tout autour de vous. On est dans un bain de bonheur ! Ici, y'a pas une personne négative... normalement. En tout cas, ceux qui le sont osent pas vraiment l'être, alors ils ne nous dérangent pas ! Ceux qui arrivent et qui voient le pas correct chez les autres et qui ont une poutre dans l'œil, mais qui ne voient que la paille dans l'œil de l'autre... je vais être bref : « Fermez-la ! » Notre cerveau a pris l'habitude de dire : « Qu'est-ce qui va pas chez l'autre ? » C'est un automatisme.

Bien sûr, Vorilhon, lui, n'a pas cet automatisme parce qu'il est tout simplement brillant.

— Moi, je vous vois tous ! Je ne regarde jamais ce que vous êtes, mais ce que vous pourriez devenir. Dans le pire d'entre vous, je vais toujours trouver quelque chose de merveilleux. Si je ne le vois pas, c'est que je ne suis pas assez brillant. Jusqu'à maintenant, ce n'est jamais arrivé.

Le gourou nous encourage à complimenter nos pairs :

— Plus vous élevez les autres, plus vous vous élevez vous-même, affirme-t-il. Soulignez les qualités des autres et oubliez leurs erreurs, parce qu'ils les voient bien suffisamment.

---

10. Je suis raëlienne. Je suis née raëlienne. Je suis une raëlienne sur la planète Terre.

... et à rechercher leurs critiques :
— Ce n'est pas mauvais, le *feed-back*, au contraire ! Recherchez-le ! Comme je ne me prépare jamais, chaque fois que je finis un exposé, je demande comment c'était [à mes assistants]. Alors, moi je le fais, et vous ne le feriez pas ?

Le discours de Vorilhon terminé, Nicole Bertrand monte sur scène. Fort du succès remporté par la campagne de Clonaid, le mouvement part à la conquête des Amériques ! Elle est à la recherche de missionnaires internautes qui parlent anglais, français, espagnol, etc.

— Vous avez la mission d'aider 550 millions d'hispanophones à découvrir les Messages, lance Bertrand. Vous ne parlez que français ? Les 10 millions de francophones d'Amérique sont à vous.

Des regroupements linguistiques auraient été créés à la suite des nombreux messages électroniques reçus après l'annonce de la naissance de bébé Ève.

— Grâce à Internet, on peut tous partir en mission dans d'autres pays qui ont énormément besoin de nous, affirme la guide du continent.

Elle souligne les efforts de Pierre, affirmant qu'il est allé à New York chaque quinzaine depuis des mois en y emmenant des raëliens. Tout le monde applaudit les efforts de l'évêque. Vérification faite auprès de Roman, un raëlien new-yorkais, Pierre ne visitait la Grosse Pomme qu'une fois par mois. « Il n'a jamais amené personne, à part toi », me confie-t-il.

— Ça explose de toutes parts ! lance néanmoins Nicole Bertrand. Les frontières ne sont que des papiers. Ce grand village est à nous !

Le mouvement offre des cours d'anglais gratuits aux raëliens, affirme Gérard Jeandupeux.

— Apprendre une langue étrangère, c'est un moyen de mettre en pratique cette volonté de servir, proclame Vorilhon. Ça va vous aider sur le plan sexuel aussi, car il y a au moins 150 millions de jolies filles au sud de la frontière.

Nicole Bertrand change de sujet. Elle sort une feuille et la tient dans les airs, à la vue de tous.

— Vous savez que nos cotisations représentent 3 % de nos revenus nets après impôts au niveau national et 7 % de nos revenus nets après impôts au niveau international ?

Tout le monde hoche la tête. La feuille qu'elle tient est en fait le palmarès des plus gros donateurs d'Amérique du Nord. Et dans sa générosité infinie, le mouvement leur donne une occasion de surenchérir pour atteindre le sommet du classement.

— Vous avez 48 heures pour réviser vos cotisations pour l'an 57, dit la guide continentale. Ce sont des billets d'amour, ne l'oubliez jamais, chaque fois que vous mettez un billet de 100 $.

L'identité des dix plus généreux donateurs sera dévoilée vendredi. Pour l'instant, la feuille affichée ne comporte que les montants :

n° 10 :	8 031 $
n° 9 :	9 263 $
n° 8 :	12 300 $
n° 7 :	13 000 $
n° 6 :	13 800 $
n° 5 :	15 000 $
n° 4 :	15 074 $
n° 3 :	16 680 $
n° 2 :	16 980 $
n° 1 :	22 000 $

Pour un total faramineux de… 142 000 $!

Je n'en reviens pas. Ces chiffres sont-ils bidons ? Reste à voir si tout ça va augmenter d'ici vendredi.

Ça me fait mal au cœur, mais je sors tout de même 140 $ de ma poche et j'achète le CD de la méditation sensuelle en sortant de l'auditorium.

13 h ♦ Chantal et moi décidons de nous accorder une pause pour échapper temporairement à l'humidité. Nous allons dîner dans un restaurant, à Valcourt. Sur place, nous faisons le bilan de notre fatigue.

— C'est comme si la journée d'hier m'avait pris toute l'énergie qui me restait, soupire Chantal, épuisée, elle aussi.

En entrant dans le restaurant, nous voyons que plusieurs raëliens ont eu la même idée que nous. Misère. Joseph et sa copine s'assoient juste à côté de nous.

Il faut nous requinquer. Nous commandons des soupes à l'oignon gratinées. Pâles et cernées jusqu'aux oreilles, nous n'avons même plus envie de profiter de ce moment de répit pour discuter. Encore quatre jours à supporter l'endoctrinement, la pluie, les cris de jouissance, la comédie, les ateliers surprises, à travailler et à nous laver la nuit… Ça nous semble au-dessus de nos forces. Notre moral et notre énergie sont

Ma photo de Chantal, aussi découragée que moi.

Quels beaux cernes sous mes yeux !

au plus bas depuis le début du stage. Je prends Chantal en photo pour qu'on se rappelle de ce moment difficile. Elle fait la même chose avec moi.

Nous finissons par faire le point et échanger nos analyses personnelles, comme à chaque repas. Je chuchote :

— En tout cas, Chantal, je n'aurais jamais pu passer à travers ce stage-là toute seule. Ça aurait été beaucoup trop difficile, et risqué, avec tout l'endoctrinement qu'ils font. Au moins, en étant deux, on a toujours l'autre pour se rappeler qui on est et d'où on vient. On peut se surveiller.

— Je suis d'accord, répond Chantal. Une chance que le *Journal* a envoyé des filles. Je pense que deux gars n'arriveraient pas à passer trois jours ici sans succomber à toutes ces avances.

— Après une semaine et demie de baise et d'incitation à la baise, il y a peut-être des gars qui feraient n'importe quoi pour rester dans cet environnement. Même diffuser des Messages auxquels, dans le fond, ils ne croient pas.

En sortant du restaurant, Chantal appelle son copain.

Ensuite, je fais part de nos difficultés à mon boss. Je lui raconte la pluie, l'épreuve de l'interrogatoire, l'endoctrinement constant, mon rhume...

— Pour l'instant, nous avons décidé de rester, mais je ne sais pas ce qui va se passer.

Cette fois, il insiste pour que nous restions.

— Je ne sais pas quoi vous dire, les filles... Lâchez pas! Vous ne pouvez pas lâcher rendues là!

— Ouais, je sais...

Bon. Nous nous organisons pour survivre jusqu'à la fin de la semaine.

Arrêt numéro un: la quincaillerie. Nous achetons deux grandes bâches pour protéger la tente contre la pluie.

Arrêt numéro deux: la pharmacie. J'achète une quantité industrielle de mouchoirs, pastilles, comprimés et sirop contre le rhume et la toux.

En rentrant au palace, nous nous écrasons sur nos matelas. Chantal sombre dans un sommeil de plomb pendant que ma toux m'empêche de dormir.

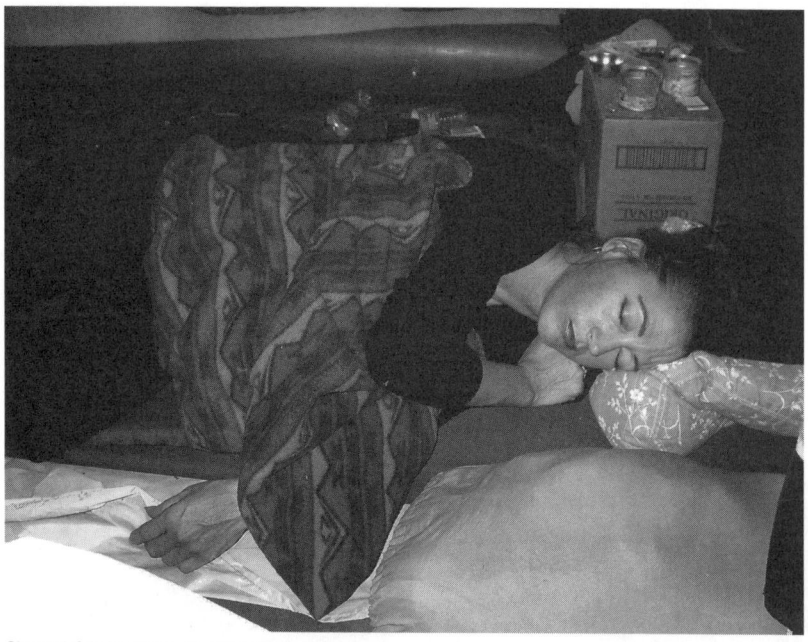

Chantal fait la sieste, la chanceuse.

17 h ◆ L'atelier de l'après-midi vise lui aussi à recruter des bras pour la conquête des Amériques. Un musicien blond qui ressemble à Sting nous explique que le mouvement a besoin de nous pour faire face à la prochaine vague médiatique.

— Quand Brigitte Boisselier fera son prochain coup, nous devons être prêts, dit Ricky, guide des États-Unis. Parce qu'en janvier, personne n'était prêt. Personne. J'ai moi-même répondu à quelques centaines d'*e-mails*.

Le mouvement aurait reçu près de 2 000 messages électroniques après l'annonce de la naissance d'Ève, selon lui.

— Nous devons prendre conscience à quel point ce pays est grand, dit Ricky, en parlant des États-Unis.

Un *kit* d'introduction au mouvement raëlien serait en préparation.

— Si nous pouvions faire un suivi dans chaque ville où il y a une ou deux personnes intéressées, je suis certain que nous aurions au moins 20 recrues au stage l'an prochain, affirme Ricky.

Il assure que des raëliens iront recruter à Boston et à New York chaque quinzaine en compagnie de Pierre Bolduc, qui brille par son absence.

— Il ne sera pas là aujourd'hui parce qu'il joue à la pétanque avec le prophète, indique Ricky avec un sourire en coin. C'est obligatoire.

Seuls les hauts dirigeants prennent part aux parties de pétanque quotidiennes du prophète, un grand privilège.

— Je ne m'attends pas à ce que vous construisiez Rome en un jour, mais, au moins, écrivez vos idées, insiste-t-il. L'idée est de recruter quelques personnes dans une ville, qui, à leur tour, « diffuseront » dans la ville voisine, et ainsi de suite.

mercredi 23 juillet

8 h 30 ◆ La pluie tombe toujours, sans arrêt. Le *Journal* n'enverra pas d'hélicoptère aujourd'hui.

Je me réveille en toussant. Ma grippe s'est encore aggravée. Ma gorge me brûle et je ne quitte plus ma boîte de mouchoirs. Comme si ce n'était pas suffisant, la tente est inondée. Une grande flaque d'eau brune s'est accumulée entre nos deux matelas à cause de la dénivellation de notre terrain. Vive le camping!

Heureusement, le toit tient le coup, grâce à la bâche installée hier.

J'enjambe le plancher détrempé, je m'habille et je sors m'étirer à l'extérieur. Je pourrais crier tellement j'ai mal au dos! Comme d'habitude,

Notre campement ressemble à un champ de bataille.

notre matériel de cuisine est trempé. Je regarde tout autour. Le terrain de camping est couvert de boue. L'enfer.

Fiévreuse, je me traîne jusqu'à l'auditorium, seul refuge contre le déluge, en essayant de ne pas glisser dans la boue. Je grelotte, même si je porte deux chandails sous mon imperméable. J'ai dans les poches ma brosse à dents, un sachet de gruau et un jus d'orange.

9h 30 ◆ Chantal et moi sommes assises sur une des tables de pique-nique, à l'entrée de l'auditorium, en compagnie d'une poignée d'autres retardataires. Nous déjeunons en attendant de pouvoir entrer, à la fin de la méditation.

Pendant que nous discutons, Chantal et moi, des mains commencent à masser mes épaules. Je me retourne et je vois Richard Riel, gardien de sécurité. Je le laisse faire et je me mouche. Son geste amical soulage quelque peu mes courbatures. Il m'assure que le soleil va revenir demain. Je ne demande qu'à le croire.

10 h ◆

— Quelle belle journée! lance Vorilhon, sur scène. On se croirait en Amazonie!

J'étouffe mes jurons dans mon centième mouchoir.

Le thème d'aujourd'hui : la science. Le gourou commence son *one man show* quotidien avec une anecdote sur l'existence « inévitable » d'extraterrestres.

— Il y a un scientifique qui a compté toutes les étoiles visibles du ciel. On pensait qu'il y en avait 70 milliards. Il a en dénombré 70 000 milliards de milliards. Pour vous donner une image, il y a moins de grains de sable sur toutes les plages de la planète que ça. Alors, le journaliste imbécile, un pléonasme, qui l'interviewe lui demande : « Ça, c'est ce qui est visible, mais si on compte ce qui n'est pas visible, il y en a combien ? » Réponse : « Un nombre infini. » Et là, le journaliste, un cerveau lent, demande : « S'il y a un nombre infini d'étoiles, y a-t-il une chance qu'il y ait de la vie intelligente ailleurs ? » Réponse : « Inévitablement ! »

Vorilhon se lance ensuite dans un discours sur les mérites de la science, à laquelle le mouvement s'est grandement identifié aux yeux des médias. La science serait beaucoup plus altruiste que la religion catholique, selon lui, puisqu'elle permet de sauver des vies.

— Chaque minute, un enfant meurt sur terre. On peut demander à tous les religieux de prier dans les églises. Par contre, on peut demander aux scientifiques de produire de la nourriture pour tout le monde. Si on va à l'église, ça ne change rien. Si on agit scientifiquement, on peut sauver des vies.

Toutefois, pas question de prendre la science trop au sérieux. Le travail acharné, intense et « sérieux » serait très mauvais pour la santé :

— Ils ne nous ont pas créés pour prier en église, les Elohim. Ils nous ont créés en s'amusant. Les gens sérieux sont ceux qui empoisonnent le monde. Le scientifique éminent, le chercheur et les génies sont toujours en train de rigoler.

Il donne bien sûr en exemple Brigitte Boisselier « qui s'amuse devant les écrans à jouer la Marilyn des laboratoires ». Je sourcille en entendant cette remarque. Vorilhon veut-il dire que Boisselier s'est jouée de tous, le 27 décembre dernier ?

Acclamée vivement, la star du mouvement monte justement sur scène en poussant un « poum poum pidou » à la Marilyn Monroe. Enfin ! La journaliste en moi est aux aguets. J'ai l'impression que mes six mois d'enquête pourraient finalement porter leurs fruits. Boisselier va-t-elle enfin nous dire le fond de l'histoire du soi-disant bébé cloné ?

— On est là pour mettre le feu dans la société ! commence la scientifique habillée en blanc. On est là pour les changer, pour les faire bouger ! En suivant le plus révolutionnaire d'entre nous, notre prophète bien-aimé.

Cette entrée en matière est de mauvais augure.

Boisselier demande la projection de la vidéo de la chanson *American Life*, de Madonna. La vidéo, censurée aux États-Unis, se termine sur une image du président Bush qui allume sa cigarette avec une grenade.

— Je pense que c'est intéressant de voir ce que cette conscience a voulu dire au peuple américain, affirme Boisselier.

Elle nous débite ensuite ses dépêches préférées, tirées des envois de *Raël Science* dans Internet, sans oublier de faire un lien avec les enseignements de son prophète bien-aimé. L'un de ses commentaires me fait particulièrement sursauter.

Une dépêche : « Des experts recommandent l'éducation sexuelle pour des enfants dès l'âge de 5 ans. » Le commentaire de Boisselier : « Notre prophète dit qu'il faut apprendre aux enfants à avoir du plaisir avec leur sexe très tôt. »

Autre perle : « Le génie s'éteint lorsqu'un homme se marie et a des enfants. » Le commentaire de Boisselier : « C'est intéressant ! L'enfermement dans une structure nuit à un point tel que le cerveau de la personne ne s'exprime plus. C'est la beauté des enseignements de notre prophète : soyez et vous créerez. »

Une dernière : « Les plus beaux hommes ont le meilleur sperme. » Et Boisselier de répondre : « J'adore ! L'application bête de notre programme sexuel de reproduction nous fait reconnaître le partenaire avec lequel on va pouvoir créer les meilleurs gènes immunitaires ! »

La scientifique se réjouit de l'invention d'une machine à suicide en Australie, de l'effet de la méditation sur le cerveau et des poursuites contre l'Église catholique pour les « crimes commis ».

Elle cite une dépêche sur des jeunes qui planifient de se suicider en même temps sur Internet. « On peut tout faire ! s'exclame-t-elle avec un grand sourire ébahi. Il y a une vie qui s'organise autour d'Internet ! »

Elle m'épouvante.

Puis Boisselier revient enfin au sujet qui m'intéresse.

Elle raconte l'histoire d'un repas qu'elle a partagé avec son prophète, il y a quatre ans. À ce moment, elle travaillait sur le clonage humain depuis deux ans. Boisselier aurait alors tenté de l'avertir des nombreux obstacles, des actions opposants, des problèmes éthiques, etc. Mais Vorilhon n'aurait même pas pris la peine de l'écouter et se serait subite-

ment tourné vers son voisin pour lui parler de ses habits. Piquée au vif, Boisselier a toutefois pris cette claque au visage avec philosophie :
— Ce fut l'un des plus beaux enseignements que j'ai eus. Et je le dis en toute humilité !

Puis Boisselier en vient à l'annonce de la naissance d'Ève... dont elle refuse de parler !
— Je n'en reparlerai pas, annonce-t-elle, catégorique.

Elle est frustrante, à la fin ! Pourquoi tant de secrets ? Pourtant, d'habitude, les raëliens ne manquent pas une chance de se vanter et de s'autoglorifier ! Et ne sommes-nous pas entre nous ? Mais qui va bien pouvoir me parler d'Ève si la prêtresse du clonage elle-même refuse ? C'est que j'ai un reportage à faire, moi. Et un boss qui attend de mes nouvelles !

— Je crois que je vous ai dérangés un peu, après l'annonce, continue Boisselier. Vous avez dû voir tous les arguments qui nous ont été servis. C'était tellement ridicule ! Il y a de beaux bébés qui sourient, et il y [en] a encore [des gens] qui se recroquevillent et qui disent gna-gna-gna, ça ne devrait pas exister ! C'est une idée de génie de notre prophète bien-aimé. Les médias peuvent dire ce qu'ils veulent, nous, on sait qu'on a eu raison de le faire.

Boisselier affirme qu'elle est très populaire dans le public.
— Dans la rue, les gens me félicitent, assure-t-elle. Ils n'ont pas l'attitude des gouvernements, des médias...

La scientifique a toutefois du mal à donner des conférences dans les universités, où elle est désormais *persona non grata*.
— Je reçois beaucoup de demandes de jeunes dans les universités qui veulent connaître ma version des faits, raconte-t-elle. Ils soumettent ça aux enseignants qui disent : «Comment ?», et ça monte jusqu'au directeur [qui refuse la conférence]. En essayant d'ignorer ce qu'on fait, ils sont en train de démontrer leur incapacité d'éduquer.

Des dizaines d'écoles américaines auraient ainsi refusé de la recevoir.

Elle passe à son prochain coup médiatique : manipuler des cellules souches pour guérir des raëliens atteints de maladies incurables. Les spécialistes dans le domaine n'expérimentent encore que sur des animaux, mais Boisselier, elle, veut passer tout de suite aux humains.

— Nous, on va le faire ! lance-t-elle, enthousiasmant la foule.

Boisselier aurait déjà un cobaye : Patrizio, un raëlien italien paralysé.
— Imaginez le nouveau «Lève-toi et marche» du dernier des prophètes ! On essaye, O.K. ?

Elle revient sur le sujet du clonage.

— Il y a tellement de gens qui viennent nous dire : « Ma fille est morte, mon fils est mort. »

Elle donne un exemple macabre.

— Il a fallu exhumer le corps enterré depuis quatre mois, raconte-t-elle. À l'intérieur d'un os, on a trouvé des cellules parfaitement vivantes, qu'on va pouvoir utiliser pour cloner cet enfant.

La foule applaudit chaleureusement.

Exit Boisselier.

Daniel Chabot nous annonce la tenue d'une « synagogue raëlienne », sorte de groupe de discussion, à 16 h 45.

— C'est un moment qu'on va s'accorder à l'occasion pour pouvoir tout dire, sans crainte, dit-il. Amenez vos questions avec vous. On va faire des groupes assez petits pour que tout le monde puisse s'exprimer. L'objectif, c'est de ne pas avoir de limites. On dit ce qu'on pense, on dit ce qu'on sent. C'est bon pour la santé mentale.

Vais-je enfin pouvoir poser librement des questions sur le clonage? J'en doute.

Un autre responsable monte sur scène. Il nous annonce que demain se tiendra une activité exceptionnelle qui fait partie du stage. Il se contente de nous avertir que nous devrons prendre l'autobus. Il faut aussi prévoir un repas à emporter parce qu'on n'aura pas le temps d'arrêter pour manger.

Je n'aime pas ça du tout. Je me dis qu'il doit s'agir d'un autre coup médiatique. Je n'ai pas envie qu'on me pousse devant des caméras sans me laisser le choix. Décidément, les surprises raëliennes me tapent sur les nerfs. Pourquoi le mouvement aime-t-il tant prendre ses disciples au dépourvu? Je n'apprécie pas, et Chantal non plus. Comme d'habitude, nous attendrons de voir ce qui se passe et nous aviserons. Et puis, je me dis que, de toute façon, nous n'avons plus rien à perdre. Au pire, nous avons déjà assez d'informations en main pour faire un reportage.

Stiv Lebœuf s'adresse à la trentaine de nouveaux membres, toujours assis en avant. Il nous demande de faire un effort pour lire les trois premiers livres des enseignements de Vorilhon le plus vite possible.

— Si vous n'avez pas les livres, n'hésitez pas à aller vous les procurer à AR-13[11]. C'est indispensable, souligne Stiv. Instruisez-vous de c'est quoi

---

11. La boutique raëlienne, à l'entrée.

[*sic*] le mouvement raëlien et à partir de là vous allez avoir une meilleure idée de dans quoi vous vous engagez [*sic*]. »

17 h 30 ❖ Pour la synagogue, nous pouvons nous joindre au guide de notre choix. Je me joins au groupe animé par Hortense Dodo, la nutritionniste pro-OGM. Comme il ne pleut plus, notre groupe de 10 personnes s'installe sur deux tables de pique-nique, à l'entrée de l'auditorium.

Ici aussi, impossible de parler de clonage.

Je constate vite qu'il pourrait être risqué de poser des questions sur le clonage. Personne n'en parle ici non plus. Les sujets de discussion sont plutôt superficiels et de nature ésotérique. Rien à voir avec les enseignements raëliens.

Ça discute ferme d'auras, de médiums, de prémonitions, de télépathie et d'astrologie pendant presque deux heures. Hortense Dodo laisse les participants répondre eux-mêmes aux questions des autres, sans intervenir. Chantal se mêle beaucoup des discussions sur l'aura, ce qui me permet de prendre des notes sans avoir l'air louche. J'ai tout de même l'impression de perdre mon temps. Tout ce blabla ne me mènera nulle part.

Au sujet de la télépathie, Dodo nous dit que nous devons laisser pousser nos cheveux «si vous voulez une communication télépathique de meilleure qualité». La discussion dérape. Tout le monde a des épisodes de télépathie à raconter. Une femme rondelette prend la parole :

— Ce matin, j'avais prêté mon rouge à lèvres à Rébecca et j'en avais besoin, commence-t-elle. J'ai pensé : «Rébecca, j'ai besoin de mon rouge à lèvres». Ça a pris trois minutes, et elle était là !

Un homme renchérit :

— Notre mental envoie constamment des messages, mais quand nous le faisons consciemment, c'est plus fort.

J'attends la fin de l'atelier pour poser mes questions sur le clonage. On va voir si ces synagogues servent vraiment à «tout dire, sans crainte». Afin de ne pas trahir mon identité, je fais semblant de chercher mes mots et je ralentis mon débit habituel.

Je raconte que je me suis jointe au mouvement à la suite de tout le tapage médiatique sur le clonage en décembre dernier, mais que je suis un peu déçue, parce que je n'en entends jamais parler. Les quelques personnes à qui j'ai posé des questions sur le sujet n'ont pas voulu me répondre et m'ont regardée avec suspicion. Est-ce que c'est tabou ? On n'a pas le droit d'en parler ?

Le groupe réagit unanimement en me disant que non, le sujet n'est pas tabou du tout et que les gens sont libres d'en parler comme ils le souhaitent. D'ailleurs, toute la question est amplement étalée dans le livre *Oui au clonage humain* écrit par Vorilhon et vendu, lui aussi, à la boutique du mouvement. Bon, je sens que je ferais mieux de me résigner.

— Quelles sont tes questions ? me demande la fille qui parlait d'astrologie plus tôt.

Où est le laboratoire de Brigitte Boisselier ? Pourquoi le lieu est-il tenu secret ? Est-ce que vous croyez vraiment que ces bébés sont clonés ? En avez-vous vu l'ombre d'une preuve ? Trouvez-vous normal de n'avoir aucune preuve ? Qui ont été les mères porteuses ? Avez-vous déjà vu les bébés clonés ? Croyez-vous que Boisselier est vraiment capable de cloner un humain ? Accepteriez-vous qu'elle vous clone ?... Autant de questions que je ne pose pas, sachant trop bien quels soupçons elles susciteraient.

— Euh... eh bien... À quoi ça sert, le clonage humain ?
— C'est dans le livre, me répond la fille.
Le groupe passe *illico* à un autre sujet.

19 h ◆ Roman m'aborde alors que je reviens des toilettes. Il me dit que je suis la seule fille ici qui a l'air d'une Américaine. Je crois qu'il a le mal du pays. Je l'invite à dîner à la tente. Chantal et moi avons épongé tant bien que mal tout notre matériel de cuisine détrempé.

Roman nous raconte qu'il faisait partie d'une organisation marxiste-léniniste avant d'adhérer au mouvement raëlien cette année. Il passe le repas à étaler ses connaissances sur les grands philosophes. Il monologue sur Nietzsche, Kant, Marx, etc.

Roman étudie sérieusement la philosophie raëlienne.

Mes années d'université sont trop loin pour que je puisse le relancer.
Je lui parle du renvoi de Daniel, le raëlien de New York qui s'est fait expulser du mouvement parce qu'il disait entendre la voix des Elohim. Roman le connaissait, mais il n'éprouve aucune pitié pour lui.

— Je ne l'aimais pas, me dit-il sans aucune gêne. Il était trop religieux. Il était mystique. Nous ne voulons pas ce genre de diffuseur.

Nous parlons aussi de l'activité « Masturbation pour la paix » que les Anges veulent organiser sur le site du World Trade Center à New York, le 11 septembre prochain.

— Ça va faire scandale ! s'exclame Roman, peu rassuré mais intéressé.

Il flirte ouvertement avec moi pendant tout le repas. Il me prend en photo avec son téléphone cellulaire. À la fin, il m'invite carrément à passer la nuit avec lui dans la fourgonnette que Pierre Bolduc lui prête durant le stage. Je refuse le plus poliment possible.

J'apprendrai plus tard que Roman habite toujours chez ses parents, chose dont il ne s'est pas vanté pendant le repas. Il veut déménager le plus vite possible. Son plan : se payer un appartement en vendant des films pornographiques.

21 h 45 ◆ Le troisième spectacle amateur du stage commence. Le cuisinier préféré de Vorilhon chante une version à faire grincer des dents d'*Everything I do*, de Brian Adams. C'est franchement pénible. Chantal et moi avons honte pour lui.

Je vois pour la première fois la fille de Brigitte Boisselier, Marina Cocolios. La jolie jeune femme au sourire à la Julia Roberts présente un numéro de tango passionné avec son conjoint. Encore une fois, le numéro est médiocre, mais la foule apprécie.

Puis, un certain Marc Fafard fait rire tout le monde avec un monologue à la sauce raëlienne. Ma blague préférée :

— Les journalistes, c'est comme les pruneaux. Il y en a des bons, il y en a des pourris, mais, au bout du compte, ils nous font tous chier.

Un grand rire bien gras déferle sur toute l'assistance.

23 h ◆ Sur le chemin du retour, Chantal et moi découvrons que les deux douches individuelles qui étaient en rénovation sont rouvertes. Enfin, une oasis pour prendre une douche brûlante !

Je prends une cabine et Chantal prend l'autre. En me déshabillant, je sens des gouttes d'eau froide et brunâtre glisser sur mon dos. Je lève les yeux. La fenêtre du toit a cédé sous le poids d'une masse de feuilles détrempées qui me coulent dessus. Je tasse mes affaires dans un coin et j'entre dans la cabine. J'ouvre les robinets et j'attends... Pas d'eau chaude.

Le jet glacé me transperce le corps. J'ai beau serrer les dents, je grelotte quand même. J'ai tellement froid! Je m'essuie tant bien que mal avec une serviette qui ne sèche plus depuis des jours. Le corps raide, je ressors sous la pluie, certaine d'attraper une pneumonie.

Je tremble de froid toute la nuit dans mon sac de couchage humide.

Avant de nous coucher, nous gravons sur un CD 3 articles et 68 photos.

jeudi 24 juillet

8 h ◆ Je suis fiévreuse. Une toux sèche m'a réveillée à plusieurs reprises. J'ai la gorge qui brûle et le dos raide comme une barre. J'ai presque vidé ma boîte de mouchoirs.

Richard Riel m'a menti: la pluie n'a toujours pas cessé. Le ciel est complètement couvert. Pas d'hélicoptère aujourd'hui non plus. Il faut que le soleil revienne demain.

Chantal et moi avons abandonné l'idée d'avoir un plancher de tente sec. La flaque d'eau entre nos deux lits atteint maintenant un mètre de large. Les coins les moins humides sont réservés à nos sacs de vêtements et à nos matelas. Notre entrée est couverte de boue. Nous essayons d'en faire abstraction.

Je grogne en pensant à «l'activité exceptionnelle» que nous réserve le mouvement aujourd'hui. Je suis loin d'avoir l'énergie pour supporter une nouvelle surprise raëlienne. Dans quelle situation loufoque allons-nous encore nous retrouver?

Comme il pleut encore des trombes d'eau, nous nous préparons en conséquence: casse-croûte, vêtements de rechange, imperméables, bottes, appareil photo, casquettes pour se cacher des médias... Pour moi: mouchoirs, bouteilles d'eau, pastilles, comprimés... Nous remplissons deux gros sacs. Chargées comme des mules, nous marchons dans la boue jusqu'à l'auditorium, à l'heure convenue.

9 h ◆ Comme d'habitude, la journée débute avec une méditation. Pas un mot sur «l'activité exceptionnelle». Qu'est-ce qui se passe?

10 h ◆ Toujours aucune nouvelle de la fameuse activité spéciale. Tout le monde, autour de nous, est prêt à partir. Nous attendons le signal de départ.

Visiblement en forme, Vorilhon monte sur scène. Il se lance dans un discours flatteur sur le thème : « Nous éduquons l'humanité, envers et contre tous. »

— Ici, 100 % des raëliens sont capables d'utiliser le concept ADN alors qu'aux États-Unis, c'est 1 % de la population, raconte-t-il.

Je ne suis pas convaincue.

— Grâce à nous, au Québec, ce pourcentage est beaucoup plus grand, continue-t-il. Pensez à tous les gens à qui vous avez parlé d'ADN ! On n'a pas fini, mais déjà, on a accompli une mission extraordinaire !

À l'entendre, le monde entier parlerait des raëliens « en mal ou en bien, ce n'est pas important ».

— Nous sommes inévitables ! Comme l'infini !

Le gourou brandit fièrement une caricature intitulée « Saddam garde espoir » publiée dans *La Presse*, ce matin. On y voit Saddam Hussein au téléphone disant : « Allo ? Clonaid… Raël, s.v.p. » Il tient deux éprouvettes portant les noms de ses deux fils morts.

— Ce qui est intéressant, c'est de voir que même quand on est ici et qu'on ne « diffuse » pas, on se retrouve dans *La Presse*, s'exclame Vorilhon, ravi.

Il explique que les médias et lui s'utilisent mutuellement.

— Pourquoi les médias m'invitent ? Parce que ça fait monter l'audimat ! Ça fait rentrer de l'argent ! Et moi, est-ce que je m'en sers ? Bien sûr ! Bien sûr !

Plus tard, je me livrerai à ma petite enquête sur cette question. Est-ce qu'une entrevue avec Vorilhon fait vendre *La Tribune*, par exemple ? Réponse de Maurice Cloutier, rédacteur en chef du journal local : « Non, sincèrement, non. C'est sans doute le contraire. Nos lecteurs vont nous reprocher de donner une large tribune à un mouvement comme ça. »

Le gourou s'emporte. Il nous lance :

— Vous êtes maintenant parmi les sujets les plus intéressants de la planète ! Nous sommes partout ! Et j'ai besoin de vous pour y rester. C'est pour ça qu'on saute sur toutes les situations pour être au *top* de l'actualité. Chaque fois qu'on parle de sexe, on pense aux raëliens !

On baisse les lumières. Sur l'écran joue une bande dessinée italienne. Le personnage de Raël danse avec de petits extraterrestres et des poulets clonés sur l'air du classique *O Sole Mio*. *O Clone mio* ridiculise clairement le mouvement. Les membres sont-ils choqués ? Au contraire ! Ça confirme « l'impact qu'on produit sur l'humanité ».

— C'est extraordinaire! s'exclame Daniel Chabot, au micro. Cette vidéo est passée sur une télévision italienne. Ça veut dire qu'une équipe a travaillé là-dessus pendant des semaines, tout ça pour nous faire de la publicité! C'est fabuleux!

— Notre capacité de rire de nous-mêmes, c'est notre plus grande force, ajoute Vorilhon. Quand on a une philosophie faible ou stupide comme l'Église catholique, on ne peut pas rire de nous-mêmes. Les bouddhistes et les juifs orthodoxes sont ceux qui rient le plus. Quand on peut rire de nous-mêmes, on est invincibles.

Lancé, Daniel Chabot y va d'une déclaration surprenante:

— Tout ce qui se passe dans l'humanité, c'est nous!

Ah oui!?

— Regardons jusqu'à quel point Brigitte et notre prophète font bouger tout l'ensemble, continue Chabot. Dans la tête des gens, on est pas 300 ici aujourd'hui, on est 3000!

Vorilhon apporte quelques précisions: ses disciples ne doivent pas croire que toute cette célébrité l'enrichit. Au contraire.

— Je n'ai pas de voiture, je n'ai pas de maison, insiste le gourou. Il faut vendre des petits bouts [d'UFOland] pour récupérer les sous qu'on a mis là-dedans. Je ne veux rien avoir, moi! Je n'ai rien! Et vous, vous êtes de pauvres gogos, des moutons qui se font tondre!

Rires de la foule.

— La moyenne d'intelligence des raëliens est nettement supérieure à celle de la population et des catholiques! assure-t-il.

Les dirigeants promettent de toujours trouver le moyen de faire parler du mouvement dans les médias, jusque dans le magazine *Chasse et Pêche*.

— On va trouver le moyen de se placer, assure Chabot. Ça les emmerde! Ça les dérange! Ils aimeraient ça pouvoir faire leurs trucs en paix! Pouvoir faire leurs niaiseries! On vient bouleverser tout leur raisonnement. [...] Et ça, y'a personne d'autre sur la planète qui fait ça! Ne perdons jamais cette perspective d'ensemble. On est tous des petits boulons qui font que l'ensemble se tient. On est tous des briques dans l'Ambassade!

Une pause.

Je vois une Ange Cordon doré, l'élite des Anges, assise en avant de moi. Nous nous sommes croisées quelques fois. Voilà ma chance. Je lui pose quelques questions en affectant une curiosité innocente. Mes accès de toux et mes éternuements constants ont l'avantage de me donner un air complètement inoffensif.

Elle s'appelle Sandrine, elle a 40 ans. La mince brunette en paraît 10 de moins. Deux plumes pendent au cordon doré noué autour de son cou.

Sandrine raconte avoir réussi à développer sa féminité au sein des Anges, qu'elle a joints il y a 5 ans.

— Avant, j'étais un garçon manqué, comme elle, dit Sandrine, en désignant Manon, assise un peu plus loin.

— J'ai trouvé ma place, assure-t-elle, l'air serein.

— Est-ce qu'il faut être belle pour devenir une Ange ?

— Oui.

— Je parlais de beauté extérieure.

— Moi, de beauté intérieure.

À son tour, Sandrine aide maintenant l'humanité à développer sa féminité.

— L'humanité a besoin de féminité, affirme-t-elle.

J'essaie d'avoir l'air gênée quand je lui dis :

— Ma copine Chantal est intéressée à devenir une Ange.

— Ah oui ! dit-elle, ravie.

— Oui. Elle a reçu le texte de l'Ordre et ça dit que les Anges doivent être prêtes à mourir ou quelque chose comme ça. Toi, est-ce que t'es prête à mourir si la sécurité de Raël est mise en danger ?

— Absolument ! Mais j'étais comme ça avant d'avoir mes plumes. Et je le ferais pour toi aussi s'il y a une injustice !

Le cours reprend. Dommage ! J'aurais tellement d'autres questions à lui poser !

Vorilhon reprend ses enseignements. À l'aide d'un rétroprojecteur, il nous enseigne les « Sept clés du succès » du peuple juif, qu'il tient dans la plus haute estime. Pourquoi ? Parce que les juifs seraient beaucoup plus riches, intelligents et disciplinés que la moyenne, selon lui.

À titre de preuve, il dépose sur le rétroprojecteur une liste de soi-disant statistiques sans source :

- Deux fois plus de familles juives que de familles non juives disposent d'un revenu annuel de plus de 50 000 $.
- Les juifs occupent 45 % des places parmi la liste des 400 Américains les plus riches, selon la revue *Forbes*.

- Parmi les prix Nobel scientifiques américains, 30 % sont juifs, alors que les juifs ne constituent que 2 % de la population des États-Unis.

— Ça ne vient pas du ciel ! s'exclame Vorilhon. C'est l'éducation ! Et c'est ce que nous faisons en étant assoiffés de connaissance.

Comment s'explique la cause de leur succès ? Le gourou glisse une autre feuille sur le rétroprojecteur.

— Prenez des notes, car il faut que vous deveniez plus juifs que les juifs, déclare-t-il.

1. *Comprenez que la vraie richesse est portative : c'est la connaissance.*

— Et là, en étant raëlien, on ne peut pas être davantage dedans ! lance Vorilhon. Qu'est-ce qu'on amène sur la planète ? La connaissance !

2. *Prenez soins des vôtres et ils prendront soin de vous.*

3. *Ceux qui ont du succès sont des professionnels et des entrepreneurs.*

— Soyez des entrepreneurs ! lance le gourou.

4. *Développez votre confiance verbale.*

— Les communicateurs sont ceux qui réussissent mieux que les autres parce qu'ils font passer leurs idées, souligne Vorilhon. Il vaut mieux une mauvaise idée bien vendue qu'une bonne idée mal vendue.

5. *Choisissez vos extravagances en restant économe.*

— C'est facile de tout donner quand on n'a rien ! critique le prophète. La générosité d'un pauvre est presque risible ! Mais quand on est riche, [c'est là que ça compte]. [...] Les plus grand donateurs du mouvement ne pourraient pas être là s'ils étaient pauvres !

6. *Soyez fier de l'individualité : encouragez la créativité.*

7. *Soyez motivé psychologiquement à prouver quelque chose.*

— Vous n'avez pas le droit d'être médiocre, annonce Vorilhon. Vous n'avez pas le droit d'être juste comme les autres. Parce que vous êtes raëliens, vous devez être mieux que les autres ! [...] On vous pointe du doigt ? On vous fait de la discrimination ? Ça ne sera jamais pire que ce que les juifs ont vécu. Les camps de concentration : ça, les juifs l'ont vécu. Résultat ? 25 % de prix Nobel.

L'ancien journaliste termine sa présentation ainsi :

— Je veux que lorsque vous pensez à tous ces journalistes, journaleux, ces journalistes de poubelle, qu'il y ait cette revanche de dire : on va vous montrer !

12 h 30 ◆ Finalement, Nicole Bertrand nous annonce que l'événement intense prévu aujourd'hui est annulé en raison de la pluie. Il était temps !

Soulagée, je n'en suis pas moins frustrée d'avoir traîné tout mon matériel pour rien. Je me tais, sachant trop bien qu'il n'y a pas de place ici pour ce « poison » qu'est la « critique négative ». Je chuchote à Chantal :

— Ils auraient pu nous le dire, que ça serait annulé en cas de pluie ! Elle acquiesce, fâchée elle aussi.

Sur scène, Nicole Bertrand nous explique que nous devions marcher dans les rues de Montréal avec un char allégorique pour faire la publicité d'une soirée échangiste. Nous aurions distribué des prospectus d'invitation avec des préservatifs. La soirée aura tout de même lieu dans le bâtiment de la salle à manger, ce soir.

— Est-ce que c'est assez fouteur de merde, ça ? lance fièrement Bertrand à la foule qui applaudit.

Mais n'allez pas croire que l'échangisme tient au cœur des raëliens. En fait, le sujet n'a rien à voir avec le mouvement, concède la guide continentale. C'est un sujet chaud dans l'actualité qui assure une visibilité au mouvement, voilà tout.

Condamné pour avoir tenu une maison de débauche, le fondateur du club L'Orage a effectivement ramené l'échangisme à l'avant-plan de l'actualité en portant sa cause en appel le mois dernier.

— Même si vous ne pratiquez pas l'échangisme, raison de plus pour les aider, croit Bertrand.

La manifestation, qui n'aura pas lieu, a été annoncée aux médias par voie de communiqué, cette semaine. *La Tribune* de Sherbrooke fait état d'un « nouveau coup d'éclat » des raëliens, ce matin, en page 2 :

> Après les OGM, l'échangisme !
>
> Un nouveau coup d'éclat pour les raëliens
>
> Après les OGM, les raëliens présentement réunis à Maricourt, en Estrie, se tournent vers les échangistes. Les libertins disciples de Raël y préparent, pour ce soir, une rencontre « sensuelle » qui leur sera dédiée et dont le mouvement n'est pas prompt à dévoiler la teneur.
>
> Pour apporter leur soutien à ceux qui pratiquent cette forme d'expression sexuelle, les membres du mouvement tiendront dans un premier temps une manifestation, jeudi après-midi, rue Sainte-Catherine à Montréal.
>
> Fidèles à leur habitude de se faire remarquer, ils défileront de « manière provocante » en distribuant des condoms[12] aux passants, tout en faisant la promotion de la liberté sexuelle.

---

12. Préservatifs.

Le communiqué du mouvement ne dit pas si «Sa Sainteté Raël», comme il aime se faire appeler, sera présente.

Ensuite, le mouvement raëlien invite les couples échangistes du Québec à se rendre aux Jardins du prophète, à Maricourt, pour une «soirée sensuelle privée avec spectacle» dans l'une des salles du terrain de camping. Raël en personne leur servira un discours sur les échanges sexuels.

[...]

Du côté de la Sûreté du Québec de l'Estrie, on n'était pas au courant de ce rassemblement à haute teneur en libido dans la région. «Aucune intervention n'est prévue pour l'occasion, assure Louis-Philippe Ruel, responsable des communications pour la SQ. Dans ce cas, il faudrait entre autres qu'une plainte soit déposée pour ouvrir un dossier dans cette affaire», ajoute-t-il.

Le «coup d'éclat» sera en fait un fiasco total, mais aucun compte rendu de l'activité ne sera publié, *La Tribune* n'étant pas présente. «On a en discuté entre nous et on a décidé de ne pas couvrir cette soirée-là, m'expliquera plus tard Maurice Cloutier, rédacteur en chef du quotidien. Il n'y avait pas de raison de faire mousser les activités [des raëliens] sur le terrain.»

CKAC, une station de radio de Montréal, en parlera aussi durant la journée.

Le mouvement ne prendra pas la peine d'informer *La Tribune* de l'annulation de la manifestation à Montréal. Des semaines plus tard, c'est moi qui apprendrai au journaliste étonné que la fameuse distribution de préservatifs n'a jamais eu lieu.

De son côté, Nicole Bertrand semble loin de se soucier que les médias fassent de la publicité pour une manifestation annulée.

— Je vous jure que les gens dans le trafic ce matin se sont dit : «Hou ! ils poussent, les raëliens, et pas à peu près ! » s'exclame-t-elle.

La guide continentale nous informe du déroulement de la soirée à haute teneur en libido. «Aucune sexualité en public» ne sera tolérée. Un petit salon sera aménagé pour les échangistes dans un coin de la salle.

— Les échangistes venus de l'extérieur seront escortés par une hôtesse. Les couples qui font une rencontre intéressante devront aller hors du terrain de camping, explique-t-elle. Même les campeurs ne peuvent pas ramener de couple sur le site.

— Merci, Raël, pour cette grande idée ! termine-t-elle.

Un organisateur monte sur scène. Il demande à tous de prendre une douche et de s'habiller d'une façon sensuelle avant de se présenter à la soirée, à 21 h.

— Ce qui est important, c'est que nous vivions une sensualité, raconte-t-il. Ce n'est pas sexuel. On n'est pas là pour tripoter les gens. C'est pas du tripotage.

Avec tout ce que j'ai vu cette semaine, j'en doute fort.

Un participant demande si la nudité est permise.

— La nudité n'est pas permise, dit Nicole Bertrand. Et il faut avoir 18 ans et plus.

Nous sommes finalement libérées pour le déjeuner.

Je me retourne en me levant de mon siège. Brigitte Boisselier se tient tout près, trois rangées derrière moi. Elle discute avec deux personnes. C'est le moment où jamais d'accomplir ma mission.

Il faut que je fasse vite. D'une seconde à l'autre, elle va sortir de la salle pour aller déjeuner. Comment puis-je l'aborder de façon naturelle ? Je ne peux quand même pas lui dire : « Salut, je voudrais être une mère porteuse, s'il vous plaît ! »

Malheureusement, je n'ai pas vraiment de meilleure idée. Mon rhume ralentit mon activité cérébrale. Je prends une autre pastille et me dirige vers elle.

Je lui tape sur l'épaule.

— Hum… Bonjour, madame Boisselier. Vous vous souvenez peut-être de moi. Nous nous sommes vues à mon baptême, en avril, et nous portons le même prénom.

— Mais oui ! Brigitte ! s'exclame la coqueluche du mouvement, après un rapide coup d'œil à ma carte d'identité.

Elle m'embrasse sur les deux joues.

À l'attaque.

— Je sais que ce que je vais vous dire peut sembler bizarre, comme ça, à froid, mais c'est la seule occasion que j'ai de vous parler. Alors… Est-ce que vous avez encore besoin de mères porteuses ?

Son visage s'illumine instantanément.

Touché.

— Ah, mais oui ! Oui ! Nous sommes très intéressés ! me dit-elle en refermant ses deux mains sur la mienne. Il faut absolument que tu voies Thomas Keanzig [son ex-beau-fils et vice-président de Clonaid].

— C'est un guide, continue-t-elle. Mais où est-il ?

Tout en regardant autour, elle serre ma main plus fort, comme si elle avait peur de me perdre.

— Demande à lui parler, me dit-elle finalement, l'air pressé de partir.

Elle s'éloigne.
— Ça veut dire que vous faites d'autres clones ?
Aïe ! J'ai eu l'air trop curieuse, là.
— Oui, oui, murmure-t-elle, baissant soudainement la voix.
Je trouve Thomas au secrétariat, à l'entrée du terrain. C'est un grand blond mince avec un accent suisse et une barbichette proprement taillée.

Thomas Keanzig, bras droit de Boisselier chez Clonaid.

Je lui dis que Brigitte m'envoie et je lui demande deux minutes d'entretien en privé. Il me suit à l'extérieur. Je lui pose la même question sur les mères porteuses. Lui aussi a l'air ravi. De sa poche, il sort une liste où figurent sept ou huit autres noms.
— Il y a une réunion chez Brigitte à 15 h 30 demain. Tu peux venir ?
— Oui, oui, pas de problème !
Et comment !
Il me dit qu'elle habite le bâtiment d'UFOland, la dernière porte à gauche.
— C'est la seule qui a une sonnette, précise-t-il.
Il me demande mon âge et ne me pose qu'une autre question.
— Que fais-tu dans la vie ?
— Je fais de la tenue de livres, mais je ne trouve pas ça tellement palpitant. J'ai de la place pour des choses plus excitantes.
Il m'embrasse sur les joues en me quittant.
Aussi facile que ça ! Après six mois de travail, je sens que j'arrive enfin au cœur de mon enquête ! Le suspense dans lequel j'ai l'impression de jouer depuis des mois arrive enfin à la scène cruciale. Je ne sais pas comment je vais faire pour attendre jusqu'à demain.

17 h ◆ Pendant que j'écris ces lignes, le tonnerre se met à gronder et les nuages nous crachent un déluge sur la tête. La foudre frappe tellement fort qu'on ne s'entend plus parler, Chantal et moi. Le plancher de notre tente est soulevé par des rigoles d'eau qui courent d'un bord à l'autre. Fouetté par l'averse, notre abri-moustiquaire menace de s'écrouler. Pourvu que notre équipement tienne le coup encore 24 heures! Après, il pourra être emporté par une tornade, je m'en fous.

20 h ◆ Impossible de manger dehors par ce temps. Après avoir fait un somme, Chantal et moi sortons manger à Valcourt. J'en profite pour faire le plein de mouchoirs et de pastilles au miel à la pharmacie. Les comprimés que j'avale à la chaîne depuis des jours n'arrivent plus à atténuer les effets dévastateurs de mon rhume. Mon nez rouge brûle chaque fois que je me mouche. Mes quintes de toux m'empêchent de finir mes phrases. J'ai le teint vert, les cernes au menton, les cheveux en bataille et ma grande bouteille d'eau me suit partout. J'ai l'air d'une loque humaine. Mais je tiens bon. Et surtout, j'espère «tenir» Clonaid.

22 h 30 ◆ La soirée exceptionnelle d'échangisme est un échec total. Un détail dont les médias n'entendront jamais parler, bien sûr.

Après avoir traîné le plus longtemps possible au restaurant, nous revenons à contrecœur sur le site, découragées de devoir de nouveau dormir dans notre tente détrempée. Comme d'habitude, nous arrêtons à la barrière pour donner nos numéros d'identité. L'air innocent, je m'informe du succès de la soirée auprès du jeune gardien de sécurité.

— Y'a eu un seul couple, un peu plus tôt, nous dit le jeune homme. Mais le gars et la fille sont déjà repartis. Ça me surprendrait qu'ils reviennent.

— Personne d'autre?

— Un autre gars est venu, mais il y avait ses enfants de 4, 5 et 6 ans dans la voiture avec lui, alors on l'a viré.

Il raconte que deux autres hommes se sont présentés ensemble, mais eux aussi se sont vu interdire l'accès. Il ne sait pas pourquoi.

Bilan: deux participants, repartis après quelques minutes.

De nouveau, je suis abasourdie. Après toute cette histoire de clonage non fondée, les raëliens réussissent encore à berner des médias réputés avec des annonces bidons!

Nous stationnons la voiture en face de la salle à manger, dans le stationnement à l'entrée du site. Malgré les promesses prudes de ce matin, ma collègue et moi hésitons à entrer. Les ombres qui passent lentement devant les grandes fenêtres drapées de rouge ne nous inspirent rien de bon. Nous craignons de nous retrouver encore au beau milieu d'une situation embarrassante, et notre réserve d'astuces est pratiquement épuisée.

Nous entrons quand même pour satisfaire notre curiosité.

Des paravents divisent la salle en deux. Plusieurs tables ont été disposées dans la partie faiblement éclairée où nous nous trouvons. Un ou deux couples s'embrassent à pleine bouche. Un corridor bordé de lampions mène à l'entrée de l'autre partie. Il faut laisser nos chaussures, manteaux et autres vêtements au vestiaire avant de pouvoir traverser.

Nous nous contentons de regarder par-dessus les paravents.

Une masse compacte d'hommes en sous-vêtements et de femmes en déshabillés dansent langoureusement, en couple ou en groupe. Dans la pénombre, ils se caressent ou s'embrassent sur une douce musique. Plusieurs personnes à peine vêtues sont assises ou couchées sur les tapis, les serviettes et les draps qui jonchent le sol, autour de la piste de danse. Là aussi, ça se caresse et ça s'embrasse allègrement.

Je ne sais pas pourquoi, mais la scène me rappelle la Rome antique, Bacchus en moins.

S'ils s'étaient présentés, les échangistes auraient été escortés jusqu'à un petit salon caché par un mur de draperies rouges et blanches, au fond de la salle.

L'air est étouffant. Avec mon rhume, j'ai tout de suite du mal à respirer.

— Il n'est pas question que je reste là toute seule, me souffle Chantal.

— Vous arrivez tard, nous lance Stiv Lebœuf, d'un œil critique.

Je lui explique que je suis enrhumée, et nous quittons la salle. Nous en avons assez vu pour aujourd'hui. En fait, nous en avons assez vu pour un bon bout de temps.

À la porte, nous tombons sur Dave, un des Beach Boys qui nous a accueillies il y a deux semaines. Ébéniste à Vancouver, il est raëlien de niveau 4. Ici, il est chargé de veiller au confort de tous les niveaux 5. Lui aussi a eu son lot de rhumes durant les stages.

— Tout le monde s'embrasse, alors, si quelqu'un a le moindre petit virus... raconte-t-il. Je commence toujours à prendre de l'échinacée un jour avant le stage et je n'arrête qu'à la fin.

Je le remercie pour le tuyau.

La soirée a enchanté Mark Proulx, guide des Cantons-de-l'Est, qui quitte la salle en même temps que nous.

— On peut toucher tout le monde, les effleurer du bout des doigts sans aucun sous-entendu sexuel, assure-t-il. C'est le seul endroit sur la planète où on peut faire ça, je pense.

C'est ça, oui.

Je me paie un luxe après ma douche : j'ai enfin trouvé une prise de courant qui fonctionne !

Nous gravons un nouveau CD avec six articles et 48 photos.

vendredi 25 juillet

9 h 30 ◆ Miracle ! Ma fièvre est tombée. Une chance, parce que j'ai une grosse journée devant moi.

Nous éprouvons toutes les misères du monde à nous tirer du lit. Le soleil radieux nous aide un peu. Enfin, un peu de chaleur ! Le ciel est parfait pour des photos aériennes. J'ai hâte de voir la tête des raëliens quand l'hélicoptère les survolera, cet après-midi.

Les Assemblées. Auditorium du camping Les jardins du prophète du 12 au 26 juillet 2003.

Nicole Bertrand, à droite, sur la scène, commande aux raëliens de ne pas avoir de relations sexuelles avec les mineurs présents au stage.

L'assemblée attend l'arrivée du prophète qui prononcera son premier discours du stage.

Marina Cocolios, fille de Brigitte Boisselier, danse le tango durant un spectacle, offert au prophète.

sexuel très connu au sein de mouvement chante l'opéra durant le spectacle du soir.

Daniel Chabot donne un de ses nombreux cours du stage sur la scène.

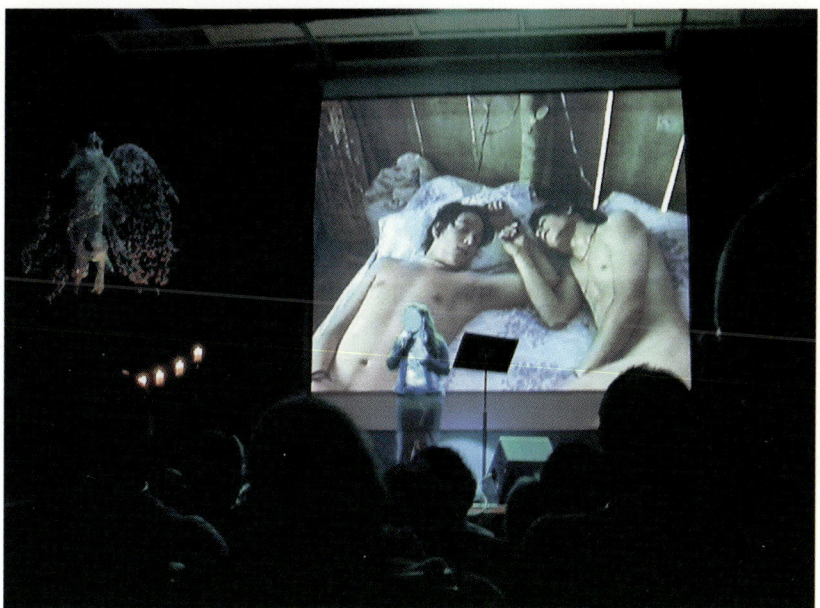
Une raëlienne chante *La Différence*, de Lara Fabian, devant une scène de sexe homosexuel tirée du film *Ta mère aussi*.

Claude Vorilhon, devant une foule de 400 raëliens durant un de ses discours improvisés.

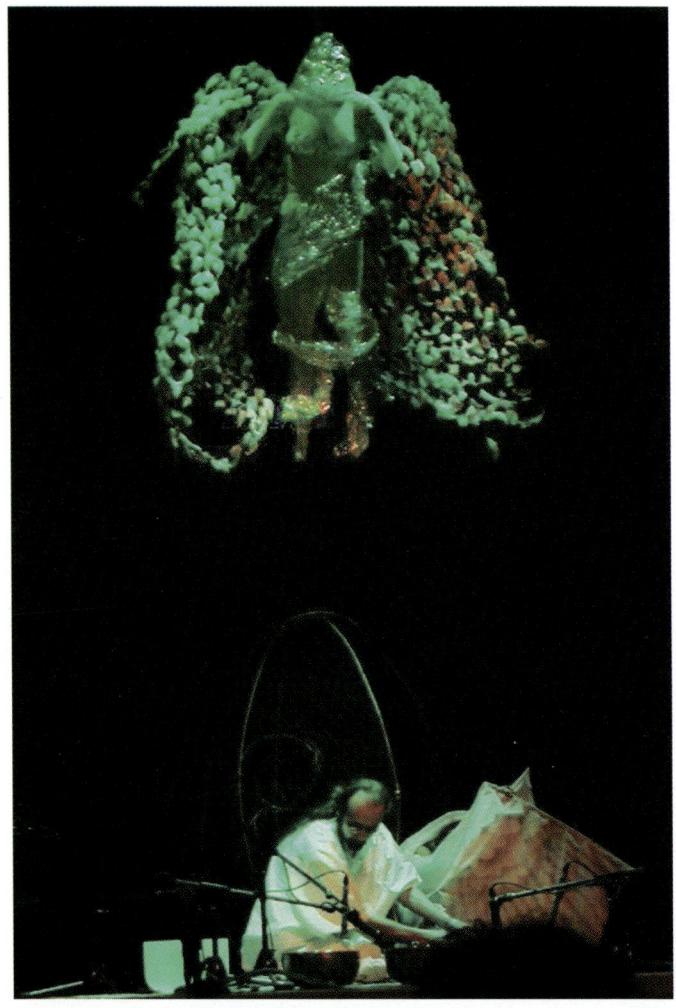
Emmanuel Comte et ses clochettes, sur scène.

Presque nues, Florence et Rébecca offrent un numéro de danse durant une rétrospective du stage. À l'écran : une image de la manifestation pro-OGM.

Florence, à droite, descend sur la scène, suspendue à une corde durant la projection des meilleurs moments de la première semaine de stage.

Des images de Brigitte Boisselier sont projetées à l'écran pendant le numéro de danse de Rébecca et Florence.

Florence et Rébecca dansent devant les images d'un des cours de Daniel Chabot,

Florence et Rébecca poursuivent leur danse devant les images d'une étrange prestation des Anges dédiée au prophète, filmée à la fin de la première semaine de stage.

J'enlève le toit de la tente pour faire sécher notre équipement détrempé.

10 h ◆ Nous arrivons en retard à la salle à manger, où se déroule le cours ce matin. La foule est attablée par groupes de cinq à six personnes. On nous place à une table avec d'autres retardataires, un gars et trois filles.

Chaque groupe dispose d'un grand dessin, de pailles et de bouteilles pleines de grains de différentes couleurs.

Nous devons passer les deux prochaines heures à remplir le dessin de grains colorés à l'aide des pailles. Il s'agit d'exercer notre patience et notre coopération. Interdiction de parler. Il faut méditer. Bon. J'avale une nouvelle pastille et je me mets au travail, tout comme Chantal.

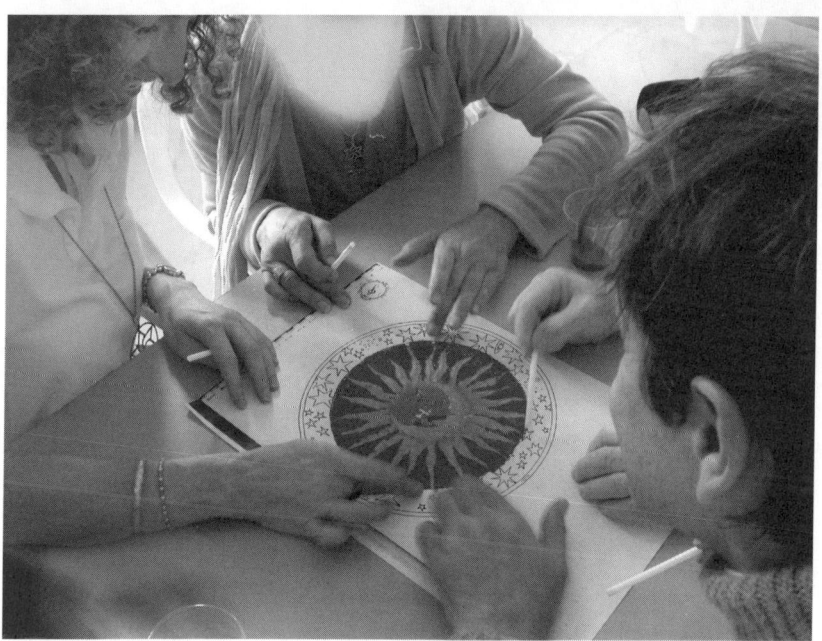

L'atelier de mandalas se veut « méditatif ».

Nous faisons tous attention : un seul faux mouvement, et tous les grains se mélangent. Après quelques minutes, nous discutons en chuchotant, comme nos voisins. J'apprends que Chris, le seul gars de la table, est nul autre que le beau-fils de Brigitte Boisselier. Il habite avec sa fille, Marina, à Chicago. Le murmure qui s'élève bientôt de la salle déplaît à Daniel Chabot.

— Demandez-vous si ce que vous avez à dire est plus beau que le silence, dit-il sèchement, au micro.

La plupart des raëliens continuent de parler.

Nous travaillons en groupe de cinq ou six personnes.

12 h ◆ Chris et les autres ne cessent de s'extasier devant la beauté du travail. Invités à réagir au micro, plusieurs y vont de commentaires larmoyants sur les bienfaits de l'exercice.

— Vous étiez extraordinairement beaux et harmonieux dans l'exercice, affirme Chabot.

— On peut être dans l'instant, commente Vorilhon, après les témoignages. Il faut être le grain de sable qui tombe. Pas celui avant ni celui après. Chaque instant est fantastique. Votre grain de sable est unique ! C'est nous, c'est fugace, ça passe et ça s'efface. Quand je vous parle, je ne vois pas le temps passer. Je suis complètement dans l'instant présent. Le malheur de la société actuelle, c'est de faire plein de choses en même temps. Ne faites qu'une chose, mais faites-la bien.

À la fin de l'atelier, France Blais invite les raëliens à parier sur un match de tennis qui aura lieu à 16 h 45 entre Pierre Bolduc et Gérard Jeandupeux.

Elle annonce que si Pierre gagne, l'argent des paris ira au mouvement canadien. Si Gérard gagne, l'argent ira au mouvement international.

12 h 30 ◆ Thomas Keanzig vient me trouver à la sortie de la salle. Il m'annonce que la réunion chez Brigitte Boisselier a été avancée.
— Peux-tu t'y rendre tout de suite ? me demande-t-il.
— Oui, oui, pas de problème.
Je dis au revoir à Chantal, qui me souffle « Bonne chance ! » discrètement.

Ça y est. J'y suis. Au cœur de la frime qui a transformé Vorilhon et Boisselier en célébrités internationales. Le moment que j'attends depuis janvier est enfin arrivé. J'ai l'impression que mes six mois d'enquête clandestine n'ont servi qu'à m'entraîner pour affronter ce qui va suivre.

Inquiète et excitée à la fois, j'ai envie de courir vers UFOland, mais je m'oblige à marcher lentement sur le chemin de terre. Dans ma tête, j'entends la guitare nerveuse et le doux *yeah* de la chanson *Little Green Bag*, qui accompagne la marche des gangsters au début de *Reservoir Dogs* :
Lookin' back on the track for a little green bag,
Got to find just the kind or I'm losin' my mind[13].

Presque à chaque pas, je pense : « S'ils savaient, s'ils savaient ! » Il ne s'agit plus d'un discours prononcé devant 400 personnes. Il s'agit des secrets d'une compagnie de fanatiques qui ont fait marcher le monde entier avec une bombe publicitaire et qui, surtout, comptent bien recommencer. Je parie que les « éducateurs de l'humanité » ne seraient pas gentils avec moi s'ils découvraient que je suis là pour désamorcer leur nouvelle bombe « pédagogique ».

La porte blanche, à gauche, ouvre sur l'appartement de Boisselier.

13. Traduction libre : Revenant en arrière à la recherche d'un petit sac vert [de billets de banque]/ Je dois le retrouver ou je perdrai la tête.)

Je m'arrête quelques secondes devant la porte. J'ai besoin de tout mon cran pour sonner. J'ai l'estomac qui fait des cabrioles. Je prends une nouvelle pastille au miel et quelques gorgées d'eau, et j'appuie sur la sonnette.

«C'est le bazar!» s'excuse Brigitte Boisselier en m'ouvrant la porte de son logement. Je vois vite que tout traîne dans le loft à l'ameublement hétéroclite. Des vêtements, des revues, des piles de documents...

Je quitte l'entrée, je passe devant la salle de bain et un bureau et je me retrouve dans l'espace servant de cuisine et de salle à manger. Je marche entre une table ronde en bois et le comptoir de la cuisine. Une grande peinture signée par Marina, la fille de Boisselier, est accrochée sur le mur rose pâle, au-dessus de la table. Une jeune fille aux seins nus penche la tête sur la nuque d'une autre jeune fille, assise devant elle.

La peinture est entourée de photos de Marina plus jeune et de Boisselier avec Raël et avec un autre homme qui m'est inconnu. Les images sont collées directement sur le mur, au centre de cadres accrochés de travers.

Au fond du loft, une grande porte-fenêtre donne sur une cour déserte couverte de gravier blanc où les mauvaises herbes poussent à profusion. Un barbecue est installé sous un petit abri blanc. La vue sur les montagnes est superbe. Une énorme télévision trône devant les marches de la porte, face au sofa du salon.

Je passe par la cuisine et j'arrive au salon. Je pousse une paire de souliers noirs à talons hauts et deux magazines *Vanity Fair* pour m'asseoir sur le grand sofa, avec les autres. Six raëliennes sont présentes. Je reconnais Thomas Keanzig et quatre Anges de Raël: Coui, Jocelyne, Anoushka et Florence. En me retournant, je vois les murs orangés à moitié peints et le lit défait dans la chambre à coucher.

Il y a quelques mois, cette partie du bâtiment était la cafétéria d'UFOland, me raconte Thomas. Le plancher de linoléum d'un vert triste en témoigne.

Bien qu'un fauteuil de cuir soit libre, Boisselier s'assoit sur l'un des deux poufs en forme de cœur, au milieu du salon. Ses longs cheveux blonds sont complètement décolorés, à l'exception de petites mèches sur le dessus de sa tête. Elle porte une jupe et un chandail blanc très serré au décolleté plongeant et aux manches évasées.

Elle a les yeux cernés jusqu'aux oreilles mais ne cesse de sourire.

Parlant tout bas, l'air nerveux, la prêtresse du clonage humain commence la réunion confidentielle en nous expliquant sa prochaine mission.

Elle veut réaliser un miracle pour Raël en utilisant des cellules souches embryonnaires pour guérir deux raëliens. Le premier souffre d'une tumeur au cerveau. L'autre est Patrizio, un paralytique italien. Boisselier veut offrir à son prophète rien de moins qu'un nouveau «Lève-toi et marche», selon son expression.

Mais d'abord, elle a besoin d'ovules. Elle cherche des volontaires prêtes à lui donner des «œufs» qu'elle fécondera. Les embryons produits fourniront des cellules souches qui seront greffées sur les volontaires malades pour tenter de les guérir.

Est-ce que je serais prête à aller jusqu'à prêter mon corps à Clonaid? Je me rends compte que oui. Je le ferais, si j'en venais à la conclusion que c'est le seul moyen d'en savoir davantage sur une expérience mettant en danger la santé de femmes endoctrinées et débordantes de bonne volonté. Mais je n'en suis pas encore là.

La scientifique nous avertit que si nous nous impliquons, c'est pour Clonaid et que ça n'a rien à voir avec la structure du mouvement.

— Il ne faut pas que ça soit parce qu'un niveau 5 vous l'a demandé, dit-elle.

Pour l'instant, aucune loi n'interdit d'utiliser des embryons humains à des fins de recherche. Mais la situation pourrait changer sous peu avec l'adoption probable du projet de loi C-13[14]. L'expérience que veut tenter Boisselier pourrait devenir un crime punissable de 10 ans de prison ou de 500 000 $ d'amende si la loi entre en vigueur.

Ça, Boisselier ne le dit pas. Elle ne dit pas non plus que les cellules souches embryonnaires ne sont encore utilisées que sur des animaux.

Boisselier insiste plutôt sur la simplicité de la procédure. Pendant quelques semaines, notre production d'ovules sera stimulée par des hormones, les mêmes qui servent aux traitements de fertilité. Les ovules seront ensuite retirés par voie naturelle, sans incision, avant d'être fécondés. Les effets secondaires sont minimes, selon elle. Elle évoque la possibilité de développer un œdème dans un cas sur mille.

Vérifications faites, les risques sont effectivement minimes de développer un œdème dans le bas du ventre. Mais les donneuses peuvent faire une infection ou une hémorragie lors du don d'ovule et ainsi compromettre leur fertilité future, selon le gynécologue François Bissonnette de la clinique de fertilité OVO, à Montréal.

---

14. Projet de loi canadien concernant la procréation assistée.

«Les patientes doivent être au courant de toutes ces possibilités, même si elles sont rares», insiste le spécialiste, lors d'une entrevue accordée au *Journal* quelques semaines plus tard.

Boisselier passe rapidement au point suivant. Les filles ne pourront être suivies que par le médecin du mouvement, Marc Rivard, qui déterminera si nous sommes de bonnes candidates. Comment? Un médecin du Collège des médecins serait mêlé aux expériences douteuses de Clonaid?

Le Dr Marc Rivard, un collaborateur de Clonaid.

Ça ne tombe pas dans l'oreille d'une sourde. J'en ferai un élément d'enquête prioritaire à mon retour au bureau. J'ai vu Marc Rivard à quelques reprises au camping depuis le début du stage. Je vais tenter de lui parler avant de partir, demain. J'ai aussi entendu Vorilhon mentionner son nom.

Boisselier poursuit. Nous serons logées, nourries et transportées gratuitement lors des deux rendez-vous nécessaires: pour la prescription d'hormones et pour l'opération. Le prélèvement aura lieu au fameux laboratoire secret de Clonaid. Celui-là même où les premiers soi-disant bébés clonés auraient été conçus. Ce n'est toutefois qu'à la toute fin du processus qu'on nous dévoilera son emplacement.

— Moi-même, je n'y vais jamais, affirme Boisselier, comme si ça allait de soi.

Elle explique avoir peur d'y être suivie par la police. Son laboratoire aurait changé d'emplacement à trois reprises en raison de descentes policières. D'ailleurs, elle ne sait pas si des agents la suivent actuellement, mais elle ne veut pas prendre de risques. Elle a eu beaucoup de mal à équiper son laboratoire de façon à ne pas dévoiler son emplacement. Les microscopes spécialisés, par exemple, auraient été achetés par un intermédiaire.

La scientifique nous enjoint au plus grand secret, même envers notre propre conjoint. Il ne faudrait pas, par exemple, qu'il tombe sur nos billets d'avion mentionnant notre destination. Elle propose de nous payer comptant. Le montant sera négocié avec Marc Rivard sur une base individuelle, affirme-t-elle.

— Il n'y aura pas de traces. C'est un contrat entre nous, assure-t-elle en baissant la voix.

Nous devrons toutefois signer deux documents. Thomas Keanzig nous remet une entente de confidentialité en anglais, conférant à la célèbre blonde des dommages pré-déterminés d'un million de dollars en cas de non-respect.

Je reconnais le document remis aux clients de Clonaid qui contactent la compagnie pour faire cloner leur animal de compagnie !

> 3. *The parties recognize that it will be difficult to determine the damages which would be suffered by Boisselier in the event of a breach of this covenant not to disclose information and it is agreed by the parties that any breach of this covenant not to disclose by Second Party shall entitle Boisselier's legal representatives to liquidated damages against Second Party in the amount of One Million Dollars ($1,000,000.00)*[15].

C'est la première fois qu'on me demande de signer un formulaire qui semble présenter une valeur légale. Je décide de ne pas le signer avant d'avoir consulté mon boss.

Ensuite, il faudra signer des papiers « éthiques », dont Boisselier ne précise pas la nature.

Toute son histoire de cellules souches ne semble surprendre aucune des filles présentes. Elles paraissent déjà décidées. Les volontaires ne posent que quelques petites questions techniques. Rien sur le fond. Difficile de m'avancer davantage sans paraître suspecte. Mais c'est plus fort que moi : je dois en savoir plus sur son laboratoire.

---

15. Traduction : Les parties reconnaissent qu'il sera difficile de déterminer les dom-mages dont Boisselier pourrait souffrir dans l'éventualité du bris de cet engagement à ne pas dévoiler d'informations et il est convenu par les parties que tout manquement à cet engagement de ne rien dévoiler donnera le droit aux représentants légaux de Boisselier de liquider des dommages d'un millions de dollars.

Je lève timidement mon doigt en prenant bien soin de sourire. Ralentissant mon débit habituel, je demande doucement :

— J'aurais juste deux petites questions. J'ai une peur terrible de l'avion. Je voudrais simplement savoir si je dois me préparer psychologiquement à prendre l'avion ou pas.

Boisselier ne répond pas tout de suite. Visiblement embarrassée, elle regarde Thomas d'un air entendu. Merde. Ai-je commis un faux pas ?

La prêtresse hausse les épaules, me signifiant qu'elle ne peut pas répondre. J'espère limiter les dégâts en passant tout de suite à l'autre question.

— Je voulais aussi savoir ce que comporte l'opération comme telle. Est-ce qu'on va chercher nos œufs en faisant une incision ?

— Non, non, il n'y a pas d'incision. Tout se fait par voie naturelle.

Je fais semblant d'être soulagée, et je pousse un grand soupir.

J'ai une tonne d'autres questions. Est-ce légal ? Est-ce que c'est l'assurance-maladie[16] qui paie ? A-t-elle le droit d'utiliser des femmes endoctrinées pour ses expériences ? Quels autres scientifiques travaillent sur ce projet ? Combien ça paie ? Y a-t-il des risques pour la santé des cobayes ? Etc.

Je me tais, sachant trop bien à quel point ces questions seraient mal vues. J'enquêterai à mon retour au bureau. Pour l'instant, je préfère rester dans les bonnes grâces de Boisselier et voir jusqu'où cette expérience me conduira. Je tiens aussi à en savoir plus sur l'implication du Dr Rivard.

Une raëlienne mexicaine demande si elle peut en parler à ses amies non raëliennes qui seraient intéressées par l'argent.

— Oui, mais ne leur dis pas que c'est pour Clonaid. Dis-leur que c'est un laboratoire quelconque...

Coui, Ange de 26 ans, demande si le fait d'avoir pris de la drogue peut affecter ses « œufs ».

— Ça aurait pu affecter la génétique de tes œufs, mais on ne s'en servira pas. Nous, on prend l'œuf, on enlève tout ce qui est génétique et, après, on l'utilise.

Je pose une dernière question.

— Est-ce qu'il y a quelqu'un qui nous suit pendant qu'on prend les hormones ? Je veux dire, si on a des malaises ?

---

16. Équivalent en France de la Sécurité sociale.

— Marc Rivard.
— Ah. D'accord.

Avant de mettre fin à la réunion, Boisselier nous dit qu'il serait contre son éthique professionnelle de nous interdire d'en parler. Elle nous enjoint de nous informer sur le processus en ne parlant que de fécondation *in vitro*.

— Parlez-en ! Informez-vous, exige-t-elle. Je veux que vous soyez parfaitement à l'aise. Prenez du temps pour y penser. Celles qui sont intéressées, dites-le à Thomas d'ici la fin de l'après-midi.

Deux filles annoncent tout de suite à Thomas qu'elles sont dans le coup, alors moi aussi.

De retour dehors, j'ai de nouveau envie de prendre mes jambes à mon cou. Je dois écrire tout ce que j'ai vu au plus vite, pour ne rien oublier.

Je me retiens encore quelques minutes. Je retourne plutôt au camping en compagnie de Jocelyne, que j'ai vue danser à la soirée sensuelle du ministage d'avril. En marchant sous un soleil de plomb, l'Ange de 37 ans me dit qu'elle fait partie des femmes qui se sont proclamées publiquement volontaires pour porter un des bébés de Clonaid, il y a quelques années. À sa connaissance, aucune d'elles n'a été inséminée.

— T'as pas porté de bébé ?
— Non. Il y a eu au moins trois bébés, mais on ne sait pas qui les a portés. Pas des filles d'ici, en tout cas.

De retour au palace, j'écris tout de suite tout ce que je viens de voir.

De retour à notre tente, je me rue sur l'ordinateur portable. Je suis incapable d'avaler les délicieuses pâtes préparées par Chantal tant que je n'ai pas tout enregistré. Ma collègue me mitraille de questions pour m'aider à me rappeler les moindres détails de la réunion.

Attends que je raconte ça à mon boss !

15 h 30 ◆ J'écris toujours sous notre tente. La chaleur et le ciel bleu ont entraîné une vingtaine de raëliens sur le bord du lac. La plupart présentent leur corps nu aux rayons de soleil, heureux, sans doute, d'éliminer l'humidité qui nous a tous transis jusqu'aux os ces quatre derniers jours. Soudainement, Chantal se redresse :

— T'entends, Brigitte ?

— Non, quoi ?

Après quelques secondes, je perçois le bruit d'un hélicoptère qui approche. Nous sourions, excitées. Chantal sort, son appareil en main. Comme si de rien n'était, elle va s'asseoir à une table de pique-nique, à deux pas des nudistes, discutant au passage avec Manon et d'autres connaissances.

Je sors aussi.

— C'est spécial, ça, dit Norberto, debout en sous-vêtements devant sa tente.

L'hélicoptère aurait-il interrompu sa deuxième partie de jambes en l'air cet après-midi ? Loin de s'en soucier, mon voisin a les yeux cloués au ciel.

— Il faut que la sécurité… commence-t-il avant de marcher vers le lac, l'air préoccupé.

Je le suis, faisant mine d'aller aux toilettes. Au lac, il parle à un responsable de la sécurité, en pleine séance de bronzage intégral. Il lui demande si Vorilhon est sur le terrain.

— Raël est parti avec les jumelles, répond le responsable.

À bord de l'hélico, André Forget, photographe pour le *Journal*, mitraille la scène de sa caméra pendant de longues minutes. Il photographie le lac et ses nudistes, mais aussi le site au complet avec le bâtiment d'UFOland. Ces photos seront reprises par tous les quotidiens de Sun Media.

Une main en pare-soleil sur le front, tous les nudistes regardent avec curiosité l'hélico qui s'est arrêté dans le ciel, juste en face d'eux. Certains s'alarment en parlant des journalistes ou des services secrets gouvernementaux, d'autres tentent de lire le numéro d'identification sous

Une des photos prises par l'hélico du *Journal*.

l'appareil pour en retrouver les propriétaires. D'autres encore saluent de la main, un sourire narquois collé au visage.

J'observe tout ça, debout devant les toilettes. Satisfaite. Toutefois, je réalise une chose : le *Journal* vient peut-être de nourrir la paranoïa collective. Vorilhon va-t-il se servir de cet épisode pour renforcer ses théories de complot ? Mais il est trop tard.

De toute façon, peu importe l'événement, Vorilhon trouve toujours le moyen de le récupérer à son avantage en nourrissant ses thèses de complots, en soulignant la notoriété du mouvement dans le monde, etc.

17 h ◆ Plus élitiste que jamais, Marcus débute le dernier atelier du stage avec un discours des plus enthousiastes sur les qualités exceptionnelles des raëliens. En montant sur scène, il accueille avec fierté les sifflements soulignant son justaucorps rouge ouvert jusqu'au nombril et qui lui serre sérieusement l'entrejambe.

— Nous, les raëliens, c'est les premiers [*sic*]. C'est nous les pionniers. On tire, on tire les autres... dit-il. Grâce à Brigitte, grâce à nous-mêmes, on tire l'humanité en avant. Nous, avec Raël, on regarde les points faibles de l'humanité, et on change l'humanité. On fait du bien.

Toujours sur sa lancée, il continue :

— Vous êtes des exemples suprêmes de la conscience pour les gens normaux.

Il égratigne les médias au passage.

— Les médias, c'est la perception négative de l'humanité. Ils focalisent sur le négatif et ils ne font rien.

Sa solution :

— Si les journaux dépensaient de l'argent pour aider à construire une ferme en Afrique au lieu de juste annoncer une famine, là, ça serait différent.

Les raëliens, eux, seraient bien au-dessus de tout ça, selon Marcus.

— Est-ce qu'on est un groupe religieux normal ? Non ! Ce qui nous différencie, c'est notre conscience, notre dynamisme de groupe.

Papiers en main, Vorilhon arrive sur scène avec un grand sourire.

— C'est le temps tant attendu du top 10 ! Des sous ! lance-t-il à la foule qui applaudit.

— Plus vous gagnez de l'argent, mieux c'est, ajoute-t-il. Parce que plus vous allez pouvoir nous aider. Pour pouvoir construire l'ambassade, ça ne nécessite pas que des bras, ça exige des capitaux !

En allumant le rétroprojecteur, il demande à tous de ranger calepins et crayons.

— Ce qui suit reste dans cette salle, nous avertit le gourou.

Il présente les plus gros donateurs au Canada, une liste des pays les plus généreux envers le mouvement et rien de moins que les états financiers ! Hou là là ! C'est trop beau pour être vrai ! Ce sont des chiffres auxquels je n'aurais jamais pu avoir accès autrement.

Privée de mes notes, je me mets en mode enregistrement avec un grand « E ». Je charge Chantal de retenir le bas des listes pendant que je mémorise les données supérieures.

Voici ce que nous avons pu retenir. (J'écris le tout sous toute réserve. N'ayant pu avoir accès aux finances du mouvement, je n'ai qu'une source d'information bien partielle : Vorilhon lui-même.)

Les cotisations annuelles mondiales du mouvement seraient de 1,8 million de dollars, une baisse de 11 % par rapport à l'an dernier.

— Mais ce n'est pas grave ! s'est empressé d'ajouter le gourou, avant de changer de sujet.

À eux seuls, les pays d'Asie auraient contribué pour 600 000 $, soit 27 % de moins que l'année précédente. La championne mondiale des cotisations serait une Japonaise qui aurait donné 57 000 $ à elle seule. Le deuxième serait un Français : 49 000 $.

Le Canada se classerait parmi les 10 pays les plus généreux avec des dons de 202 000 $ provenant en majorité des membres québécois, selon la présentation de Vorilhon. À eux seuls, ces dix pays auraient fourni 1,3 million $.

Le porte-parole de Clonaid, Thomas Keanzig, aurait donné plus de 9 000 $ au mouvement dans les 12 derniers mois. Le Québécois le plus généreux aurait donné 22 547 $. Norberto, notre voisin, apparaît sur la liste québécoise grâce à une cotisation de près de 17 000 $!

Les États-Unis (105 000 $), la Belgique, la Hollande, la Suisse et la France figurent parmi les 10 pays les plus charitables envers les raëliens, selon les chiffres du gourou.

Par ailleurs, le mouvement aurait fait 20 % de revenus sur de mystérieux investissements en Bourse. Vorilhon a parlé d'une somme de 13 millions de dollars « en cours », sans fournir de plus amples explications.

Pour la dernière soirée du stage, les quelque 300 participants sont tous invités au « Bal en blanc » annuel. Les vêtements blancs sont obligatoires. Tout comme notre carte d'identité pour avoir droit au dîner offert gratuitement.

19 h 30 ◆ Chantal et moi entrons avec la foule dans la salle à manger dont on vient d'ouvrir les portes. La présence d'invités ne me plaît guère. J'ai encore peur de tomber face à face avec une connaissance — plus particulièrement mon ancien collègue. Je jette un regard rapide à l'intérieur. À première vue, je ne connais personne. C'est bon.

Joliment décorée, la salle à manger est pleine de tables drapées de blanc et éclairées par des chandelles. De nombreux ballons blancs gonflés à l'hélium s'élèvent au-dessus. Une petite scène s'étire de la table d'honneur jusqu'au milieu de la salle. Au plafond, des projecteurs de couleur ajoutent de la gaieté à l'ambiance.

Les tables au centre sont déjà pleines. Nous nous asseyons au bout de la salle. Toujours congestionnée jusqu'à la moelle, je cache mes deux grandes bouteilles d'eau, mon paquet de pastilles et ma boîte de mouchoirs sous ma chaise. Depuis que j'ai avalé deux comprimés pour passer la soirée, je me sens un peu étourdie, la tête dans le brouillard.

Roman, Thomas Keanzig et le couple de notre première douche « commune » viennent s'asseoir avec nous. Tout le monde est installé. Il ne manque encore que le prophète. « Sa Sainteté » arrive quelques minutes plus tard, sous une ovation enflammée, résultat de deux semaines de stage.

Les raëliens mettent le paquet pour souligner la fin du stage.

C'est notre dernière soirée chez les raëliens !

Le buffet du dîner est loin d'être prêt. Le traiteur est en retard.

Chantal monte à la mezzanine, où sont situées les toilettes. Ni vu ni connu, elle prend quelques plans de toute la salle.

Pendant ce temps, j'essaie de cuisiner Thomas Keanzig, même si chacune de mes phrases alimente ma toux caverneuse. Keanzig me raconte que les bureaux de Clonaid sont à Las Vegas (ce que je savais), mais à l'extérieur de la ville. Il se présente comme l'homme à tout faire de Clonaid. Il est responsable de la publicité, du marketing, des relations publiques et de la recherche d'investisseurs. Mine de rien, je demande :

— C'est qui, les investisseurs ?

— Surtout des gens d'affaires « spéciaux » (excentriques) qui pensent que le clonage humain va devenir une grosse affaire plus tard et qui veulent investir dès le début pour faire un bon coup.

Il reste toujours vague, et je le sens sur la défensive. Je ne crois pas qu'il m'en dise davantage là-dessus.

— Comment t'en es venu à travailler avec Brigitte Boisselier ?

Il a connu la prêtresse du clonage par l'entremise de Marina, il y a quelques années. Marina et lui se sont mariés pour se séparer après six mois de vie commune. Leur divorce n'a été prononcé que des années plus tard. Keanzig déplore la complexité du processus au Canada.

— À Las Vegas, c'était fait en une journée, dit-il.

Justement, son ex-copine se promène de table en table en tenue très, très légère. La jeune femme aux longs cils et au sourire de star ne porte qu'un string avec un petit chemisier transparent. Arrivée à notre hauteur, elle se penche en avant pour parler à l'oreille de son ex-mari. La posture de la jeune femme sexy aux longs cheveux foncés ne manque pas d'attirer l'attention de nos voisins de table, derrière elle, qui s'extasient sur l'exposition des moindres détails de son arrière-train.

La quasi-nudité de Marina n'a rien d'unique ici. En tenues toutes aussi légères, d'autres Anges vont de table en table pour faire un brin de causette, entre autres la fameuse Rébecca.

Marina fait le tour de la table pour s'asseoir près de Chantal et moi.

— Alors, les filles, est-ce que vous avez aimé votre stage ?

— Ah oui !

— Qu'est-ce qui vous a le plus marquées ?

— Moi ? Euh... Comment il faut « être dans le moment présent ». Je suis une fille stressée de nature, alors c'est pas facile pour moi.

— Ah, c'est bien, c'est bien !

Je parle ensuite à Marina de la peinture des deux jeunes filles que j'ai vue chez sa mère. Elle me raconte qu'elle détruit la plupart de ses œuvres, mais que sa mère a insisté pour garder celle-là.

21 h 30 ◆ Affamées, Chantal et moi nous nous glissons dans la longue file du buffet chaud. En arrivant face à la table d'honneur...
— Hé, Brigitte, t'as vu ? murmure Chantal.
— Non. Quoi ?
— Vorilhon vient juste de me souffler un bisou.
— Beurk ! Pauvre toi !
— S'il savait !
— S'il savait.

22 h ◆ Une fois tout le monde servi, on baisse les lumières, et quelques raëliens montent sur scène pour offrir à leur prophète des poèmes et des chansons « remplies d'amour ».

Je n'en peux plus. Je vais me coucher. Je crois que nous avons vu ce qu'il y avait à voir. Comme toujours, Chantal me suit. Elle n'a aucune envie de rester là toute seule.

Avant de dormir, Chantal grave un dernier CD comprenant 36 photos et 2 articles, dont celui de ma rencontre chez Boisselier.

samedi 26 juillet

9 h ◆ J'ai toussé toute la nuit et presque pas dormi. Je suis morte de fatigue. Mais, ce matin, je m'en fous. Parce qu'on s'en va aujourd'hui ! On s'en va ! On s'en va !

Quand le réveil sonne, je suis tellement heureuse d'ouvrir les yeux que j'ai envie de crier. Je me contente de faire semblant, levant mes deux poings bien haut dans les airs. Chantal éclate de rire, très heureuse elle aussi de mettre les voiles.

Nous devons tout de même patienter encore un peu pour... la remise des niveaux. Nous allons être officiellement admises dans la structure raëlienne. J'y tiens parce qu'il s'agit d'une preuve supplémentaire de notre implication réelle dans le mouvement. J'ai hâte de voir si Chantal et moi obtiendrons un rang.

Mes tartines grillées sur le réchaud portatif de Chantal n'ont jamais eu aussi bon goût.

10 h ◆ La méditation matinale a déjà débuté lorsque nous arrivons à l'auditorium. Nous devons attendre qu'elle se termine pour entrer. Je m'assois donc à une table de pique-nique avec Marina.

Elle me raconte être très près de sa mère, même si elle la voit moins souvent depuis qu'elle étudie à l'université Columbia, à Chicago.

— Ma mère et moi, on est comme ça, dit-elle en croisant l'index et le majeur.

Elles ne parlent jamais de Clonaid au téléphone. Marina est convaincue que le FBI a mis son téléphone sur écoute. Elle envisage avec inquiétude son passage aux douanes à son retour aux États-Unis en voiture, dans les jours qui viennent. Les douaniers américains du poste frontalier qu'elle traverse habituellement lui ont refusé l'entrée à deux reprises.

— Est-ce que c'est parce que tu portes le nom de ta mère?

— Non, non. Il y a une femme aux douanes qui me déteste, assure-t-elle. Tous les gars me laissent passer sans problème, mais elle... C'est l'odeur. Par moments, je sécrète des hormones et ça change mon odeur.

Elle dit débuter une maîtrise sur le langage non verbal.

— Pour mon travail, précise-t-elle.

Marina affirme qu'elle peut jauger la personnalité d'une personne en cinq minutes.

— L'autre jour, j'étais au restaurant avec Chris (son deuxième mari) et je lui ai dit: «Les gens, là, à côté, ce sont des gens à succès.» Le lendemain, Chris a découvert qu'ils enseignent à son université! Tu vois? Ça marche toujours!

— Ça doit coûter cher, l'université, aux États-Unis? Comment t'arrives à te payer ça?

— Le truc, c'est d'être résident et marié. Les frais de scolarité passent de 40 000 $ à 5 000 $, ce qui est abordable.

— Ah bon!

10 h 30 ◆ Nous devons nous taper un dernier discours de clôture de Vorilhon, avant la remise des niveaux. L'ovation à «Sa Sainteté» dure bien quinze minutes.

— Quel stage extraordinaire! lance-t-il à la foule qui applaudit.

Le gourou prépare les fidèles à faire face au mépris des gens de l'extérieur.

— Pardonnez-leur, car ils ne savent pas ce qu'ils font, même les journalistes !

Selon Vorilhon, les médias aident le mouvement en lui consacrant des articles, même s'ils sont peu flatteurs.

— Ce qui serait le pire, c'est qu'on ne parle pas de nous, qu'on ne s'intéresse pas à nous, dit-il. Si les journalistes ne parlaient pas de nous, ça serait l'horreur. Même la mauvaise publicité donne envie aux gens d'aller voir ce qui se passe chez les raëliens. Le fait qu'on fasse réagir, c'est qu'on est révolutionnaires, affirme-t-il.

Ou plutôt des inadaptés sociaux, comme me porte à croire la suite de ses propos :

— Vous avez toujours été différents des autres depuis votre enfance et on vous l'a reproché. En faisant rien comme les autres, ici, vous faites comme tout le monde, explique le gourou. Forcément, en étant des moutons noirs, il y a de l'opposition. Au contraire, réjouissez-vous ! Réjouissez-vous de ce plaisir !

Il promet des coups médiatiques « qui vont vraiment à l'envers de la société et qui vont faire réagir ».

— Dans ce monde de violence et de haine, vous avancez avec cette petite clochette qui est votre vérité.

La cérémonie des remises de niveaux est un des moments forts du stage pour les membres. Vorilhon annonce toutes les promotions et les rétrogradations pour l'année qui vient. Il nomme une poignée de personnes à la fois. Les membres montent sur scène, attendant avec fébrilité de découvrir s'ils seront promus. Une fois l'annonce faite et le groupe applaudi, chacun doit signer un formulaire confirmant son nouveau grade et ses nouvelles responsabilités.

Chantal est appelée parmi les premiers groupes. De mon siège, je la photographie sur scène pendant qu'elle reçoit le titre de… stagiaire, le niveau le plus bas dans la structure. Mais elle y est officiellement entrée, c'est déjà ça.

Une organisatrice l'entraîne dans le vestibule de l'auditorium pour la signature des papiers. Pendant son absence, Vorilhon appelle mon nom : Brigitte D. Merde. Il aurait fallu une photo de ce moment officiel. Assis à côté de moi, Benoît, le travesti, accepte de la prendre. Je monte sur

Chantal reçoit son niveau sur scène. Elle est la troisième personne, à partir de la gauche

scène en compagnie de quatre autres membres. Vorilhon nous sacre… niveau 1, un niveau au-dessus de Chantal. Toute la salle nous applaudit et nous lance des bravos !

Je récupère l'appareil photo numérique et je sors signer le formulaire. La photo prise par Benoît est ratée. Dommage.

Je signe le formulaire officiel des niveaux 1.

15 h ◆ Quel heureux moment nous passons à démonter la tente! Chacun de mes gestes pour emballer ceci ou pour ranger ça me remplit d'une indescriptible satisfaction. J'oublie de faire attention. Je constate que je sors de mon rôle un peu trop vite quand je lance à Chantal, en plein camping raëlien:

— Est-ce qu'on ramène la tente au *Journal*?

Maudite tête en l'air! Ça m'a échappé!

Chantal regarde autour de nous. Aucun de nos voisins ne paraît avoir remarqué mon petit dérapage. Je m'assois une minute, le temps de ralentir mon rythme cardiaque effréné.

Nous emballons tout à une vitesse record. Tout notre équipement est entassé dans la voiture en moins de temps qu'il n'en faut pour le dire. Avant de partir, nous allons dire au revoir à nos voisins et à... Mais où est Manon? À la salle à manger, peut-être? Nous arrêterons en passant.

Bien assise derrière le volant de ma voiture, je passe UFOland et la barrière des Jardins du prophète pour la dernière fois. Nous récupérons nos derniers CD à Valcourt en remerciant notre complice et nous partons.

Notre pactole: plus de 300 photos, 25 articles et près de 200 pages de notes.

Dans notre hâte de partir, Chantal et moi n'avons pas pris la peine de manger. Nous arrêtons dans un restaurant d'où j'appelle mon boss qui habite à deux pas. Dès qu'il décroche, je lui lance un énorme cliché:

— Mission accomplie, boss!

Vingt minutes plus tard, surprise! Il débarque au restaurant. Soulagé, lui aussi, il tenait à nous féliciter en personne. Nous sommes contentes de le voir. Pendant ces deux longues semaines, il a été notre seul lien avec l'extérieur, la seule voix rassurante nous confirmant le chemin à suivre.

Assis à notre table, il ne perd pas de temps. Il me parle d'écrire un livre sur mon enquête. Bien sûr, le projet m'emballe. Je remercie le ciel d'avoir pris autant de notes. Et puis, il en vient au vif du sujet.

— Brigitte, est-ce que t'as assez de preuves pour qu'on titre en une: «Raël a trompé le monde»?

Est-ce que j'ai les preuves? Puis-je démontrer qu'Ève et les autres clones ne sont en fait que de jolis petits bébés... à l'ADN unique?

— Écoute, Dany, laisse-moi te raconter ce que j'ai amassé...

TROISIÈME PARTIE
Le reportage

lundi 28 juillet

— Ça, c'est du journalisme d'enquête !

Bernard Brisset, rédacteur en chef du *Journal,* est emballé par notre travail. Il nous félicite, Chantal et moi.

Dans la salle de rédaction, le mot s'est répandu comme une traînée de poudre. Désormais, une bonne vingtaine de nos collègues sont au courant de notre séjour au pays des raëliens. Les éloges pleuvent. Selon eux, c'est du jamais vu au Québec. Notre histoire va faire le tour du monde. Plusieurs nous voient déjà avec le prix du reportage de l'année au *Journal,* un prix national...

Tous ces bons mots me stressent. Mon reportage n'est pas encore écrit ! Pire : je ne sais même pas à quoi il ressemblera ! Je répète à mes collègues de ne pas me parler de ça. Les attentes, désormais énormes, font peser un poids insupportable sur mes épaules. Et si je n'arrivais pas à honorer la commande ? Et si je décevais tout le monde ?

Tous les textes écrits à ce jour ressemblent davantage à un journal de bord qu'à un reportage. Je devrais tout reprendre à zéro.

Est-ce que je sais, moi, comment résumer neuf mois d'enquête en quelques articles ? Je n'ai jamais eu connaissance d'une enquête de ce genre au Québec. Je n'ai jamais vu non plus de papiers de cette ampleur au *Journal de Montréal.* Bref, j'en serai quitte pour quelques nuits d'insomnie.

Je décide de faire semblant que tout va bien, une de mes spécialités. Je me répète que mon matériel est bon et que c'est tout ce qui compte.

Le temps presse. Il ne me reste peut-être que quelques semaines avant la publication.

Chose certaine, une somme colossale de travail nous attend au bureau. Chantal, ma complice photographe, dispose de la semaine pour retravailler ses quelque 500 images avant de retourner sur le terrain avec les autres photographes. Elle aura besoin de tout ce temps pour récupérer certaines photos ayant inévitablement souffert de conditions de prise de vue ingrates. Elle a dû parfois utiliser des procédés de paparazzi.

De retour au bureau, je me plonge dans les nouvelles pistes d'enquête que le stage m'a fournies.

Moi, j'en ai pour beaucoup plus longtemps. Mes deux semaines de stage m'ont carrément inondée de nouvelles informations à vérifier. J'ai aussi beaucoup de «pêche» à faire. Dans le jargon, cela veut dire poser des questions à droite et à gauche concernant des pistes dont l'intérêt est incertain.

La percée que je viens de faire chez Clonaid demeure mon élément d'enquête le plus important. Je veux savoir comment les candidates donatrices d'ovules et mères porteuses sont traitées, combien elles sont payées, qui s'en occupe et, bien sûr, je veux voir le Dr Marc Rivard à l'œuvre. Bref, je veux pousser cette piste le plus loin possible.

En résumé, je ne suis pas sortie du bois. Je fais une liste des priorités.

Premier volet : la filière Clonaid

1. Classer mes 200 pages de notes.
2. Utiliser mon personnage pour voir jusqu'où Clonaid poussera sa nouvelle expérience.
3. Enquêter sur les liens du Dr Marc Rivard avec Clonaid.
4. Enquêter sur l'enseignement de Daniel Chabot pendant ses cours de psychologie.
5. Voir ce que je peux trouver sur les principaux dirigeants du mouvement.

Deuxième volet : la piste de l'argent
6. Fouiller les finances et l'absence de « salaire » de Claude Vorilhon.
7. Vérifier si ce dont j'ai été témoin est conforme au statut de corporation religieuse donnant au mouvement sa précieuse exemption d'impôts.
8. Éplucher les poursuites intentées contre et par le mouvement.

Dany Doucet est en vacances. Je relate à Bernard Brisset les détails de ma réunion chez Brigitte Boisselier et la façon dont j'ai glissé le pied dans la porte de Clonaid. Je n'ai pas de mal à le convaincre de l'intérêt que représente cette bonne occasion.

Mais il y a un hic. Je lui montre la copie du *non-disclosure agreement*[1] que je dois obligatoirement signer pour être admise dans le processus. C'est non négociable pour participer à l'expérience. En tant que journaliste, je peux avoir recours à de nombreux procédés au nom de l'intérêt public. Mais puis-je signer un papier légal pour ensuite briser mon engagement ? Est-ce que je risque des accusations ? Est-ce que le *Journal* pourra publier sans s'exposer à payer les dommages de un million de dollars mentionnés dans le document ?

Nous devons prendre une décision au plus vite. Boisselier a affirmé vouloir débuter les prises d'hormones en août pour prélever les ovules en septembre. Je dois contacter le Dr Rivard le plus rapidement possible. Après une vérification auprès de l'avocat du *Journal*, j'obtiens la permission de signer le document.

mardi 29 juillet

Tel que demandé par Boisselier, je dois contacter le Dr Rivard pour faire don de mes ovules à la science. Je tiens à en savoir davantage sur son implication. Qu'est-ce qu'un médecin reconnu au Québec fabrique dans une compagnie de clonage humain ? Se sert-il de la « carte soleil[2] » pour payer les traitements des volontaires de Clonaid ? Sa collaboration avec Clonaid est-elle connue et acceptée par le Collège des médecins ? Contrevient-il à son code d'éthique professionnel ? Toutes ces questions me semblent d'un intérêt public certain.

1. Contrat de non-révélation.
2. Carte d'assurance-maladie permettant à son détenteur d'obtenir la gratuité des consultations médicales.

Je n'ai pas ses coordonnées, mais je me souviens avoir vu son nom dans un *e-mail* quelque part... Je trouve son adresse dans un message électronique datant du 18 juin au sujet d'une poursuite contre le quotidien Le Droit.

Je lui écris un *e-mail* en restant vague au sujet des cellules souches, au cas où le médecin serait sur ses gardes. Je veux avoir l'air digne de sa confiance. Va-t-il me répondre ?

Objet : prise d'hormones.
Bonjour M. Rivard,
Je suis Brigitte D. et je vous écris, car je désire aider Brigitte Boisselier comme elle me l'a demandé durant le stage, la semaine dernière. J'ai assisté à une rencontre chez elle, jeudi dernier, en compagnie de cinq ou six autres raëliennes. Vous êtes censé savoir de quoi il s'agit (je ne veux pas écrire ça sur Internet). Je n'ai pas eu la chance de vous parler avant de partir samedi, mais Mme Boisselier nous a dit de vous contacter. Pourriez-vous m'appeler ou me donner votre numéro pour qu'on puisse se parler ? Merci beaucoup,
Brigitte
PS : Pourriez-vous, s.v.p., me répondre avant vendredi parce que je pars en vacances. Merci.

J'appuie sur « envoyer » et j'attends. Je croise les doigts et j'implore le patron des écrivains (et journalistes d'enquête, je l'espère), saint François de Sales.

Entre deux coups de téléphone, je commence à transférer mes 200 pages de notes manuscrites dans mon portable. Je classe tout mon matériel brut en 36 thèmes, de Anges à Vedette, en passant par Sexe, Science et Médias. Je place les 30 récits déjà écrits à l'ordinateur dans un autre fichier. Ceux-ci comprennent ma première réunion raëlienne, mon voyage à New York, la réunion chez Boisselier, la méditation sensuelle avec le petit miroir, etc.

Enfin, je crée un troisième fichier avec la chronologie complète du stage, de notre arrivée à notre départ. J'y copie le contenu de tous les cours du stage ainsi qu'une foule d'anecdotes.

Tout ce travail me prendra des semaines.

Mon collègue Marc Pigeon, reconnu en journalisme judiciaire, est un as de la recherche. Il offre de m'aider pendant deux semaines. Je saute sur sa proposition. D'autant plus que j'ai les mains plus ou moins liées tant que je compte toujours sur mon identité fictive.

Je lui donne le nom des dirigeants du mouvement et des compagnies qui semblent avoir un lien. S'il y a la moindre information pertinente, Marc la dénichera.

19 h ◆ Je dîne chez Chantal. Je l'aide à remplir le formulaire d'inscription pour l'Ordre des Anges qu'elle a obtenu avant notre départ du stage. Elle inscrit son âge, son poids, sa taille pendant que je rédige un court texte obligatoire expliquant les raisons de sa demande, qui doit être accompagnée d'une photo. Chantal ira déposer son formulaire dans la boîte aux lettres de Bella, l'Ange responsable des photographies du mouvement.

mercredi 30 juillet

Hourra ! Le Dr Rivard a répondu à mon message. Il collabore donc réellement avec Clonaid.

Objet : Re : Prise d'hormones
Chère Brigitte, je suis à produire un document pour toi et toutes les autres personnes concernées.
Je vous le ferai parvenir sous peu.
Love, Marc

mardi 12 août

Retour au bureau. Après deux semaines de vacances, je constate que le Dr Rivard ne m'a pas encore envoyé son fameux document. M'a-t-il oubliée ? A-t-il tenté de m'appeler ? Boisselier a pourtant indiqué qu'elle voulait démarrer son projet en août. Je réécris au Dr Rivard en matinée.

Objet : Re : Prise d'hormones
Bonjour Marc,
Je reviens d'une semaine de vacances et en regardant mes e-mails, je me suis rendu compte que je n'ai pas eu de tes nouvelles. Est-ce que t'as terminé le document que tu préparais ? Let the sunshine in[3] *!*
Brigitte

Le médecin me répond quatre heures plus tard.

Objet : Re : Prise d'hormones
Non, pas encore, dès qu'il sera prêt, vous le recevrez toutes en même temps.
Marc Rivard

3. Laisse entrer le soleil !

Pas de bonjour, pas de formule de politesse. Est-ce que mon insistance l'a froissé ?

J'écris à Manon pour prendre de ses nouvelles. Elle me répond dans la journée. Elle vient d'être transférée dans une autre épicerie de la même chaîne et elle n'aime pas son nouveau lieu de travail. À part ça, rien de neuf.

Après deux semaines de recherches intensives, mon collègue Marc Pigeon a laissé un document de neuf pages sur mon bureau. Il n'a pas perdu de temps. Son dossier renferme quantité d'informations issues des registres publics sur Pierre Bolduc, Daniel Chabot, Michel Chabot, Réjean Proulx, le raëlien comptable agréé du mouvement, Jacques Bourque, le responsable de la boutique, Nicole Bertrand et, bien sûr, Claude Vorilhon. Il dresse aussi un portrait comptable d'UFOland et de la boutique AR-73. Il m'apprend que les propriétaires de la salle du Gesù ont tenté d'annuler le bail permettant au mouvement d'y tenir leurs réunions mensuelles.

Plusieurs de ses découvertes valident les rumeurs entendues durant le stage. Parfait. Son document me servira de référence. « Peut-être que le mouvement international est riche et que Raël en bénéficie, mais on ne peut malheureusement pas obtenir copie des bilans financiers », m'écrit-il à la fin de son rapport.

mercredi 13 août

Chantal m'appelle. France Blais, Ange à trois plumes de Raël, passe à l'émission de télévision quotidienne *Sexe et Confidence* animée par Louise-Andrée Saulnier à TQS. Blais était aussi coordonnatrice en chef du stage des Amériques.

J'ouvre la télévision. Je sursaute en entendant l'animatrice présenter France Blais en tant que psychologue. Une Ange de Raël membre de l'Ordre des psychologues du Québec !

Toutefois, ni l'animatrice ni l'invitée n'informent leurs spectateurs de ce détail. France Blais a pris soin de retirer son collier à trois plumes avant de passer devant la caméra. Le thème de l'émission porte sur la « sexualité réconciliation ». De toute évidence, Saulnier ne connaît pas son invitée. Elle la présente en oubliant son nom :

— Rétablir l'harmonie. Il y a des fois où on tourne les coins ronds. Et c'est ce dont on va parler aujourd'hui. On essaie des fois d'escamoter. J'ai le plaisir de vous présenter France Blais. Bonjour.

France Blais, à droite, interviewée par Louise-Andrée Saulnier, à gauche, à *Sexe et Confidence*.

— Bonjour, Louise.
— France, tu es... euh... C'est bien France, hein?
— Oui.
— France, tu es psychologue. Et si on essayait de définir, de dire aux gens, au fond, qu'est-ce que c'est cette «sexualité réconciliation»?
[...]
(Durant l'entrevue, l'animatrice fournit bien souvent les réponses à son invitée, qui semble nerveuse devant la caméra.)
— En fait, répond France, c'est qu'il faut s'assurer que le message qu'on a à communiquer est clair également.
— C'est quoi un message clair?
— Un message clair, c'est qu'il faut être capable de bien identifier... en fait... il faut être capable de... d'être... d'avoir des propos clairs et cohérents qui se suivent de... de qu'est-ce qui va pas. Il faut être capable de dire en des termes précis: moi ce qui va pas, c'est ça, et les gens ont...
[...]
— Est-ce que tu peux nous donner un exemple, France, d'un message clair?

— Ben, moi, ce qui va pas, par exemple, c'est que je suis jalouse quand on va dans une... une rencontre sociale et que tu passes ton temps à parler ou à regarder les autres filles. Ça, ça serait un message clair dans le sens où est-ce que là, on sait exactement qu'est-ce que l'autre personne veut en dire.

En visionnant l'émission au complet enregistrée par Chantal, je constate la présence d'un autre raëlien, croisé à plusieurs reprises au stage. Médaille au cou, le figurant démontre les positions sexuelles sur une chaise, expliquées par l'animatrice.

En après-midi, je rencontre Mike Kropveld, directeur général d'Info-Secte, un centre de documentation sur les sectes, dans ses locaux de l'avenue du Parc, à Montréal. Lui-même est sorti *in extremis* de la secte Moon, en 1977, une histoire relatée par le journaliste Josh Freed dans *Moonwebs: Journey into the mind of a cult*.

Je compte sur cette entrevue pour m'aider à répertorier les éléments propres aux sectes.

Kropveld refuse de qualifier le mouvement raëlien de secte! Il se limite à parler d'un « groupe sectaire » en raison de la forte connotation péjorative du mot « secte ».

— Les gens voient ça comme un terme très négatif associé à un groupe dangereux, explique-t-il.

Il insiste en affirmant que le mot est banni dans le milieu en raison de sa connotation péjorative. Kropveld conclut que les façons de faire du mouvement raëlien sont difficiles à dénoncer puisque rien ne semble illégal. Pour ce qui est du lavage de cerveau, il indique qu'il doit être accompagné d'une contrainte physique pour être qualifié ainsi, ce qui n'est pas le cas ici. À ma connaissance, les autorités du mouvement n'ont jamais empêché personne de partir pendant le stage. Je m'en tiendrai donc aux termes « mouvement » ou « groupe religieux » et « endoctrinement ».

dimanche 17 août

Chantal et moi nous assistons à la réunion mensuelle du mouvement, au Gesù. Vorilhon n'y est pas et les quelques guides qui s'adressent à la foule, plutôt modeste, ne disent rien d'intéressant.

À la fin du rassemblement, j'accroche Anouchka, une des Anges les plus connues du mouvement raëlien. Je lui demande des informations

Anouchka, une des responsables de l'Ordre des Anges de Raël.

concernant l'événement «La masturbation pour la paix», prévu pour le 11 septembre à New York. Je sais qu'elle en est responsable.

Elle nous explique qu'un groupe de raëliennes marcheront dans la rue les seins nus jusqu'à l'ancien site des deux tours du World Trade Center, où elles feront une prière. Ensuite, elles se réuniront dans une salle pour se masturber, toujours en groupe. Le but de l'activité: attirer l'attention des médias (bien sûr) et démontrer que les femmes peuvent agir, elles aussi.

Elle promet de nous tenir au courant.

Nous sortons dîner dans un restaurant italien du square Phillips avec une douzaine de raëliens, dont Manon, Pascal (notre ancien voisin de tente), Michel Chabot, Stephanye, Richard Riel et Anouchka. Bruno s'assoit à côté de Chantal. Il n'a toujours pas abandonné l'idée de la séduire, me demandant même mon aide. Assise à côté de Michel Chabot, j'essaie d'en savoir plus sur son job de conseiller pédagogique et sur les écoles où il enseigne. Il reste toutefois très vague dans ses réponses.

Chantal profite de la rencontre pour parfaire sa collection de portraits souvenirs. Elle photographie, entre autres, Pierre Bolduc et sa copine Josée, Pascal, Stiv et Anouchka.

jeudi 21 août

Je viens de terminer ma journée quand Chantal m'appelle, apeurée.
— Ils m'ont vue ! Ils m'ont vue ! crie-t-elle en cherchant son souffle.
— Comment ? Qui ça ?
— On est piégées ! Les raëliens savent qui on est !
Je n'en crois pas mes oreilles.
— Attends, Chantal. Reprends ton souffle et raconte-moi un peu ce qui s'est passé.

Elle couvrait un match des Alouettes[4] pour le *Journal* équipée de tous ses appareils photo quand elle a entendu quelqu'un crier son nom. Elle s'est retournée : deux raëliens !

Je ne peux croire que nous ayons réussi à passer incognito un stage de deux semaines entourée de 400 raëliens pour que deux d'entre eux nous prennent finalement la main dans le sac à un match des Alouettes !
— Qu'est-ce que t'as fait ?
— Je leur ai juste fait un signe de la main.
— C'est tout ?
— C'est tout. Je parlais au téléphone en même temps, alors je ne pouvais pas faire grand-chose.
— Mais t'as très bien réagi, Chantal ! Est-ce qu'il y avait quelque chose sur toi t'identifiant comme une employée du *Journal de Montréal* ?
— Non.
— T'es sûre ?
— Oui.
— Ben alors, pourquoi ils sauraient ? Tu pourrais simplement être pigiste ! Et puis, tu ne serais pas le seul membre du mouvement à travailler pour les médias !
— Avec tous mes appareils coûteux ?
— Ben oui.
— Je pourrais dire que je les ai empruntés.
— C'est ça. Tu vois ? On est O.K.

L'incident n'aura pas de conséquences.

---

4. Équipe de rugby américain.

vendredi 29 août

Je reçois une invitation en bonne et due forme pour «Masturbation pour la paix». Le mouvement attend de cette manifestation un «grand impact médiatique» même si le concept original a dû être modifié.

Objet : À tous les raëliens pour le 11 septembre.

Cher tous et toutes,

Le 11 septembre prochain, les femmes raëliennes ont préparé une action révolutionnaire pour la paix :

Se masturber dans la ville de NEW YORK guidé par la nom [sic] moindre BETTY DODSON !!! [une artiste féministe américaine de renom.]

Ce super événement est ouvert à tous et toutes.

[...]

Description de l'événement :

Le rendez-vous est a 12 :00 où nous commencerons par une marche jusqu'à Ground Zero. Tout le monde portera des vêtements blancs et marchera consciemment au son d'une cloche tibetenne [sic].

Nous voulions le faire seins nus, mais les lois de New York ne le permettant pas, les femmes qui le souhaiteront pourront porter des soutiens-gorges blancs. Vers 15 :00 nous serons arrivé(e)s au Ground zero où nous ferons publiquement une prière pour la paix dans le monde.

Puis à 17 :00, tout le monde se déplacera vers un grand centre de méditation proche du Ground Zero. Où nous commencerons à 18 :00 par une conférence de presse.

Les femmes iront ensuite dans une autre pièce pour une masturbation en privé.

Les hommes les rejoindront immédiatement après la masturbation.

Pour ceux qui vivent à des milliers de kilomètres de New York, vous pouvez aussi participer dans l'intimité de votre foyer à cette masturbation collective à 18 :00.

Quoi emmener à New York :

Il est demandé à tous d'emmener une tenue blanche pour la marche (soutien-gorge blanc pour les femmes) et des chaussures confortables.

Les femmes qui prévoient d'aller a New York emmèneront le nécessaire à leur confort pendant la masturbation : vêtements confortables, couverture, oreillers, vibrateur etc.

Anouchka attend rapidement votre confirmation de participation à cet événement, nous avons besoin d'un maximum de raëliens présents pour favoriser un grand impact médiatique. Serez-vous là ?

Amour Infini,
Nadinamour

Je demande à mon boss s'il veut que je retourne à New York pour couvrir cet autre coup d'éclat monté de toutes pièces. Il refuse. Selon lui, c'est probablement une autre de leurs « niaiseries ».

lundi 1er septembre

Objet : [raelscience-fr] La mort subite du clone
Trois nouveaux décès chez des cochons clonés viennent rappeler toutes les inconnues et les difficultés liées à cette technique de reproduction. Trois cochons âgés de six mois ont subitement succombé à un arrêt cardiaque encore inexpliqué, ont annoncé les chercheurs dans l'édition électronique de la revue Biology of Reproduction.

Dany Doucet m'annonce une grande nouvelle : ma série sera publiée dans tout le Canada ! Dans le cadre d'une collaboration sans précédent, tous les journaux anglophones de la chaîne Sun Media, dont le *Journal de Montréal* fait partie, publieront simultanément ma série pendant cinq jours. Super !

Ce n'est pas tout. Le « Monde secret de Raël » fera aussi les manchettes du *Chicago Sun Times*, qui fait deux fois notre tirage ! Là, je tombe à la renverse.

Il a une autre nouvelle pour moi. Celle-là ne me facilitera pas la tâche dans les prochaines semaines. Il me demande de déménager. Depuis la tentative d'assassinat sur mon collègue Michel Auger, le *Journal* ne prend plus aucun risque avec la sécurité de ses employés. En effet, le 13 septembre 2000, le journaliste Michel Auger, spécialiste des enquêtes sur le crime organisé, était victime d'une tentative d'assassinat dans le parc de stationnement du *Journal de Montréal*. Un membre d'un gang de motards criminalisés lui a tiré six balles dans le dos, au grand jour. Le reporter a miraculeusement survécu à l'attentat.

Le mouvement raëlien n'a pas la réputation d'être violent. Mais aucun journaliste, à ma connaissance, n'a été aussi loin. Il est donc difficile de prévoir la réaction du mouvement ou celle de chacun de ses membres. Si un seul d'entre eux décidait de venger son gourou...

Situé au rez-de-chaussée d'un immeuble de six logements, mon appartement donne directement sur la cour arrière, je n'y suis donc plus en sécurité. Je dois déménager au plus vite afin d'être installée avant la publication du reportage.

Chantal doit faire installer un système de sécurité dans son logement et un éclairage supplémentaire dans le stationnement de son immeuble. Ces mesures sont jugées suffisantes, puisque son logement offre plus de sécurité que le mien.

mercredi 3 septembre

Aujourd'hui, je me lance sur une nouvelle piste. Je veux découvrir le montant des honoraires demandés par Brigitte Boisselier et son prophète pour donner des conférences sur le clonage humain dans les écoles. Je veux aussi confirmer que ces conférences sont de la propagande pour les Messages du gourou.

Utilisant le pseudonyme de Ginette Leblanc, j'envoie une demande aux relations publiques de Clonaid à pr@clonaid.com.

Objet : Organisation d'une conférence
Bonjour,
J'étudie en sciences pures au cégep Édouard-Montpetit, à Longueuil.
Je viens de visiter le site Clonaid et je trouve le sujet fascinant.
Je voudrais savoir s'il est possible d'inviter Raël ou Brigitte Boisselier pour parler de clonage humain à l'auditorium du cégep.
J'organiserais tout. Je n'en suis pas à ma première conférence scientifique.
Est-ce qu'il est possible de ne pas faire allusion au mouvement raëlien ? (je ne pense pas que la direction approuverait)
Combien ça coûterait ? J'imagine que votre horaire est très chargé. Quelles sont vos disponibilités ? Merci de me tenir au courant !
Ginette Leblanc

J'ai de la chance : j'ai déjà trouvé un nouvel appartement. J'engage les déménageurs pour le 23 septembre.

jeudi 4 septembre

Je passe une première journée chez Serge Labrosse, directeur adjoint à l'information. Hier, il a lu 150 pages de notes brutes et messages électroniques concernant mon enquête et a noté de nombreuses remarques. Il est chargé de m'aider à transformer la tonne d'informations recueillies en un reportage concis et clair.

Après quelques discussions, Serge et moi finissons par établir un premier plan sur dix jours.

Serge soulève un problème : mes courriers électroniques au Dr Rivard ne sont pas assez précis. On ne peut les utiliser pour prouver hors de tout doute que le médecin collabore au projet de traitement des cellules souches de Clonaid. Serge veut donc que je lui réécrive en incorporant dans ce nouveau message tous les détails du projet, avec l'espoir qu'il me réponde. Je sais toutefois que si j'insiste, mon contact risque de se rebiffer et de couper les ponts.

vendredi 5 septembre

Voilà trois semaines que je n'ai pas eu de nouvelles de Marc Rivard et la date limite approche. Je n'ai plus rien à perdre. Quitte à le froisser, je le relance. Cette fois, j'ose mentionner Clonaid. On verra bien...

Objet : Re : Prise d'hormones
D'abord, bonjour Marc Rivard.
Je ne veux surtout pas te déranger avec ça, mais je suis un peu inquiète de ne pas avoir de nouvelles. Ma candidature pour le projet de Clonaid n'a-t-elle pas été retenue ? Pour une fois que j'ai trouvé un projet intéressant, je tiens à faire ma part et à participer à cette grande œuvre. Ne m'oubliez pas !
Merci,
Et encore désolée de te revenir avec ça.
Brigitte Doucet

Un simple *e-mail* m'informe que l'activité « Masturbation pour la paix » est remise à une date indéterminée. Mon boss avait raison.

Je m'attaque aux cas de Daniel Chabot et de France Blais.

J'appelle d'abord à l'Ordre des psychologues du Québec au sujet de France Blais et de Daniel Chabot. Y a-t-il déjà eu des plaintes contre Blais ? L'Ordre sait-il qu'un de ses membres croit aux extraterrestres et se prépare à leur retour ? Que pense l'Ordre du fait que Daniel Chabot, maître de l'endoctrinement raëlien, se serve de son titre de professeur de psychologie au Cégep de Rosemont au sein du mouvement ?

La relationniste me donne les coordonnées d'une France Blais qui pratique à Valcartier. Elle est membre de l'Ordre depuis 1996. L'Ordre ignorait que Blais est raëlienne, confirme la directrice des communications, Diane Côté.

— Vous m'informez de ça, dit Mme Côté. Je vais sûrement en parler au service des inspections professionnelles.

Elle m'affirme qu'aucune plainte n'a été déposée contre France Blais, à date.

Quant à Daniel Chabot, un flou juridique lui permet bel et bien de se présenter comme professeur de psychologie même s'il n'est plus psychologue, ce qui lui permet d'échapper au contrôle professionnel de l'Ordre.

— Pour le public, c'est assez déconcertant, admet Rose-Marie Charest, présidente de l'Ordre des psychologues. C'est le problème des doubles appellations. Quelqu'un qui n'est pas membre de l'Ordre n'est plus surveillé par personne.

— Nous ne protégeons pas les étudiants dans un cadre universitaire, ajoute Mme Côté. C'est au cégep de vérifier la compétence de ses enseignants.

Peu après, je rends visite au département de psychologie du Cégep de Rosemont. J'y consulte l'horaire de Daniel Chabot, affiché près de son casier. Il enseigne les lundi et mardi. Des neuf professeurs, c'est lui qui a la charge la moins lourde : 100 minutes de cours par semaine.

Pendant que je prends des notes, une femme sort d'un bureau et me demande ce que je cherche. Je lui dis :

— Je veux savoir quels cours Daniel Chabot enseigne, ce semestre-ci. Je l'ai déjà eu comme prof.

— Moi aussi, je l'ai eu comme prof et je l'ai trouvé bien marrant, dit-elle.

Ah bon.

Il est clair que tant que je continue à jouer le jeu avec Clonaid, je ne peux me présenter en tant que journaliste devant Daniel Chabot ou la direction du cégep. Je ne tiens pas à informer le mouvement des particularités de mon enquête. L'enseignant pourrait théoriquement se servir des éléments dont je lui fais part pour essayer de m'empêcher de publier des informations le concernant. Je mettrai donc mes questions en attente, jusqu'à la dernière minute.

J'ai le même problème du côté de Marc Rivard. Un simple coup de fil au Collège des médecins m'apprend qu'un Dr Marc Rivard pratique à la clinique médicale Papineau, 6930, rue Papineau à Montréal. Un autre coup de téléphone à la clinique en question m'apprend qu'il voit des patients sans rendez-vous le mardi. Est-ce bien le médecin raëlien ? Il faudrait que j'aille sur place pour vérifier. Je garde aussi cette mission pour la fin de mon enquête.

J'appelle France Blais à Valcartier. Je reconnais la voix de la raëlienne sur son répondeur, mais je laisse un message quand même au nom de Ginette Leblanc. Je veux avoir la certitude absolue qu'il s'agit de la même France Blais qui a coordonné le stage des Amériques.

Marc Rivard me répond en fin d'après-midi.

Objet : Re : Prise d'hormones
Chère Brigitte, je ne suis pas le responsable qui accepte ou refuse les candidates.
Je ne vous oublie pas. Dès que mon document sera fait, vous le recevrez toutes.
Marc

Je transfère le message à Serge Labrosse. Il me demande d'être encore plus précise dans mes questions. Il faudra bien que l'autorité médicale du mouvement raëlien s'épanche. Je trouverai un moyen.

samedi 6 septembre

Un article au sujet d'un livre récemment paru à la maison d'édition Les Intouchables, *Enquête sur le mouvement raëlien*, me procure quelques sueurs froides. Le critique du *Devoir*, Stéphane Baillargeon, écrit : « On attend donc toujours une taupe qui plongerait dans le mouvement, assisterait aux cours de l'évêque raëlien Daniel Chabot dans le cégep où il enseigne, passerait quelques jours aux Jardins du prophète, dans les Cantons-de-l'Est, etc. »

Si l'idée est aussi évidente, peut-être ne suis-je pas la seule à avoir infiltré le mouvement ! L'idée m'angoisse depuis quelques semaines déjà. Et si un autre journaliste clandestin publiait son enquête avant moi ! Après tout, dans le monde, une multitude de médias s'intéressent au mouvement. Après huit mois de travail et tout ce que *Le Journal* a investi dans ce reportage, je ne veux même pas y penser.

J'en parle à Mathieu Turbide. Catégorique, il me répond que je deviens parano et qu'aucun autre média québécois n'a les moyens de mettre deux reporters sur la même histoire pendant aussi longtemps.

Je ne suis pas encore convaincue :

— Mais le *National Post* et le *Globe & Mail* en ont les moyens, eux.

Mathieu éclate de rire.

— Je pense que t'as besoin de prendre ça relax, Brigitte, dit-il en déposant sa main sur mon épaule. Couche-toi de bonne heure, ce soir.

O.K., j'ai compris.

France Blais me rappelle. Je lui dis que je cherche un psychologue à Valcartier parce que je vais y déménager bientôt. Je lui demande quelle est sa spécialité. Elle me répond qu'elle traite beaucoup de cas d'anxiété, d'insomnie et de dépression. Des sujets fort éloignés de la «sexualité-réconciliation». Je me renseigne pour savoir si c'est bien elle que j'ai vue à l'émission *Sexe et Confidences* et elle me répond par l'affirmative. Bingo. Je lui dis que je lui téléphonerai dès mon arrivée dans le coin.

dimanche 7 septembre

Je reçois un formulaire d'inscription pour la célébration d'anniversaire de Notre Prophète Bien-Aimé, aux Jardins du prophète, le 27 septembre prochain. Coût : 25 $ pour les membres, 27 $ pour les non-membres. Au menu : pâte feuilletée aux tomates, estouffade de caribou Grand-Veneur, suprême de volaille aux chèvre et tomates séchées, salade, légumes, gratin de courges et dessert.

Les raëliens ne pourront avoir le privilège de remettre eux-mêmes un cadeau à leur prophète. Les personnes qui désirent offrir un présent personnalisé à Raël devront le donner aux Anges raëliennes qui le lui remettront par la suite, indique une note sur le formulaire, sans autre explication.

lundi 8 septembre

Je passe une deuxième journée chez Serge Labrosse pour préciser certains thèmes et resserrer le plan du reportage. De 10 jours, nous le réduisons à 6, à raison de deux pages par jour. Chaque dossier quotidien sera présenté au lecteur sur une double page complète.

Faute d'espace, j'élimine certains textes. En particulier celui qui parle de Louis, mon collègue raëlien travaillant à *La Voix de l'Est*. Je suis déçue. Je trouve important de publier le fait qu'un journaliste adhère à un mouvement qui trompe et manipule systématiquement les médias. Un journaliste qui a travaillé pour un magazine prônant l'élitisme et les messages d'extraterrestres. Louis a lui-même couvert le territoire de Valcourt pour

La Voix de l'Est, là où se trouve UFOland, sans informer son employeur de ses intérêts raëliens. Bref, le cas soulève plusieurs questions d'éthique professionnelle, selon moi. Mais bon...

Nous passons le reste de la journée à parler de mise en page, de photos, de dessins et d'infographie. La date de publication approximative a encore changé. Dany Doucet parle maintenant de la fin octobre.

— Mais il faut quand même être prêts à publier demain, m'avertit Serge. On ne sait jamais ce qui peut arriver.

J'apprends que les patrons de *La Voix de l'Est* ont été mis au courant de mon enquête sur le mouvement raëlien. Je lâche quelques jurons.

La bévue est d'autant plus préoccupante que le petit quotidien fait partie du groupe Gesca, tout comme *La Presse,* un quotidien montréalais compétiteur du *Journal de Montréal.*

Les responsables de *La Voix de l'Est* savent même que j'ai vu Louis sur le site du stage ! Ils sont tombés des nues en apprenant ses affiliations raëliennes et ils craignent désormais d'être couverts de ridicule à la suite des révélations du *Journal.* Mais comment ont-ils pu être mis au courant de tout ça ?

C'est évident, il y a une taupe chez nous. Pas moyen de compter sur un peu de discrétion ! Mais qui a parlé ? Impossible de le savoir : trop de journalistes du *Journal* sont au courant maintenant. C'était une erreur d'ébruiter l'histoire. Mes patrons et moi aurions dû limiter le secret à quelques personnes. Mais comment voulez-vous garder un tel secret pendant huit mois dans une salle de rédaction ?

Au téléphone, Dany Doucet m'assure que ce n'est pas grave, que *La Presse* ne pourra jamais rattraper huit mois d'enquête. Toutefois, lui aussi aimerait bien savoir qui a eu la gentillesse d'informer notre concurrent.

J'obtiens une réponse à la demande de conférence envoyée à Clonaid. Le message électronique de Nadine Gary (Serait-elle apparentée à Jean Gary ?) démontre comment Vorilhon se sert de Clonaid pour vendre ses enseignements.

> *Objet : CEGEP Quebec / presentation Clonaid*
> *Bonjour Ginette,*
> *Merci de votre intérêt pour notre compagnie et surtout pour la technologie promettante du clonage humain. Pour plus d'information sur nos services, veuillez visitez www.clonaid.com et www.rael.org afin de mieux comprendre la philosophie qui a inspire Sa Sainteté Raël a créer Clonaid, la première companie de clonage humain au monde. Nous vous recommendons fortement la lecture du livre* Oui au clonage humain *récemment publié par Sa Sainteté Raël qui pourra répondre a vos questions concernant ce sujet.*
> *Pouvez-vous nous donner plus de détails sur votre établissement, la date approximative, la durée de la présentation, et combien de personnes seraient présentes a cette conférence.*
> *En effet, Clonaid a des portes paroles qui font des conférences dans les Collèges ou Universités.*
> *Pour ce qui est de l'invitation de Sa Sainteté Raël, je mets Son attachée de presse en copie qui saura mieux vous renseigner sur Ses disponibilités.*
> *Sincères salutations,*
> *Nadine Gary, PR*

Je réponds le jour même en fournissant les détails demandés.

mardi 9 septembre

Nadine Gary, de Clonaid, m'écrit qu'elle a fait parvenir ma requête au D'Boisselier et au vice-président de Clonaid, Thomas Keanzig, y compris ma réticence à ce que la philosophie raëlienne soit mentionnée. Elle a aussi transmis le tout à l'attachée de presse de Sa Sainteté Raël, Sylvie Chabot. Je n'aurai plus aucune nouvelle à ce sujet, ni de Clonaid ni de Sylvie Chabot.

jeudi 11 septembre

Un *e-mail* reçu sur le groupe de discussion raëlienne me donne un avant-goût des réactions auxquelles je pourrai m'attendre après la publication de mon reportage. L'envoi concerne le livre publié aux Intouchables.

> *Objet : Livre publié sur le mouvement raëlien*
> *Bonjour à tous,*
> *Vous n'êtes pas sans savoir qu'un livre vient d'être publié sur le mouvement dont le titre est* Raël, Enquête sur le mouvement raëlien.

Nous vous déconseillons fortement d'acheter ce livre et d'encourager financièrement l'auteur qui ne présente qu'une facette négative du mouvement.

De plus, l'auteur prétend parler objectivement de notre prophète et du même souffle avoue avoir refusé de le rencontrer!!?

Cependant, si vous souhaitez quand même le lire, libre à vous de le faire et de l'emprunter. Nous aurons au prochain rassemblement de Montréal un certain nombre d'exemplaires que nous prêterons, vous permettant de le lire sans avoir à l'acheter.

Pierre Bolduc
Guide national

Je n'ai toujours pas de nouvelles du Dr Marc Rivard concernant le prélèvement d'ovules. Par contre, je lis sur le site de Clonaid que le projet va bon train. La compagnie offre maintenant de produire des cellules souches «pour toutes applications», incluant le «clonage thérapeutique». Tiens, tiens… changement de discours. Il ne s'agit plus seulement de guérir des raëliens mourants. Clonaid se lance dans le commerce d'ovules. Je soupçonne immédiatement la compagnie de vouloir vendre les ovules des raëliennes aux plus offrants, pour se faire un joli magot. Après tout, Clonaid disait vendre ses clones jusqu'à 200 000 dollars pièce. Combien pourraient leur rapporter des cellules souches produites à partir d'embryons humains?

Encore une hypothèse que je ne pourrai vérifier, mais elle me lève tout de même le cœur. Je revois Coui, Jocelyne et Florence chez Brigitte Boisselier. Autant de raëliennes trop heureuses de «contribuer à l'avancement de la science», sans poser de questions, pour servir la volonté de Vorilhon.

Boisselier semble avoir besoin d'aide. Selon le site, Clonaid recherche aussi «n'importe quelle équipe impliquée dans le traitement de tumeurs au cerveau et de problèmes liés aux reins».

Bon, ça suffit. J'ai assez attendu. Mon reportage pourrait être publié d'une semaine à l'autre. Je dois absolument savoir où en est ce projet. Je veux savoir si Clonaid sollicite toujours les «œufs» des raëliennes. Peut-être me suis-je montrée trop curieuse au goût du Dr Rivard. Je reprends tout à zéro. Si les ovules de Brigitte Doucet ne l'intéressent pas, peut-être qu'il en ira autrement de ceux de ma complice.

Tentant le tout pour le tout, j'utilise la messagerie du personnage de Chantal pour écrire au Dr Rivard en prenant soin d'être très spécifique, suivant le conseil de mon boss. Pour brouiller les pistes, j'adopte un ton naïf et je glisse de nombreuses fautes d'orthographe dans mon texte. Tant qu'à jouer les indiscrètes, j'insère une question sur sa pratique en clinique. Advienne que pourra.

Objet : Clonaid
Bien le bonjour M. Rivard,
Brigitte Doucet m'a donné votre email. J'étais moi aussi au stage d'éveille cet été. Je vous ai vu, mais je sais pas si tu te repelle de moi.
Je voudrait donner mon nom pour le traitement de fertilité et le don d'ovules pour faire des cellules souches et guérire des raëliens.
Est-ce possible ? Est-ce que suis trop tard ?
Je suis une nouvelle raëlienne et je me cherche un medecin de famille. On m'as dit qu'on pouvait vous faire confiance. Pratiquez-vous à Montréal ?
Bien à vous,
Chantal Fortier

vendredi 12 septembre

Chantal n'a toujours pas reçu de réponse à sa demande pour intégrer l'Ordre des Anges. J'écris à Bella pour avoir des nouvelles. Je n'en aurai pas.

Martin Hétu m'invite à un pique-nique au parc La Fontaine. Son *e-mail* me met la puce à l'oreille. Premièrement, il me donne le choix entre deux dates, selon ma disponibilité. Deuxièmement, il veut que j'invite ma « compagne ».

— J'aimerais beaucoup qu'elle y soit également, écrit-il, sans autre précision.

Je soupçonne un piège. Pourquoi m'écrit-on personnellement alors que la diffusion des autres événements passent par le groupe de discussion ? Je préfère ne plus me retrouver parmi les membres du mouvement depuis que deux d'entre eux ont vu Chantal faire des photos pour le *Journal*.

Les raëliens pourraient très bien avoir découvert notre identité. Dans ce cas, quel traitement nous réserveraient-ils ? Rien que d'y songer, j'ai les mains moites. Est-ce que c'est de la paranoïa ? Pas facile d'avoir du recul en travaillant sept jours sur sept. Je suis de plus en plus nerveuse. Je crains qu'un événement ne vienne tout démolir. J'imagine toutes sortes de scénarios compromettant la publication de mon reportage.

samedi 13 septembre

Marc Rivard répond à Chantal. Il nie toute implication avec le projet Clonaid, en flagrante contradiction avec ses *e-mails* à Brigitte Doucet. Il écrit :

> *Bonjour Chantal,*
> *Oui, je me rappelle de toi.*
> *Je ne m'occupe pas du projet de mère porteuse et de don d'ovules. En fait, je ne fais pas partie du projet Clonaid, peu importe ses aspects.*

Je ne vois qu'une seule explication possible : il joue la prudence. Il ne veut pas prendre le risque de répondre affirmativement à mon message électronique. Mais ma démarche n'a pas été vaine. Rivard confirme qu'il est un raëlien actif au sein du mouvement. Il se présente même comme le médecin officiel du prophète.

> *Je vais envoyer ta demande à l'un des responsables du projet. Les seuls raëliens que j'ai comme patients sont notre Prophète, les Évêques et les Prêtres. Je ne peux pas me permettre de prendre tous les raëliens comme patients, car je n'aurais plus de temps pour notre Prophète, les Évêques et les Prêtres.*
> *Love, Marc*

Le responsable en question est nul autre que Thomas Keanzig, vice-président de Clonaid. Il répond à Chantal le jour même.

> *Objet : Fw :Clonaid*
> *Bonjour Chantal,*
> *Merci pour ta demande. Il n'est pas du tout trop tard ! Peux-tu me donner quelques informations sur toi ?*
> *- ton adresse et numéro de téléphone complet*
> *- ton age*
> *- des maladies particulières que tu aurais eu dans le passé*
> *Merci !*
> *Amicalement,*
> *Thomas Keanzig*
> *Vice Président*
> *www.clonaid.com*

Pourquoi la demande de Chantal est traitée avec autant de célérité alors que la mienne traîne depuis des semaines ? Mystère.

lundi 15 septembre

Je réponds aux questions de Keanzig. J'en profite pour tenter de vérifier l'implication du Dr Rivard dans Clonaid.

> *Petites questions : est-ce qu'on est payé ? Et aussi : Est-ce que j'ai besoin de me faire suivre par mon médecin de famille ou bien Marc Rivard ? Un ou l'autre, ça me dérange pas du tout, mais c'est juste long avoir un rendez-vous.*
> *Merci beaucoup !*
> *Chantal Fortier*

mercredi 17 septembre

Décidément, rien n'arrête Boisselier ! Après le clonage humain, elle se lancerait dans... la repousse de bras ! Et pas n'importe lesquels : ceux du petit Ali Abbas, ce jeune orphelin irakien mutilé par des bombardements en Irak. En page 10 du dernier numéro de l'hebdomadaire raëlien *Contact*, je lis avec stupéfaction ce communiqué de presse :

> Sa sainteté Raël soutient la décision de Clonaid d'utiliser la technique de clonage humain pour faire repousser deux nouveaux bras à Ali, un enfant irakien brutalement mutilé lors du bombardement de l'Irak par les États-Unis.
> [...]
> L'équipe de recherche de Clonaid, qui a avec succès permis à 5 bébés clonés, qui seront prochainement présentés au monde entier, de naître, a accueilli ce défi avec beaucoup d'émotion. Le Dr Boisselier et son équipe ont soigneusement étudié les recherches du Dr Tsilfidis, de l'Institut de recherche sur les yeux à l'Université d'Ottawa, qui a pu observer comment les tritons peuvent régénérer des parties corporelles endommagées ou perdues. Les chercheurs de Clonaid ont également suivi de très près les expériences du Dr Heber-Katz sur des souris atteintes du lupus, ainsi que celles du Dr Keating sur le poisson-zèbre, éclairant les liens entre la régénération d'organe et la formation de tissu cicatriciel.
> Le Dr Boisselier est confiante que Clonaid parviendra à développer dans ses laboratoires la technologie des cellules souches nécessaire à l'activation des gènes humains qui vont permettre la croissance de nouveaux membres pour les amputés. Cette technologie donnera ainsi de nouveaux bras au jeune Ali, ce qui lui permettra de reprendre goût à sa vie qui a été bouleversée par le barbarisme de certains chefs d'États.

La récupération d'une histoire aussi triste que celle d'Ali Abbas m'écœure. Il s'agit clairement d'une farce aussi opportuniste que morbide. Je parie également que les scientifiques mentionnés, de véritables chercheuses et chercheurs, n'apprécieront pas que leurs noms soient utilisés ainsi.

Joints par Mathieu et moi, les trois scientifiques réputés sont tombés de leur chaise en apprenant que Clonaid citait leurs noms en référence.

— Nous n'avons pas encore publié nos résultats de recherche, s'est exclamée la D^{re} Catherine Tsilfidis. Si [Brigitte Boisselier] sous-entend qu'on collabore avec elle, c'est faux.

— Je n'ai jamais parlé à ces gens-là. Je n'ai jamais eu rien à voir avec eux, a répondu la D^{re} Ellen Eber-Katz, de Philadelphie, rejetant les allégations raëliennes. Il est fort probable qu'un jour nous arrivions à régénérer des membres humains, mais nous sommes encore très loin de là. Le jour où ça arrivera, ce sera basé sur la science et non pas sur des fabulations d'extraterrestres.

Toutefois, les plus atterrés dans tout ça sont les responsables de l'Association Limbless, qui a accueilli le garçon de 13 ans à Londres pour qu'il y soit traité. L'organisme confirme que Clonaid n'a jamais contacté l'entourage du jeune Irakien. La porte-parole jointe par Mathieu s'est empressée de dénoncer avec véhémence la récupération honteuse d'une telle tragédie.

— Ali sera malheureux de voir des gens utiliser son nom et sa tragédie à des fins de promotion, a lancé la porte-parole Diane Morgan d'un ton catégorique.

Un texte de plus pour mon reportage.

Le même *Contact* fait état d'un nouveau complot américain visant à provoquer un cancer mortel chez les leaders politiques et religieux ennemis des USA.

> L'armée américaine aurait lancé récemment des satellites militaires ultrasecrets annoncés officiellement comme «satellites d'observation» qui [...] sont équipés de canons à haute précision émettant des ondes hautement cancérigènes. Ils peuvent être dirigés avec une précision de l'ordre de quelques mètres sur une habitation où réside la personne à éliminer. Cette dernière mourra en quelques mois d'un cancer dont personne ne soupçonnera l'origine. Lorsque vous apprendrez que des personnalités qui dérangent les USA meurent d'un cancer fulgurant, ne soyez pas surpris…

jeudi 18 septembre

Thomas Keanzig m'écrit qu'avant de répondre à mes questions sur l'expérience de Boisselier, je dois lui transmettre un formulaire dûment signé dans lequel je reconnais la confidentialité de l'opération. Décidément, la confiance règne! Le document est identique à celui remis lors de la réunion chez Brigitte Boisselier.

Je lui réponds tout de suite que je peux lui télécopier le document signé sans aucun problème. Je lui demande son numéro de télécopieur, me réjouissant à l'avance des informations que je pourrai obtenir à partir de cette coordonnée.

vendredi 19 septembre

Au lieu d'un numéro de télécopieur, Keanzig m'envoie une adresse postale située à Las Vegas.

Je lui envoie le formulaire.

Je rencontre Alain Bouchard à Québec. Ce sociologue des sciences religieuses étudie depuis des années le mouvement raëlien. Il a accepté de faire partie des experts intervenant dans le reportage, avec Mike Kropveld.

Son avis confirme plusieurs de mes conclusions. Alain Bouchard m'éclaire sur un personnage et quelques thèmes chers aux raëliens.

Daniel Chabot

«Est-ce que la philosophie raëlienne influence son enseignement? C'est inévitable. Au cégep de Sainte-Foy, il y a deux profs catholiques très pratiquants, et ça transpire dans leur enseignement. Ça ne pose pas de problème tant qu'il ne recrute pas durant ses cours.»

Le rôle de la science

Dans le mouvement raëlien, c'est important que ça ait l'air scientifique pour dire qu'une chose est vraie et bonne. Si on veut être crédible, il faut faire scientifique, et les Églises n'y échappent pas. De ce point de vue-là, le mouvement raëlien est représentatif de son époque.

Le canular des bébés clonés

Plus le temps passe, plus on est sûr que c'est de la foutaise. Le clonage, c'était un gonflage publicitaire. Quelques jours après l'annonce initiale,

Raël commençait déjà à dire : « Ce n'est pas moi le spécialiste. » Je pensais qu'il préparait le terrain pour faire une sortie, au cas où ça tournerait mal.

Les perpétuelles théories de complot
Pour les membres, ça se compare à l'effet d'un film d'horreur. T'as l'impression de vivre une sensation forte. Les gens ont peur, ça crée un frisson et ça crée une cohésion, donc tout le monde est satisfait. *X-Files* a beaucoup alimenté cette vision du monde : les complots gouvernementaux.

Les risques de dérapage
[Plus un groupe religieux évolue, plus] la pression devient forte chez le leader qui peut commencer à développer des problèmes comme la paranoïa. En général, le groupe sectaire exerce une pression drôlement forte sur le leader.

dimanche 21 septembre

Rassemblement du mois de septembre au Gesù. Je déménage dans deux jours et j'en ai par-dessus la tête. Je n'ai pas terminé la moitié de mes textes. Je n'ai ni les nerfs, ni le temps, ni la force de me retrouver parmi 300 raëliens.

lundi 22 septembre

Les explications les plus percutantes me sont fournies par Dianne Casoni, psychologue et professeur à l'École de criminologie de l'Université de Montréal. Malgré les risques de représailles, l'experte m'explique comment les autorités raëliennes contrôlent et intimident les disciples.

Selon elle, le mouvement n'a qu'un but : servir et promouvoir Claude Vorilhon.

C'est un groupe qui est au service d'un homme et de sa promotion à lui, indique Mme Casoni. Le mouvement raëlien ne survivra pas à Raël, parce qu'il y a un culte de la personnalité qui fait que tout évolue autour de lui.

Elle souligne les paradoxes du discours officiel qui fait l'éloge de la liberté individuelle et du développement personnel, alors que les membres subissent constamment une pression de groupe. « En réalité, il y a un très grand contrôle sur les membres », note-t-elle.

Elle prend comme exemple l'interrogatoire que Chantal et moi avons subi. D'après elle, la démarche vise à entretenir le sentiment d'appartenance tout en affirmant le contrôle des autorités raëliennes. « Ce n'est pas de la petite intimidation, ça ! Vous avez dû avoir peur ! » me lance-t-elle.

Comme Alain Bouchard, elle remarque un « durcissement » de l'autorité de Vorilhon depuis cinq ou six ans. « Il commence vraiment à se prendre plus au sérieux. Il finit par se croire et intégrer ses histoires. Son ego grossit : il devient Sa Sainteté. »

Mme Casoni s'anime lorsque je lui parle des théories de complot dont Vorilhon se dit l'objet, tel le Projet Abraham. Elle semble surprise d'entendre que Vorilhon lui-même avertit ses disciples que les services secrets américains et leurs équivalents français chercheraient à le faire assassiner par des schizophrènes. Selon elle, ces menaces et la présence permanente de gardes du corps à ses côtés sont deux signes inquiétants.

> En général, quand on en arrive à une théorie de complot, ce n'est pas bon, souligne-t-elle. Ça amène des actions défensives. On se dit : « On est en danger, il faut se protéger », et des fois, ça devient : « Il faut contre-attaquer. » Et là, c'est sûr que les dérapages sont possibles. Il ne faut pas prendre cet élément-là isolément et dire qu'il y a un danger. Mais il ne faut pas être naïf non plus et penser que les raëliens forment un groupe banal. Si ça durcit, il faut être attentif aux autres signes.

Elle rappelle que le gourou Jim Jones obligeait constamment ses disciples à déménager avant que sa paranoïa n'aboutisse au suicide collectif de 912 membres de sa secte, le Temple du peuple, en Guyane, en 1978.

Pour l'instant, tout porte à croire que l'engagement des Anges à sacrifier leur vie en cas de nécessité n'est que symbolique. La vie de ces femmes pourrait toutefois être mise en danger dans le futur. « S'il y a un dérapage, ce qui était symbolique peut être exigé », avertit Mme Casoni.

Claude Vorilhon lui-même admettait le danger potentiel d'un dérapage, après les premiers suicides collectifs de l'OTS, en 1994. « Personne n'est à l'abri d'un dérapage, disait-il dans une entrevue au *Journal*. Jésus a dit : "Aimez-vous les uns les autres", et le catholicisme a produit l'Inquisition. Il ne faut donc s'étonner de rien. »

Soixante-quatorze membres de l'OTS ont été tués ou se sont suicidés dans trois pays de 1994 à 1997. Dix sont morts au Québec.

Toutefois, selon l'experte, les risques immédiats présentés par le mouvement se limiteraient au risque pour les membres d'être rejetés ou de servir de bouc émissaire. « Il y a des individus qui peuvent être terriblement blessés, leur vie peut être ruinée, mais on ne s'attend pas à une catastrophe », assure-t-elle.

mardi 23 septembre

Je déménage. Prenant mes cernes en pitié, mes parents ont la gfitimbesse de venir m'aider à déballer mes boîtes, poser mes rideaux, placer ma vaisselle, etc. Ils sont inquiets pour ma santé. Je suis pâle, tendue et expéditive. Je mange, dors et respire pour « Le monde secret de Raël ». Je ne pense à rien d'autre.

Tout ce que je veux, c'est tenir le coup et passer à travers.

mercredi 24 septembre

Pour son anniversaire, Vorilhon ne veut pas de cadeaux : il veut de l'argent comptant.

Un message envoyé au groupe de discussion suggère aux fidèles de ne pas apporter n'importe quel cadeau lors de la grande fête d'anniversaire de leur prophète, samedi prochain :

> Le plus beau cadeau est certes votre présence, mais si vous voulez personnellement lui faire plaisir, nous vous invitons à mettre dans une enveloppe avec ou sans message, signé ou pas, à votre discrétion, un montant en espèces qui permettra à notre prophète de s'offrir lui-même ce qui lui fera le plus plaisir.
>
> *À la table d'inscription, à l'entrée, il y aura une boîte sous la supervision d'un Ange, vous pourrez y déposer votre cadeau.*

Pierre Bolduc invite les raëliens à une activité de recrutement des plus bizarres. Il leur propose de s'habiller d'un « vêtement noir comme en portent les juifs », afin de s'immiscer dans un colloque réunissant des juifs du monde entier. Le colloque en question se tiendrait les 28 et 29 octobre, à New York. Bolduc écrit au groupe de discussion :

> Pour être retenu, il faut premièrement être disponible, pouvoir se payer le voyage à N-Y, être un homme de 30 ans et plus, avoir un vêtement noir comme en portent les juifs, afin de pouvoir distribuer des prospectus dans un genre de colloque où sera faite la promotion des aliments kascher. Il n'est pas nécessaire de parler en anglais ; un lieu pour coucher à N-Y sera proposé gratuitement.

vendredi 26 septembre

Mon reportage sortira le 7 octobre, deux semaines plus tôt que prévu. Je reçois la nouvelle comme un choc. Plus que onze jours avant d'accoucher! Telle une femme enceinte, j'anticipe à la fois le soulagement et la douleur du sprint final. Seuls les journalistes d'enquête connaissent la quantité d'ajustements nécessaires avant la publication d'un reportage d'aussi longue haleine. Les jours qui viennent ne seront plus pour moi qu'un long quart de travail. J'en perdrai la notion du temps, oubliant de manger, me levant au milieu de la nuit pour écrire un bout de texte à ne pas oublier.

Notre avocat, Me Bernard Pageau, remet en question l'ordre de publication. Selon lui, l'ordre suggéré est trop risqué.

Serge et moi devons donc reprendre le plan à zéro. Nous avons la fin de semaine pour refaire «Le monde secret de Raël».

dimanche 28 septembre

Finalement, Me Pageau nous a rendu un fier service. Pour la première fois depuis un mois, Serge et moi avons la certitude profonde que notre nouveau plan rend justice au matériel. Le déclic s'est produit ce matin alors que nous jonglions avec les divers thèmes. Nous savons maintenant exactement comment exploiter pleinement nos informations.

Il était temps! Mon boss est aussi soulagé que moi.

— Enfin, on le tient! lance-t-il. Là, je le sens, ce reportage-là. Ça va être bon.

Nous dînons dans un petit restaurant chinois, où nous trinquons à la santé du reportage!

lundi 29 septembre

Le sprint final s'amorce aujourd'hui. Et quel sprint! Mobilisée par Serge Labrosse, une équipe de quatre journalistes vole à mon secours, du jamais vu au *Journal*. J'en suis bouche bée. Ils m'aideront à exploiter les pistes difficiles de dernière minute, des vraies *jobs de bras*[5], comme on les appelle au *Journal*. Je préfère me tenir loin de Daniel Chabot et de Marc Rivard, pour ne pas leur mettre la puce à l'oreille.

5. Un boulot de nègre. (N.B.: au Québec, *job* est féminin.)

Journaliste spécialisé dans l'éducation, Sébastien Ménard se chargera d'interviewer les élèves de Daniel Chabot à leur sortie de classe. J'ai appris avec stupeur que l'enseignant porte une énorme médaille raëlienne en classe. Le but de Sébastien : savoir si le numéro deux du mouvement en parle durant ses cours. Il sera secondé par Charles Poulin. Il devra ensuite mettre la direction du cégep face à ses responsabilités. Je lui demande aussi de dénicher le maximum d'informations sur son frère, Michel Chabot, conseiller pédagogique.

Journaliste spécialiste de la santé, Éric-Yvan Lemay enquêtera pour savoir si le Dr Rivard qui pratique à la Clinique Papineau est bel et bien celui du mouvement. Je lui fournis l'unique photo de lui que je possède jusqu'à maintenant. On le voit assis à la même table que Vorilhon, lors de la cérémonie de baptême, le 6 avril.

Journaliste d'enquête, mon collègue Mathieu vérifiera les exemptions d'impôts accordées au mouvement et à ses dirigeants.

Journaliste aux faits divers, Jérôme Dussault relèvera les poursuites judiciaires engagées par le mouvement contre certaines personnes, dont je lui remets les noms.

Il manque encore un élément : une entrevue avec Vorilhon. L'entrevue devra toutefois être faite à la toute dernière minute. Pas question de laisser la chance aux raëliens de révéler mon infiltration avant nous.

Mathieu se porte volontaire. Nous devons trouver un moyen de parler au gourou. La tâche semble d'abord impossible, puisque Vorilhon déteste le *Journal de Montréal*. En désespoir de cause, nous convenons d'utiliser un prétexte : les OGM, un des dadas de Vorilhon. On verra bien. Mathieu laisse un message sur la boîte vocale des relations publiques du mouvement.

Un *e-mail* destiné à Brigitte Doucet me stupéfie. Le mouvement y annonce une grande fête au Pavillon du Canada sur le circuit Gilles-Villeneuve le 7 octobre ; date de publication de mon reportage.

« Une autre première mondiale va s'y produire. Vivez l'événement en direct ! »

Je trouve que la coïncidence est forte. Il faut néanmoins voir le bon côté des choses : nous saurons où trouver des raëliens si mes patrons désirent connaître leurs réactions le jour de la publication.

J'ai besoin de confirmer l'identité de certaines personnes sur la photo des proches de Raël, prise le 6 avril dernier. Je sais qui pourrait m'aider : Manon. Ce n'est pas très chic de ma part de la mettre ainsi à contribution, mais je le fais. Je lui écris :

> *Il y a une photo de mon baptême particulièrement réussie, que je voudrais faire encadrer pour la mettre dans ma chambre. C'est Raël avec Daniel, Marcus, et compagnie. Super beau. Mais j'aimerais savoir qui sont les autres, pour mon album (je me suis fait un album commenté de tous les événements marquants de ma première année de raëlienne). Est-ce que tu crois que tu pourrais m'aider à nommer ceux qui sont dessus ? À deux, on devrait y arriver. Je t'enverrais la photo par e-mail. Tu pourrais la garder ensuite ! Qu'est-ce que t'en dis ?*

mardi 30 septembre

Manon m'a répondu : elle va m'aider. Je lui fais parvenir la photo et elle me répond.

> *Objet : Re :photo*
> *Coucou, ma chouette !*
> *Oh, mais j'ai déjà cette photo ! Tu m'en avais laissé une copie-papier !!!*
> *Bon, si je commence à gauche (je descends la colonne) : Marc Rivard, Nicole Bertrand, Raël, Sophie, Brigitte Boisselier, Yves Boni.*
> *À droite, Jean-Claude (le mec de la sécurité debout), la blonde, je sais pas, Marcus Wenner, O'rêv, Daniel Chabot, A..., Léar, Réjean et je sais pas.*
> *J'espère que cela t'aidera. [...]*
> *Un gros bisou, et à plus !!!*
> *Manonxxx*

Ça sera son dernier *e-mail*.

Jusqu'à la fin, elle aura voulu « m'aider ». Je n'ose plus imaginer à quel point elle va me haïr quand le reportage va sortir. J'espère seulement qu'elle va aussi me comprendre un peu.

Manon, sache que je n'ai jamais voulu te faire de mal. J'ai fait mon travail. Comme toi, j'ai agi selon mes croyances. Les miennes se résument à deux mots : l'intérêt public. J'ai sincèrement apprécié les moments passés avec toi, tes *e-mails*, ta bonne humeur, ta franchise, ton tempérament bouillant... Chantal aussi.

Bye, Manon.

jeudi 2 octobre

J'entre en contact avec Glenn Garnett, chef de pupitre du *Toronto Sun*. Il se chargera de faire traduire tous mes textes, de les relire et de les envoyer aux cinq autres journaux anglophones du groupe Sun Media : *Ottawa Sun, Winnipeg Sun, Edmonton Sun, London Free Press* et *Calgary Sun*. Cette collaboration sera une première pour le groupe.

La marche à suivre nous causera bien des maux de tête. D'abord, tous mes textes devront être approuvés par mes patrons et par l'avocat du *Journal*. Je les enverrai ensuite à Glenn, qui se chargera de les faire traduire. L'avocat anglophone devra ensuite réviser la traduction avant que la copie en anglais ne me soit renvoyée pour une lecture finale.

Heureusement, Glenn et moi nous nous entendons à merveille.

vendredi 3 octobre

Sans nouvelles de Clonaid, je récris à Thomas Keanzig au nom de Chantal. Il me répond qu'il ne peut activer le dossier parce qu'il n'a pas encore reçu l'entente de confidentialité (que je lui ai envoyée). Je ne le crois pas. Je comprends plutôt que Chantal vient d'être éliminée de la liste des candidates, comme Brigitte Doucet l'a probablement été. Le bateau coule. Je n'ai plus de temps ni de solution. J'abandonne cette piste, déçue, mais au moins, j'ai l'impression d'avoir fait tout ce que j'ai pu.

Rien à faire, le mouvement refuse de nous accorder une entrevue avec le gourou au sujet des OGM.

— Une entrevue avec Sa Sainteté ? Vous n'y pensez pas ! s'est exclamée la responsable des relations publiques raëliennes au téléphone.

Nous reviendrons à la charge lundi.

Inventant je ne sais trop quelle histoire, mon collègue Éric-Yvan Lemay a réussi à faire identifier Marc Rivard par la réceptionniste de la Clinique Papineau en lui présentant la photo. Il s'agit bien du médecin raëlien, qui est aussi médecin à l'urgence du Centre hospitalier de Baie-Comeau. Mieux, Éric-Yvan a mis la main sur un article du *Medical Post* datant de 2001 où le Dr Rivard lui-même avoue être un médecin raëlien pro-clonage humain. Il était alors urgentiste à l'hôpital Maisonneuve-Rosemont, un poste qu'il a quitté le 3 janvier 2003, une semaine après l'annonce de la naissance d'Ève.

Dans cet article, Rivard reconnaît aussi être conseiller technique de Valiant Venture, une compagnie fondée aux Bahamas par Vorilhon en 1997, dans le but de mettre Clonaid sur pied. Son objectif avoué alors : la promotion du clonage humain. « Le clonage pourrait créer moins de maladies », ajoute-t-il dans l'article publié dans Internet.

Marc Pigeon se rappelle avoir interviewé un biologiste raëlien faisant l'apologie du clonage humain pour le magazine *Dernière Heure*, il y a quelques années. L'article de deux pages est accompagné d'une grande photo du... Dr Marc Rivard.

Le Dr Rivard aura beau dire qu'il « ne fait pas partie du projet Clonaid peu importe ses aspects », je détiens enfin la preuve du contraire.

dimanche 5 octobre

Ça y est, ce n'est plus un secret. Avec l'accord de Dany Doucet, les six journaux anglophones de la chaîne annoncent la série d'articles d'un bout à l'autre du Canada. Moi qui croyais être libérée par la publication, je me sens aussi fébrile qu'une enfant le jour de son anniversaire.

lundi 6 octobre

Mon Dieu. Je me vois à la télé, l'air sérieux, assise sur une pierre à côté du lac artificiel du camping de Maricourt, vêtue de la toge blanche des raëliens. Je n'en reviens pas. C'est moi, cette fille avec des couettes ? Les messages publicitaires diffusés à la chaîne TVA et en page 2 du *Journal* font sensation. Tout le monde en parle dans la salle des nouvelles. Mes parents, mes tantes, mes cousins et mes frères m'appellent, excités.

Il ne reste que 12 heures, 12 petites heures, pour mettre la touche finale à mes 30 textes, et je pourrai enfin « accoucher » !

Chantal s'arrête régulièrement à mon bureau pour m'encourager et m'apporter un soutien moral.

Contrairement à mes autres enquêtes, je ne pourrai me réfugier derrière un compte-rendu d'entrevues. Je ne suis plus un instrument derrière un ordinateur servant seulement à exposer les faits. Je SUIS coincée dans la nouvelle, l'histoire. Et ça m'angoisse terriblement. Que penseront le public et les médias ? Comment accueilleront-ils cette enquête ?

Encore 24 heures de sursis.

Patrick Lagacé, chroniqueur au *Journal,* relance la demande d'entrevue avec Vorilhon auprès du Service des relations publiques des raëliens. Cette fois, il explique carrément que le mouvement a été infiltré par une journaliste. Sa demande restera sans réponse.

Mon téléphone sonne. C'est Bella, la photographe membre de l'Ordre des Anges de Raël. C'est la première fois qu'elle m'appelle. Je sors vite de la salle, le téléphone collé sur l'oreille.

Bella veut savoir si je serai à la soirée dont Bruno m'a déjà parlé. De toute évidence, elle n'est pas au courant de mon reportage. Mal à l'aise, je lui réponds :

— Euh... non. Je suis désolée, mais je ne peux pas, j'ai trop de travail.

Elle me demande ce que je fais comme travail. De plus en plus embarrassée, je décide de tenir toujours le même discours :

— De la tenue de livres.

Soudainement intéressée par ma personne, Bella me pose deux ou trois autres questions. Fait-elle semblant de ne rien savoir ? Est-elle à la recherche d'informations ? Quitte à tomber une fois encore dans la paranoïa, je préfère me méfier. Mes réponses sont vagues. Je ne veux lui donner aucune information valable. Elle raccroche finalement en me laissant perplexe.

Les unes des journaux de la chaîne, ce matin.

La une du Journal de Montréal, ce matin.

mardi 7 octobre

L'histoire du jour appartient au *Journal de Montréal*. L'énorme titre de l'édition est impossible à manquer. De grosses lettres majuscules d'un jaune criard couvrent presque la moitié de la une :

9 mois cachées chez Raël

Dans le haut de la page : *Une enquête-choc*.

Le premier volet s'étale sur les cinq premières pages du *Journal*. Les grandes lignes de l'enquête y sont dévoilées. Les textes sont illustrés par des photos des Anges, des assemblées raëliennes, et de Chantal et moi dans nos djellabas. J'y signe des articles sur les signes de paranoïa du mouvement : les présumés complots, les Anges prêtes à mourir pour « protéger leur prophète », les mesures de sécurité, etc.

La sortie de l'enquête sur les raëliens a l'effet d'une bombe dans les médias. La nouvelle est reprise à la radio comme à la télévision, dans tous les bulletins de nouvelles locaux.

Le service francophone de l'agence de presse *La Presse Canadienne* (PC) envoie l'information à ses 600 abonnés dans toutes les régions du pays : Deux reporters infiltrent la secte de Raël et rapportent des faits troublants.

5 h 45 ◆ J'entame une journée complètement folle. J'ai déjà cinq entrevues au menu. Pendant que je dénoncerai les agissements de Vorilhon, Boisselier et Chabot, je garderai aussi en tête les visages de Manon, Benoît, Bruno et Daniel, des raëliens sincères et dévoués qui se sentent sûrement trahis, ce matin.

6 h 50 ◆ Première entrevue téléphonique à l'émission *C't'encore drôle*, de la station de radio CKMF. J'essaie d'avoir l'air relax, mais je n'arrive pas à rire lorsque l'animateur fait une blague. Au *Journal*, on m'a bien avertie d'être extrêmement prudente face aux risques de réactions du mouvement. Je dois m'en tenir strictement aux faits publiés aujourd'hui, sans rien dévoiler du contenu des prochains jours. Après quelques questions, mes explications deviennent plus fluides. J'ai tellement de choses à raconter !

À la fin de l'entrevue, la glace est brisée.

9 h 25 ◆ Quelle course folle ! En deux heures et demie, j'ai accordé deux entrevues télé (LCN, TVA) et trois entrevues à la radio (CKAC, Radio-Canada et Info 690). Pour le moment, tout va bien. Je ne pense pas avoir dit de bêtises. Chantal et moi retournons au *Journal*.

Après toutes ces entrevues, je sens, à tort ou à raison, que certains raëliens pourraient nous en vouloir... passablement.

En chemin, j'écoute la douzaine de messages sur la boîte vocale de mon cellulaire. Aucune réaction du mouvement raëlien. Les dirigeants possèdent mon numéro et je ne le changerai pas. Ils pourront me joindre facilement s'ils le désirent. Manon aussi.

Mon téléphone sonne. L'homme au bout du fil se nomme et se présente comme un enquêteur au Service canadien du renseignement de sécurité (SCRS). Il m'affirme que l'organisme a lui aussi infiltré le mouvement raëlien. Il voudrait me rencontrer à 20 h ce soir pour échanger des informations. Je soupçonne un piège, mais je note tout de même l'adresse qu'il me donne. Vérification faite, le lieu de rendez-vous se trouve à deux pas du planétarium, loin du bureau du SCRS à Montréal. Hum...

Au *Journal*, je constate que le reportage fait aussi la une du *Chicago Sun-Times*! Trois de mes textes y sont publiés.

Raelian report: Journalists spent a year with the bizarre group that claims to have cloned a human, titre le quotidien américain[6].

Des collègues jeunes et vieux nous arrêtent au passage pour nous féliciter, Chantal et moi. Toute la salle semble remplie d'une énergie particulière, ce matin.

9 h 45 ◆ Je reçois le premier d'une série d'appels anonymes sur mon téléphone cellulaire. La personne au bout du fil raccroche après quelques secondes de silence.

12 h ◆ Après deux autres entrevues, Chantal Murray, secrétaire de rédaction, m'annonce au téléphone que Chantal et moi allons disposer d'une voiture avec chauffeur pour faciliter nos déplacements. La mesure me semble extrême, mais j'accepte.

À mon retour au bureau, je trouve plusieurs messages de félicitations

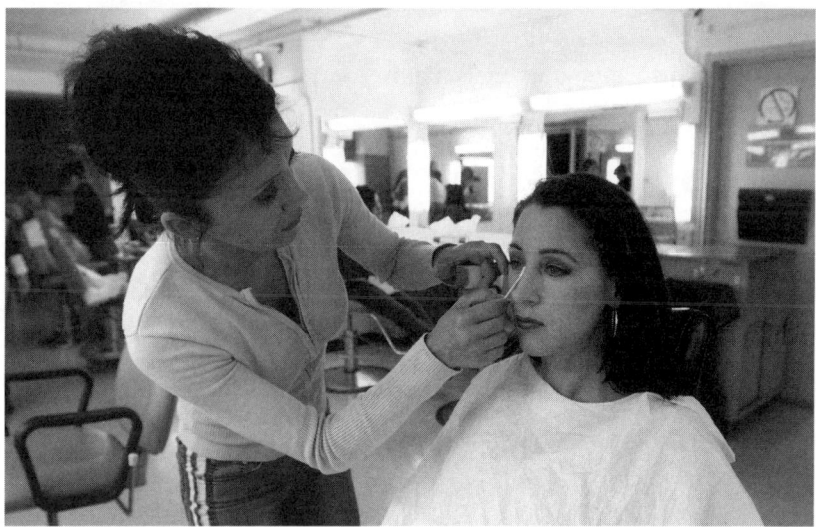

Chantal, avant sa première entrevue à TVA dans les studios de l'émission *Deux filles le matin*.

6. Traduction libre: Reportage sur les raëliens: des journalistes ont passé un an avec l'étrange groupe qui affirme avoir cloné un humain.

sur ma boîte vocale. Sur l'un des messages, un lecteur du *Journal* se nomme et lance :

— Thetford Mines vous félicite !

La téléphoniste du *Journal* a elle aussi reçu quelques appels bizarres, dont celui d'un homme qui disait que « les maisons de Raël prendraient feu » avant de raccrocher.

Toujours rien des raëliens. Le seul message électronique dans la boîte de Brigitte Doucet provient de Raël Science. Il concerne une nouvelle machine à euthanasier inventée en Australie « à même de provoquer en quelques minutes la mort ».

Je reçois l'appel d'un recherchiste de l'émission matinale *Canada AM*, diffusée d'un océan à l'autre sur le plus gros réseau anglophone au pays, CTV. Il me demande une entrevue en direct demain matin !

14 h ◆ Chantal et moi rencontrons nos deux « chauffeurs », arrivés devant la porte du *Journal*. Le fil qui sort de leur complet-veston monte jusqu'au micro récepteur enfoncé dans leur oreille. Des chauffeurs, mon œil ! Ce sont en fait des agents de sécurité. Nos propres gardes du corps ! L'idée nous fait d'abord éclater de rire.

— C'est pas vrai !

— Tu te rends compte ? dit Chantal.

— Tu crois qu'ils sont armés ?

— Je pense que oui, mais j'aime autant pas le savoir. Ne leur demande pas, O.K. ?

— Excusez-nous, dis-je, en me tournant vers les deux sympathiques gaillards. On s'attendait pas à ça.

Jusqu'à nouvel ordre, ils nous accompagneront dans tous nos déplacements privés ou professionnels.

— Par exemple, si vous allez au restaurant, il va falloir qu'on s'assoie près de vous, mais on ne vous dérangera pas, nous assure Pierre, un ancien policier, grand et mince aux cheveux gris.

Finalement, Chantal et moi sommes d'accord : leur présence nous rassure puisque nous ne savons toujours pas comment les raëliens vont réagir.

14 h 30 ◆ Sébastien Ménard et Charles Poulin reviennent du Cégep de Rosemont où ils ont réussi à interviewer quelques élèves de Daniel Chabot, non sans mal. Des gardiens de sécurité les ont escortés à l'exté-

Daniel Chabot en classe avec sa médaille raëlienne bien en évidence sur la poitrine.

rieur de l'édifice. Ils ont quand même convaincu le directeur de les recevoir par la suite. Personne au cégep ne s'alarme du fait que le numéro 2 du mouvement raëlien y enseigne avec sa médaille autour du cou.

19 h ◆ Pour leur première tâche, nos gardes du corps nous escortent dans les bureaux de Radio-Canada. Chantal et moi sommes invitées à l'émission *La Part des choses,* à RDI, en compagnie de Dianne Casoni.

Il nous est interdit de descendre de la voiture avant les gardes du corps. En sortant, ils regardent tout autour et nous ouvrent la porte eux-mêmes. Leur présence nous attire bien des regards inquisiteurs. On fait avec.

20 h ◆ De retour au *Journal*, je travaille au montage des cinq premières pages de l'édition de demain avec Guy Perras, le boss de soir. Malgré mes brûlures d'estomac, je commande du couscous à l'agneau au Tarot, un restaurant du Plateau. J'ai faim.

Je prends cinq minutes pour aller voir Dany et lui raconter ma folle journée d'un studio à l'autre. Je me laisse tomber sur une chaise en soupirant :

— Je ne pense pas que Guy Crevier (éditeur de *La Presse*) ait donné autant d'entrevues que moi aujourd'hui.

— Moi non plus. On était partout ! dit Dany, ravi.
À la blague, j'écrase mon poing sur son bureau en lançant :
— Je veux CNN !
Ça le fait rire.
— Ben voyons, Brigitte, là, du calme !

22 h ◆ Je quitte le bureau, exténuée. Chantal et moi laissons nos voitures au *Journal*. Nos gardes du corps nous conduisent d'abord chez moi.

Minuit. Mon entrevue en direct en anglais demain matin me met l'estomac à l'envers. Une moyenne de 778 000 Canadiens regardent *Canada AM* chaque jour. Je sais aussi que plusieurs journalistes et patrons de la chaîne me verront pour la première fois.

Avant de me coucher, je cherche la traduction des mots « endoctriné » et « mère porteuse » dans mon *Harrap's*. Je ne dormirai que trois ou quatre heures.

mercredi 8 octobre

Le volet sur la fumisterie du clonage humain, publié aujourd'hui, connaît encore plus de succès que le premier. J'y raconte ma participation à une réunion confidentielle de Clonaid chez Brigitte Boisselier. Je donne les détails de la collaboration du Dr Marc Rivard avec la compagnie, ainsi que du coup publicitaire aux dépens du petit Ali Abbas. J'explique que les membres du mouvement ne savent rien du clonage d'Ève et que leurs dirigeants en parlent en riant.

La une est tout aussi spectaculaire qu'hier. Le gros titre *Raël a trompé le monde* accompagne la photo d'une Brigitte Boisselier s'esclaffant devant Vorilhon, tout sourire. Chantal a pris la photo avant que Boisselier ne souffle les bougies sur son gâteau d'anniversaire, le 6 avril dernier.

La *Presse canadienne* envoie sur son fil de presse un résumé en anglais et en français de mes textes intitulé : *Raël se moque des médias qui ont rapporté son histoire de clonage*.

Tous les quotidiens de Sun Media placent de nouveau l'histoire à la une, à côté du visage réjoui d'Arnold Schwarzenegger, élu gouverneur de la Californie.

Bien que les deux quotidiens de Gesca aient l'habitude de couvrir tout ce qui touche les raëliens, ni *La Voix de l'Est* ni la *Tribune* ne repren-

La une du Journal, ce matin.

dront les dépêches. Les quartiers généraux du mouvement se trouvent pourtant sur leur territoire. Un autre effet de la guerre Quebecor contre Gesca ?

Le chroniqueur Marc Laurendeau et l'animateur René Homier-Roy en rajoutent à l'émission *C'est bien meilleur le matin* sur les ondes de Radio-Canada. Les deux hommes trouvent « dur à prendre » le fait que Boisselier se soit « moquée carrément des médias ».

— Il faut le lire, dit l'animateur, c'est pas un paragraphe, hein, c'est vraiment costaud et ça commençait hier dans le *Journal de Montréal*, donc ça se poursuit aujourd'hui.

7 h 45 ◆ Après deux entrevues téléphoniques à *C't'encore drôle* à CKMF et à l'émission de Paul Arcand à CKAC, je suis de retour dans les studios de CFCF-12, rue Papineau pour mon apparition à *Canada AM* diffusé en direct en anglais dans tout le Canada.

8 h 15 ◆ C'est fait! Mon entrevue avec Marci Ien s'est bien passée. Je pousse un énorme soupir de soulagement. Encore une fois, je me suis inquiétée pour rien. Libérée de ce stress, je crois que je pourrais m'étendre et dormir sur le plancher du studio.

Au *Journal*, une montagne de travail m'attend. Je n'ai toujours pas reçu la copie des textes anglais pour demain.

11 h 30 ◆ Je reçois mon sixième appel anonyme de la journée. En désespoir de cause, je lance doucement: « Parle-moi, bon sang! Dis-le, ce que t'as à dire! » mais ça raccroche encore.

12 h ◆ Mes patrons changent d'idée. Ils veulent finalement parler de Louis, le journaliste raëlien travesti. On ajoutera cette histoire au volet sur le sexe, publié demain. En étant raëlien, Louis adhère à des principes allant à l'encontre de l'éthique journalistique.

Afin de rédiger mon article, j'ai besoin de la réaction du syndicat de *La Voix de l'Est*, et de celle de son directeur de l'information, François Beaudoin, qui a brièvement été mon patron, en 2001. Ensuite, il faudra joindre Louis.

Je sais que *La Voix de l'Est* est au courant depuis peu au sujet de Louis.

Je joins François Beaudoin au téléphone. Je suis très formelle.
— C'est Brigitte McCann du *Journal de Montréal*.
— Ah! Salut, Brigitte!
— Vous savez que Louis est raëlien?
— Oui.
— Est-ce que ça vous dérange?
— Euh… est-ce que c'est une entrevue, là?
— Oui.
— Est-ce que je peux te rappeler?
— O.K.

Il me rappelle quelques minutes plus tard et me lit une déclaration officielle fournie par sa direction, refusant de répondre à mes questions:
— La *Voix de l'Est* était au courant qu'un de ses journalistes était raëlien. Les allégeances religieuses de chaque personne ne regardent qu'elle.

14 h ◆ Mathieu prend la relève des entrevues à *La Voix de l'Est* pour m'éviter d'interviewer mes anciens collègues. Il interroge Louis, qui nie tout, affirme qu'il n'est pas raëlien et qu'il n'était pas au stage à Maricourt. Il change de discours et se contredit lui-même lorsque Mathieu lui apprend que nous l'avons photographié sur place.

—Des raëliens, il y en a tellement, lâche-t-il tout d'un coup. Il y en a dans toutes les couches de la société, dans toutes les professions. C'est normal qu'il y en ait parmi les journalistes, et je ne suis pas le seul.

En effet, il n'est pas le premier journaliste à faire partie d'un groupe sectaire. L'Ordre du temple solaire avait aussi réussi à recruter un membre au *Journal de Québec*, dans les années 1990. La journaliste Jocelyne Grand'maison a péri dans un chalet des membres de la secte, en Suisse. Avant la tragédie, personne ne la savait endoctrinée.

15 h ◆ J'envoie à la radio CKAC des extraits de la méditation sensuelle où les raëliens se regardent l'anus à l'aide d'un petit miroir. Les auditeurs de l'émission de Paul Arcand pourront entendre demain matin ce que Chantal et moi avons vécu durant le stage de deux semaines à Maricourt.

19 h ◆ Pour une fois que je finis ma journée avant 23 h! Je vais enfin pouvoir prendre ça *cool* ce soir. Chantal est venue me rejoindre au bureau. Nous nous apprêtons à aller dîner quand le téléphone sonne.

Je réponds. Je n'en crois pas mes oreilles. Un homme à l'accent new-yorkais se présente comme faisant des recherches pour... CNN! C'est probablement une farce. C'est SÛREMENT une farce.

—Pouvez-vous m'attendre un instant?

Je me lève d'un bond.

—Qu'est-ce qu'il y a? me demande Chantal, alarmée.

Le récepteur collé sur l'oreille, je regarde vite aux quatre coins de la salle de rédaction. Personne n'est au téléphone, à part Dany. Ce n'est pas son genre de blague. Mais je n'y crois toujours pas. CNN!

Je reprends le combiné.

—Écoutez, monsieur, je suis désolée, mais c'est exactement le genre de farce que pourraient me faire mes collègues. Vous allez devoir me convaincre que vous êtes bel et bien de CNN.

Il rit.

—Oui, oui, je comprends.

Il éloigne l'appareil et crie: «Shearaaa!»

Une femme prend la ligne avec lui.

— Bonjour, Brigitte. Je m'appelle Sheara Braun et je suis productrice pour l'émission *Anderson Cooper 360*, dit-elle avec le même accent new-yorkais.

Au même moment, je pose les yeux sur mon afficheur : j'y vois l'indicatif régional 212, celui de New York ! Oh mon Dieu !

Mon Dieu.

C'est CNN.

Je me sens comme ce scénariste inconnu qui décroche soudainement le jackpot, dans *Rien ne va plus*, de Douglas Kennedy.

Le souffle coupé, j'articule CNN à Chantal en pointant le combiné. Je me rassois pendant qu'elle court dans le bureau du boss. J'ai besoin de tout mon sang-froid pour garder un ton posé. Ils nous veulent en entrevue, Chantal et moi, à 19 h demain soir à l'émission du journaliste Anderson Cooper, un grand nom de l'information aux États-Unis. L'émission d'affaires publiques se targue de couvrir les *scoops* les plus chauds, mais aussi le « fascinant, l'inattendu et le méconnu ».

20 h ◆ Fatigue ou pas, Chantal et moi décidons de célébrer l'évènement. Nos gardes du corps nous conduisent chez Misto, restaurant branché de l'avenue Mont-Royal, pour une bonne bouffe bien arrosée. En chemin, j'appelle mes parents, mes boss et mes collègues Mathieu, Marco, Marc et Patrick. Ils ont autant de mal à le croire que moi.

00 h 15 ◆ Je suis incapable de fermer l'œil. Une autre nuit d'insomnie m'attend.

jeudi 9 octobre

Le volet sur le sexe fait toute la une du *Toronto Sun*. Le titre *Sex and the cult*[7] s'étale en grosses lettres blanches sur fond noir, à côté d'une photo de Sandrine et de Stiv Lebœuf qui s'étreignent. Fascinés par le reportage, les Torontois sont choqués par le récit de la méditation sensuelle dans la clairière. Baptisés « *bum mirrors* », les petits miroirs permettant aux raëliens de se regarder le derrière sont le *talk of the town* (le sujet de conversation en ville) dans la métropole ontarienne. Un chroniqueur et un journaliste locaux se penchent sur le sujet.

---

7. Traduction libre : Sexe et la secte.

Le reportage ◄ 323

La une du *Toronto Sun*, ce matin.

L'histoire de la méditation sensuelle, dans le *Journal*.

Les autres *Sun* consacrent aussi une colonne de leur une à ce reportage.

Au Québec, une bombe vole toutefois la vedette. Le ministre québécois de la justice, Marc Bellemare, a confirmé hier que sa fille, une danseuse nue, « pourrait entretenir ou avoir entretenu des liens » avec la pègre.

La nouvelle concernant Louis se répand comme une traînée de poudre dans la salle de rédaction de *La Voix de l'Est,* à Granby. Mes patrons ont choisi de préserver l'identité du journaliste raëlien en ne publiant ni son nom ni la photo de lui habillé en travesti. Depuis le début du reportage, nous donnons de noms fictifs à tous les simples membres.

La décision a toutefois un mauvais côté qui déplaît aux patrons du quotidien local : tous les journalistes mâles de *La Voix de l'Est* sont maintenant des raëliens potentiels aux yeux de leurs lecteurs. Malheureusement, nous ne pouvons rien y faire.

En furie, la conjointe de l'un des patrons du quotidien de Granby laisse un long message acide sur ma boîte vocale. Dégoûtée par l'article signé par Mathieu et moi, elle me souhaite carrément que mon nom soit un jour sali sur la place publique comme celui de Louis. Je demande à Mathieu de l'écouter avant de l'effacer.

J'apprendrai plus tard que Louis, ce jour-là, a passé une partie de sa journée de travail au téléphone, alertant ses copains raëliens, au vu et au su de ses collègues de travail.

Après deux jours de silence, le mouvement raëlien réagit enfin aux reportages.

L'organisation raëlienne étant ce qu'elle est, je découvre que je suis toujours membre de la « structure ». Brigitte Doucet reçoit donc par Internet une convocation « spéciale » en gros caractères rouges et bleus envoyée à tous les membres actifs par Jean-François Cyr.

Réunion Nationale Spéciale
Tous les membres de la Structure sont convoqués à une réunion Nationale Spéciale, convoquée par Pierre Bolduc (notre Guide National pour le Canada) suite aux récents événements médiatiques. Vous êtes attendus pour une réunion ce dimanche, 12 octobre, commençant à 16 h 00 au 6150, blvd Champlain, à Verdun (métro Jolicœur).

La réunion sera suivie d'un repas communautaire (les détails pour le repas suivront dans les prochains jours, vérifiez vos courriels).

Que vont-ils manigancer? Pierre Bolduc, grand évêque raëlien, ne doit pas nous porter dans son cœur, Chantal et moi.

Je remets une copie du message à Pierre, un de nos gardes du corps et j'en parle à Dany. Il décide de prolonger leur contrat.

Tôt ce matin, le mouvement a émis un communiqué de presse dénonçant les « attaques mensongères » d'un reportage « diffamatoire et insultant ». Toutefois, le mouvement confirme ce que j'ai écrit sur l'engagement des Anges à sacrifier leur vie au besoin, précisant que « cela sous-entend protéger Sa Sainteté Raël si quelqu'un venait à l'attaquer ».

Le mouvement confirme également mes articles sur les théories de complot qui entretiennent une certaine paranoïa au sein du mouvement. Le communiqué affirme en effet que Raël est « un des êtres dont la vie est le plus en danger sur terre » et qu'il reçoit « régulièrement des menaces de mort » envoyées par des « membres fanatiques des trois plus grandes religions monothéistes ».

17 h ◆ Nous nous rendons aux locaux de CFCF-12 pour le pré-enregistrement de l'entrevue de cinq minutes avec CNN. Chantal est particulièrement nerveuse parce qu'elle craint de ne pas être à la hauteur en anglais. On nous a bien averties de fournir des réponses les plus concises possible. En chemin, Chantal répète quatre ou cinq fois en anglais ses méthodes pour prendre des photos en secret.

Une dame potelée dans la cinquantaine nous accueille à l'entrée et nous escorte à l'étage. J'ai les cheveux en bataille et le teint blafard. Pour tout dire, j'ai l'air d'un cadavre. Je demande à la dame où se trouve la salle de maquillage.

— La maquilleuse n'a pas de temps pour vous. Elle doit déjà s'occuper de l'équipe du bulletin de 18 h.

— Quoi?

Là, je craque. La première fois depuis le début de la semaine. Non, mais...

— Notre face va faire le tour du monde et vous nous dites que vous n'avez même pas les moyens de nous poudrer le nez? Ah bravo! J'espère que CNN vous paie bien pour vos services!

Peu émue, la dame va tout de même voir « ce qu'elle peut faire ».

J'y suis allée trop fort, je le regrette, mais je me sens mieux.

Une maquilleuse revient avec de la poudre antireflet et un pinceau dans les mains. Elle nous poudre pendant 30 secondes et disparaît.

Chantal et moi courons nous maquiller dans les toilettes. En mettant du mascara devant le miroir, je répète :
— On passe à CNN, Chantal, on passe à CNN.
— Je sais, je sais, arrête !
— Non, tu sais pas. C'EST CNN !

Assise devant la caméra, je me rappelle de respirer lentement. Depuis quelques instants, je ralentis consciemment tous mes gestes, ce qui me donne une illusion de calme.

La tension est à son comble dans le studio de CFCF.

En sueur, la même dame a toutes les misères du monde à installer nos micros et nos écouteurs. Rassurant.
— Ça va bien aller, nous dit-elle.

Ah oui ? Je souris sans rien dire. Je suis tellement nerveuse que j'ose à peine regarder Chantal. J'ai peur d'éclater de rire ou en sanglots.

Inspire, expire.
— Salut, les filles ! Merci d'être là !

C'est Anderson Cooper. Ce qu'il a une belle voix!
— Bonjour, monsieur Cooper. Tout le plaisir est pour nous.
— Bon, nous n'aurons finalement que trois minutes, alors il faudra que vos réponses soient les plus courtes possible.
— O.K.
Inspire, expire.
Tic tac tic tac...
Et c'est parti.

19 h ◆ Affalée sur une chaise avec Chantal dans le bureau de Dany, j'attends fébrilement, comme tous mes collègues, la diffusion de l'entrevue. Pour le meilleur ou pour le pire, il ne me reste plus qu'à attendre mon quart d'heure de gloire à la Andy Warhol, celui qui n'arrive qu'une fois dans une vie. Ça va en être un pour le *Journal* aussi. Tout le monde va être fier, ici! Pour mes patrons, c'est une vraie récompense. J'espère que les documentalistes anglophones épelleront *Journal de Montréal* en français, avec un accent aigu sur le *e*. Ça devrait. Après tout, c'est CNN.

De Montréal à Granby en passant par Hull, mes parents, mes frères, mes cousins, mes oncles et mes tantes sont cloués à leur téléviseur.

19 h 30 ◆ L'enregistrement commence avec un rappel de l'annonce faite par Brigitte Boisselier, le 26 décembre dernier: la naissance de bébé Ève, le premier soi-disant clone humain. Anderson Cooper rappelle avec humour comment tous les médias étaient tombés dans le panneau incluant... CNN! À l'entendre, Chantal et moi sommes presque des héros ayant vengé l'honneur bafoué des médias internationaux!

C'est notre tour. Juste avant de diffuser l'entrevue, il nous présente comme des journalistes du... *Calgary Sun!* Quoi? Ai-je bien entendu?

Anderson Cooper:
— Brigitte, qu'est-ce qui t'a le plus surprise à propos des raëliens?
— Probablement la façon dont ils sont endoctrinés et qu'ils croient toutes les paroles prononcées par Claude Vorilhon.
— Ils croient vraiment aux extraterrestres, à la méditation sensuelle et tout?
— Oui. Ils croient vraiment que Vorilhon est le dernier des prophètes. Par conséquent, tout ce qu'il dit est vrai.
— Chantal, t'es-tu déjà sentie menacée d'une manière ou d'une autre ou physiquement sollicitée?

Nous partageons l'écran avec... Anderson Cooper! Wow!

Chantal hésite:
— Oui, quelques fois, parce que les gens insistaient vraiment pour me séduire, alors c'était gênant.
— Comment Brigitte Boisselier est-elle perçue par les membres au sein du mouvement?

Je prends la parole:
— C'est une grande vedette. Les gens lui sont reconnaissants d'avoir donné toute cette publicité au mouvement, de l'avoir fait connaître dans le monde entier avec son annonce de décembre dernier.
— Ils voient tout ça comme un coup de pub?
— Bien sûr. Ils apprécient la publicité. Claude Vorilhon a parlé de lui-même et du mouvement comme des génies du marketing.
— Chantal, crois-tu vraiment que des bébés ont été clonés quelque part?

Chantal est embarrassée:
— Quelques personnes le croient, mais je vais laisser Brigitte répondre à ça.

— O.K. Brigitte ?

— Personnellement, je ne le crois pas. Et d'après ce que j'ai vu là-bas, il n'y a absolument aucune preuve que les bébés clonés existent. Les membres n'en savent rien, ils ne posent aucune question. C'est un sujet tabou. Personne n'en parle. Les dirigeants rient des médias qui ont pris leur histoire au sérieux et qui ont demandé des preuves.

À la demande du journaliste, Chantal explique avec aplomb ses méthodes de travail. Je parle brièvement de l'interrogatoire, et voilà.

— C'est un regard fascinant à l'intérieur de ce mouvement qui est certainement très controversé. Merci.

Nous disparaissons.

Cooper termine en lisant une réaction du mouvement :

> Les journalistes ont usé de fausses identités en se joignant au stage [cet été]. Nous les avons accueillies à bras ouverts, mais elles ont menti à propos de leur identité. La journaliste a une approche très sensationnaliste dans tout ce qu'elle a écrit, tentant d'effrayer les gens.

La réaction est signée Ricky Lee. J'imagine qu'il s'agit du Ricky, responsable des États-Unis, que Chantal et moi avons vu au stage à Maricourt.

Mes collègues viennent me serrer la main et me donner l'accolade, mais je sais qu'ils sont aussi déçus que moi. Nos 15 minutes de gloire internationale, c'est le *Calgary Sun* qui les a eues.

— Rappelle tout de suite et demande-leur une correction pendant l'émission, me lance Dany.

Je cours à mon bureau pour joindre Sheara Braun sur son cellulaire à New York. Je tombe sur sa boîte vocale. J'essaie son numéro au travail. Même chose. Je laisse un message.

20 h 30 ◆ Chantal et moi célébrons notre entrevue à CNN avec Serge Labrosse et Dany au Pistou, avenue Mont-Royal. Leurs écouteurs à l'oreille, nos gardes du corps s'installent à quelques tables de nous.

— Je vous félicite, dit gentiment la serveuse à Chantal et à moi. J'admire beaucoup votre courage ! Je dévore vos articles.

— Merci, c'est gentil.

Mon téléphone n'arrête pas de sonner. Parents et amis m'appellent pour me féliciter.

C'est la fête !

vendredi 10 octobre

Vorilhon et son mouvement réagissent au deuxième volet de mon reportage, celui portant sur la supercherie du clonage. Un nouveau communiqué précise :

1. Les bébés clonés existent.
2. Il n'existe aucun lien entre la compagnie du Dr Boisselier et le mouvement.
3. Le mouvement n'a rien à voir avec l'annonce faite en décembre 2002.
4. Ce sont les médias qui ont « tenu » à interviewer Vorilhon à ce sujet.
5. Vorilhon « se félicite des 750 millions de dollars US de retombées médiatiques mondiales ».
6. Vorilhon a déclaré que Boisselier mérite un prix Nobel si son annonce est vraie et toute sa gratitude si elle est fausse. Mais qu'il lui fait confiance.

Après CNN, c'est au tour de la plus grosse agence de presse francophone au monde de s'intéresser à cette nouvelle. Ce matin, l'Agence France Presse (AFP) a déposé ceci sur ses fils internationaux anglais, français et économique :

> Raël estime à 750 M USD les retombées médiatiques des prétendus bébés clonés.
>
> MONTRÉAL (AFP) —Les raëliens, qui avaient réussi à faire parler d'eux dans le monde entier en se targuant l'hiver dernier, sans preuve, d'avoir fait naître des bébés clones, estiment à 750 millions de dollars américains les retombées de ce coup de publicité pour la secte, dans un communiqué publié vendredi.
>
> Réagissant à des articles parus cette semaine dans des journaux québécois, le fondateur du mouvement, le Français Claude Vorilhon, qui préfère se faire appeler Sa Sainteté Raël, marque de nouveau ses distances avec son adepte la plus célèbre, Brigitte Boisselier, la scientifique française qui assurait fin décembre devant les caméras de télévision avoir réussi le premier clonage humain.

Le volet financier faisant état des nombreuses quêtes à l'intérieur du mouvement et du train de vie plus que confortable de Claude Vorilhon est annoncé à la une de quelques quotidiens de Sun Media.

La Presse canadienne reprend de nouveau l'histoire, coiffant sa dépêche du titre : « Raël vit comme un millionnaire ».

« Raël vide les poches de ses disciples », titre *Le Journal*.

Raël : « *Money is love*[8] », lit-on à la une du *Toronto Sun*. Une chronique humoristique et un article sur les effets de la série accompagnent mes textes. Le journaliste Thane Burnett raconte en page 18 comment Vorilhon a tenté de le recruter, il y a 20 ans.

> Je me souviens qu'il m'ait dit que les raëliens auraient besoin d'hommes comme moi, écrit Burnett. Franchement, je n'ai pas aimé sa façon de me regarder en me disant ça.

Citant des experts du domaine des sectes, le journaliste Kevin Connor signe un texte intitulé « La série du *Sun* bouleverse la secte ». Il écrit : « Les dirigeants de la structure (raëlienne) vont subir des rétrogradations pour ne pas avoir repéré les espions. »

Il cite Sam Klarreich, un spécialiste des sectes à l'Ontario Psychological Association, qui affirme que « des têtes vont tomber ».

---

8. L'argent est amour.

9 h ◆ Manon m'a écrit! Je m'empresse d'ouvrir le message provenant de son adresse de courriel pour découvrir un long texte moralisateur intitulé «Appel à la tolérance» signé par un certain Mathieu, de Longueuil. Manon utilise-t-elle ce pseudonyme pour m'écrire elle-même?

Ce «Mathieu» assure qu'il n'est pas membre du mouvement. J'en doute fortement, considérant sa maîtrise du discours typiquement raëlien. Il tire à boulets rouges sur mes articles et sur la communauté journalistique au grand complet, prenant soin, curieusement, d'épargner mon collègue Michel Auger, dont il est un grand admirateur.

J'ai aussi une réponse de la productrice de CNN.

Je viens de prendre ton message. Je suis vraiment désolée qu'on vous ait présentées, toi et Chantal, comme étant du Calgary Sun. C'était notre erreur. Nous savons que vous êtes du Journal de Montréal. J'aimerais garder contact avec toi et je promets que nous te présenterons correctement dans le futur.

En général, je pense que l'interview était excellente. Nous avons tous apprécié que vous vous joigniez à nous, Chantal et toi.

Salut,

Sheara.

Ça, c'est ce qu'on appelle du *damage control*[9].

J'ai aussi reçu le message de deux ex-raëliens me félicitant pour mon reportage.

22 h 24 ◆ Je reçois le premier d'une série de messages électroniques à saveur fanatique.

Celui-ci provient d'une certaine Marie:

Brigitte McCann et Chantal Poirier je vous invite à lire ce texte très attentivement en prenant conscience du mal que vous faites en ce moment à des gens qui prônent la paix et l'amour sur terre... Lorsque je vous lis, je me dis: «Pardonnez-leur car elles ne savent pas ce qu'elles font...» [...]

samedi 11 octobre

Les six quotidiens de Sun Media terminent la publication de l'enquête aujourd'hui, avec le récit de mon baptême et un texte sur nos

---

9. Traduction libre: gestion de dommages.

méthodes d'infiltration. Le *Journal* continuera la série pendant deux jours encore.

Le *Toronto Sun* publie un nouvel article-choc. Des raëliens parmi les plus « séduisants » se serviraient de l'appât du sexe gratuit et abondant pour recruter des âmes esseulées dans les bars et clubs, selon le témoignage d'ex-membres du mouvement. Le journaliste Kevin Connor cite Steve Hassan, ancien de la secte Moon et devenu spécialiste des sectes :
« Ils utilisent la sexualité gratuite comme incitatif de recrutement », affirme Hassan.

Ex-membre, Peter Cooke a été recruté par une strip-teaseuse raëlienne au club Kit Kat, à Montréal. Divorcé depuis 16 ans, l'homme avait peu d'amis et se sentait seul à ce moment-là. Il a quitté le groupe il y a cinq ans. « Je n'ai pas aimé toute cette insistance sur les organes génitaux et l'anus », explique-t-il. (traduction libre)

Une dépêche de *Raël Science* commentée par Raël lui-même aboutit dans la messagerie de Brigitte Doucet. Elle porte sur la protection des préservatifs contre le VIH.

Je lis le commentaire du prophète, à l'affût de la moindre référence au reportage, du moindre changement de ton.

dimanche 12 octobre

Le *Journal* publie l'organigramme de la hiérarchie : le *Who's who* raëlien, accompagné de l'enquête sur l'ex-psychologue et professeur Daniel Chabot et la place des mineurs dans le mouvement.

En fin d'après-midi, une centaine de membres de la structure raëlienne se rendent à la « réunion nationale spéciale », boulevard Champlain, à Verdun.

18 h ◆ Mes parents nous ont invitées à dîner, Chantal et moi. Intrigués par les gardes du corps, ma mère, mon père et mon frère sortent pour nous accueillir à notre arrivée. En me voyant, ma mère éclate en sanglots. Je la prends dans mes bras.

— Est-ce que c'est fini, là, votre affaire ?
— Oui, maman. Il reste demain et c'est fini.
Mon père photographie nos deux colosses.
— Est-ce qu'ils sont armés ? me demande-t-il, fasciné.
— Oui, mais n'en parle pas à Chantal.

Les gardes du corps de Chantal à l'épicerie.

Toute la famille est réunie pour dîner. Comme d'habitude, mes trois frères et moi rivalisons de blagues et de taquineries grivoises. Mon père rit pendant que ma mère nous réprimande sans pouvoir s'empêcher de rire, elle aussi.

Au dessert, mon père, porte un toast solennel au courage de ses deux «héroïnes».

lundi 13 octobre

Le *Journal* publie les réactions de nos lecteurs et deux articles : l'un sur les méthodes d'infiltration et l'autre sur le rayonnement international de l'enquête.

Je jouis de ma première journée de repos depuis... Depuis... août !?

Pour nous changer les idées, Chantal et moi allons au Festival Panoramaduodlacôte (*en toutes lettres*) au mont Sutton. Après une montée en télésiège, nous descendons la montagne à pied, en admirant les couleurs flamboyantes du paysage automnal. Nos deux gardes du corps nous suivent de loin.

Un autre coup publicitaire ramène le mouvement raëlien dans l'actualité aux États-Unis. Aujourd'hui, le nom de Brigitte Boisselier se lit

Nos gardes du corps nous suivent jusqu'en haut du mont Sutton.

parmi ceux des vedettes dans la célèbre page de potins *PageSix* du *New York Post*. L'acteur américain Rodney Dangerfield, 82 ans, voudrait bien offrir à sa femme, Joan, 51 ans, un petit Rodney... cloné. Selon *PageSix*, le couple aurait rencontré la prêtresse du clonage humain en personne. «*Rodney and I are clone-curious*» (Rodney et moi sommes intrigués par les clones), a révélé Joan Dangerfield au *Post*.

mardi 14 octobre

La nouvelle sur Rodney Dangerfield est reprise un peu partout au Canada (*The Gazette*, *Winnipeg Free Press*, *The Daily News* à Halifax) et aux États-Unis. J'en entends moi-même parler par une station de radio de Burlington, au Vermont.

En arrivant au *Journal*, je suis renversée par deux messages enregistrés sur ma boîte vocale. Le premier est de Donald Berrigan, producteur de reportages de télévision. Le deuxième est de Nicole Von Ruden, documentaliste. Ils doivent programmer mon interview à... *Entertainment Tonight*, l'émission de nouvelles artistiques américaine la plus regardée au monde! Cote d'écoute: 7 millions de téléspectateurs dans 39 pays! Moi qui pensais passer une journée peinarde à faire le ménage de mon bureau.

Je rappelle la documentaliste. Elle m'explique que mon point de vue ferait contrepoids à celui de Brigitte Boisselier dans le cadre d'un reportage sur Rodney Dangerfield. Brigitte Boisselier, qui se lance à la conquête d'Hollywood, sera, elle aussi, interviewée.

Je réfléchis. Passer à *Entertainment Tonight*, c'est vraiment extraordinaire pour une journaliste. Je regarde cette émission depuis de nombreuses années. Les reportages sur les grandes vedettes américaines sont dynamiques et bien fignolés. Mais il y a un gros «mais». Parmi les sept millions de téléspectateurs se trouveront des centaines de raëliens endoctrinés, excités au possible par leur plus gros gonflage publicitaire depuis l'annonce de la naissance d'Ève. Comment réagiront ces fanatiques du dernier des prophètes en me voyant apparaître au cours du reportage, seule à dénoncer leur nouveau canular devant la caméra ? Si un raëlien comme Daniel se mettait à «entendre les Elohim»… Ils pourraient lui dire de venger l'honneur de «Sa Sainteté» persécutée. Ou de me faire taire. Ou…

Je prends le risque et j'accepte de participer à l'émission. Le *Journal* prolonge encore le mandat des gardes du corps.

L'après-midi même, Donald Berrigan débarque au *Journal* avec une équipe de techniciens. Ils intervieweront aussi Brigitte Boisselier à UFOland, aujourd'hui.

Une équipe d'*Entertainment Tonight* m'interviewe au *Journal*.

mercredi 15 octobre

Si les écrits de Vorilhon ne laissent rien transpirer de l'impact du reportage paru dans le *Journal*, il en va tout autrement chez ses disciples. Deux lettres envoyées par des membres me confirment le bouleversement de certains fidèles.

Par la poste, Chantal et moi recevons chacune une copie de la lettre suivante.

> *Madame,*
> - *ce que vous avez fait contre les raëliens constitue une incitation à la haine envers un groupe identifiable selon l'article 319 de la loi sur la propagande haineuse du Canada.*
> - *vous êtes donc une criminelle.*
> - *les raëliens ont le droit d'avoir leurs croyances sans que ces dernières soient jugées et traînées dans la boue par ceux qui ne les partagent pas et sans qu'ils soient constamment attaqués.*
> - *vous n'auriez jamais fait cela contre une religion comptant des millions d'adhérents. il est donc clair que vous êtes aussi une* **lâche**.
> - *j'espère que vous serez* **punie** *pour vos crimes.*
> *(j'ai foi en les avocats des raëliens)*
> *Signé : un admirateur des raëliens*

Je me dis que cet admirateur oublie manifestement que l'Église catholique est elle-même « constamment attaquée » par les raëliens. Ils s'amusent ferme à l'accuser de tous les maux et de toutes les cruautés. Les catholiques n'ont-ils pas « droit », eux aussi, à leurs croyances, ou ce principe ne s'applique-t-il qu'aux raëliens ?

Brigitte Boisselier réagit personnellement au reportage de Sun Media sur le site de Clonaid. Elle s'affiche comme une martyre qui a sacrifié sa réputation de scientifique pour protéger ses soi-disant clones. Elle n'a toujours aucune intention de fournir l'ombre d'une preuve :

> Les médias ont choisi de discréditer les accomplissements de Clonaid en les qualifiant de « canular » en raison du manque de preuves. Je veux m'assurer que les gens réalisent que nous nous occupons de vies humaines et non pas d'objets artificiels. Début janvier, j'ai dû choisir entre ma réputation et la vie des bébés clonés et leur famille. J'ai choisi de les laisser vivre une vie paisible et c'est valorisant de recevoir des photos d'Ève qui sourit.

D'autres enfants vont naître bientôt, conçus par transfert nucléaire. Parmi les futurs parents, certains sont prêts à devenir publics. Si les tentatives pour nous faire déclarer criminels au niveau des Nations Unies sont abandonnées, alors nous publierons les preuves de nos accomplissements. Toutefois, ils ne seront pas publiés, si le clonage devient un crime contre l'humanité, comme certains le voudraient. Il serait idiot de notre part de fournir des preuves qui pourraient être utilisées contre nous. Pendant ce temps, notre programme de clonage reproductif se poursuivra et nos patients peuvent être assurés que nous respecterons toujours nos ententes de confidentialité en toutes circonstances.

Le *Toronto Sun* nous transmet un nouveau communiqué de presse des raëliens. Le mouvement m'accuse carrément de racisme et d'incitation à la haine, comparant l'enquête à de la propagande anti-juive nazie et à la répression anti-religion du régime stalinien.

jeudi 16 octobre

7 h 30 ◆ Pierre, un des deux gardes du corps, me téléphone. Il m'avertit qu'il ne viendra pas me chercher tout de suite. Un petit groupe de raëliens commencent une manifestation devant la bâtisse du *Journal*, rue Frontenac. Pierre préfère voir la suite des événements avant de m'amener au bureau.

Une quarantaine de raëliens manifestent devant le *Journal*.

8 h 45 ◆ Mes deux gardes du corps finissent par arriver à l'appartement. Les vitres teintées de leur Jeep Cherokee me permettront de rouler devant les manifestants sans me faire voir.

9 h ◆ À l'angle des rues Frontenac et Sherbrooke, le chauffeur avertit un agent de sécurité posté au *Journal* de mon arrivée. Il s'assure que le feu de circulation en face du *Journal* sera au vert à notre passage, dans quelques secondes. J'ai les roulements de tambour et la guitare de *White Rabbits* dans la tête.

Le trafic nous oblige à ralentir devant la trentaine de raëliens massés à l'entrée principale. Ils sont bien peu pour un groupe censé compter près de 4 000 membres au Québec, selon les chiffres « officiels ».

Nous les dépassons à 20 km/h. Je les regarde un à un, les reconnaissant presque tous. Les grands noms du mouvement : Daniel Chabot, Pierre Bolduc, Nicole Bertrand, Jean-François Cyr, Gabriel, Anouchka, Marc Rivard, etc. Mais aussi, de simples membres que j'ai côtoyés : Benoît, Alzé, Stiv Lebœuf et compagnie. Le noyau dur du mouvement.

Manon n'y est pas.

Mon chauffeur dépasse l'entrée principale et pénètre dans le parc de stationnement par l'entrée nord. Il roule jusqu'à l'arrière du bâtiment. Le gardien de sécurité du *Journal* m'y attend. Il ouvre une petite porte et me guide à travers un dédale de presses et de machinerie lourde. La scène me fait un drôle d'effet. Mais comment en suis-je arrivée là ?

19 h ◆ L'émission *Entertainment Tonight* (*E.T.*) débute avec son générique dynamique. Je m'installe discrètement devant une télévision. J'ai envie de vomir tellement je suis nerveuse. Après quelques publicités vient le reportage sur Rodney Dangerfield. Je me cale dans mon siège et retiens mon souffle.

La séquence s'ouvre avec l'interview de l'acteur et de sa femme par Mark Steines, reporter de *E.T.*

Rodney Dangerfield raconte :

— Tout a commencé lorsque ma femme et un très bon ami à moi ont décidé que ce serait une bonne chose que je sois cloné. Alors, ils m'ont amené des gens dans ce domaine et nous nous sommes assis ensemble pendant quelques heures. J'ai pensé que s'ils faisaient un bon travail, j'aurais quelqu'un pour écrire des blagues avec moi, vous savez. Mais je leur ai demandé de rencontrer un client satisfait et, pour l'instant, nous essayons d'en trouver un.

Rodney Dangerfield à *Entertainment Tonight* avec la célèbre animatrice de l'émission Mary Hart.

Sa femme, Joan, défend le clonage humain :

— Il y avait des inquiétudes éthiques lors de la première fécondation *in vitro* qui a eu lieu il y a... quoi, à peu près 25 ans ? Mais, maintenant, c'est bel et bien considéré comme une méthode responsable pour avoir un bébé. Ça fonctionne, et c'est prouvé. Alors, je pense que [le clonage] mérite qu'on s'y attarde, même si c'est tout nouveau. Il est possible qu'ils le fassent vraiment. Je ne sais pas si c'est probable, mais il faut regarder toutes les possibilités pour préserver quelqu'un d'aussi spécial que Rodney.

Mon tour arrive.

Mark Steines précise :

— La journaliste montréalaise Brigitte McCann a passé neuf mois incognito au sein du mouvement raëlien, allant jusqu'à se porter volontaire pour devenir une mère porteuse. Elle n'a trouvé aucune preuve d'un clonage humain réussi.

Les images des pages du *Journal de Montréal* apparaissent à l'écran. J'explique :

— Nous voulions vérifier si leurs affirmations au sujet d'un premier bébé cloné étaient vraies, parce qu'ils n'en ont donné aucune preuve lors

Je parle à 7 millions de téléspectateurs !

de leur conférence de presse. Alors, nous avons voulu pénétrer à l'intérieur du mouvement pour parler aux membres et constater s'ils possédaient la moindre preuve. Les membres ne m'ont absolument rien dit. Ils ne savaient rien, mis à part ce qu'ils avaient appris par les médias, comme moi. Ils ne voulaient pas en parler craignant que des espions tentent de trouver les bébés clonés, dont Ève, et les kidnappent pour les enfermer dans un laboratoire afin de les étudier. Ils me regardaient avec suspicion. J'ai compris très vite que le sujet était tabou et que personne n'en parlerait.

Mission accomplie.

Je manque un appel quelques secondes après la fin de la diffusion. Je prends le message un peu plus tard. Un autre appel anonyme. Je n'entends que quelques claquements de langue, suivis du bruit d'un combiné raccroché.

mercredi 29 octobre

La loi fédérale interdisant le clonage humain au Canada est finalement adoptée aux Communes, après dix ans de débat.

lundi 10 novembre

Après deux semaines de vacances, j'entame la rédaction du livre sur l'enquête. Je me sentirai presque en punition, vissée à mon bureau pendant deux longs mois, tentant d'illustrer la malhonnêteté intellectuelle du mouvement raëlien avec l'expérience de Chantal et la mienne.

Je passerai des heures à retracer notre cheminement, de janvier à septembre, dans ses moindres détails, à l'aide de centaines de pages de notes et de quelque 500 photos. Ces longues journées de calme passées en la seule compagnie de mon ordinateur, de mon chat et de mes notes me feront un grand bien. Elles me permettront de regagner l'anonymat, de laisser l'oubli retomber sur cette histoire qui m'a profondément marquée et d'en faire le bilan.

J'ai hâte d'en avoir terminé avec toute cette histoire. L'omniprésence de l'enquête dans mon quotidien m'est indigeste depuis déjà quelques mois. J'ai hâte de rejoindre mes collègues au bureau et recommencer à «faire de la nouvelle», au jour le jour, moi aussi. Je serais prête à me lancer dans n'importe quel sujet... à caractère non religieux.

mardi 23 décembre

Le quotidien parisien *Le Monde,* distribué d'un bout à l'autre du globe, fait mention de notre enquête dans un article intitulé «Un an après Ève, les clones de Raël demeurent toujours aussi virtuels». Le journaliste Jean-Michel Dumay écrit:

> Rien n'atteste donc la réalité des activités de clonage chez les raëliens. En 2003, une journaliste canadienne, Brigitte McCann, assistée d'une photographe, a infiltré le mouvement pendant plusieurs mois pour une enquête parue dans la presse nord-américaine en octobre. Selon elle, "les membres [du mouvement] ne savent rien des bébés clonés". Ayant suivi le protocole des raëliennes volontaires pour donner leurs ovules en vue de recherches sur les cellules souches, elle n'a pu assister qu'à des réunions d'information organisées par Mme Boisselier et vérifier l'existence d'un accord de confidentialité contracté auprès de cette dernière fixant le paiement d'une somme de 1 million de dollars en cas de non-respect.»

Le Monde parle du reportage du Journal!

samedi 27 décembre

Lu sur le site de Clonaid :

Joyeux anniversaire Ève !
Nous sommes heureux de célébrer le premier anniversaire d'Ève, le premier bébé cloné mis au monde le 26 décembre 2002. Quatre autres célébrations auront lieu dans les prochaines semaines pour célébrer les naissances des quatre autres bébés clonés nés au début de l'année 2003. Les cinq bébés clonés se développent parfaitement et ne diffèrent aucunement des bébés nés « naturellement ».
Pendant que le monde se fait tranquillement à l'idée du clonage humain reproductif, notre équipe a travaillé fort à la création de la prochaine génération de bébés clonés.
D'autres nouvelles à venir bientôt !

Conclusion

Malgré le canular de bébé Ève, un grand nombre de médias persistent à voir dans le mouvement raëlien une excellente source d'information-divertissement.

Ce livre vise à mettre un point final à la malhonnêteté intellectuelle du mouvement raëlien, qui ne pourrait exister — du moins aux yeux de l'opinion publique — sans le «concours promotionnel» des médias.

Triste fait démontré par la présente enquête : chaque référence à Raël dans les médias, même les plus critiques, est d'abord et avant tout, aux yeux de Vorilhon, une victoire sur «les journalistes imbéciles». Il récupère avidement chacune de ces interventions et s'y accroche comme une diva déchue en manque d'attention. Ce triomphe personnel nourrit sa soif de reconnaissance, à l'origine de la création de son personnage de Raël. Mais pour qui a suivi le parcours du gourou depuis les années 1970, il s'agit aussi d'une douce vengeance, d'un énorme pied de nez à un milieu qu'il a dû quitter, faute de succès : le monde des médias.

Notre incursion à l'intérieur du mouvement démontre toutefois comment les médias font encore davantage pour Vorilhon : ils l'aident à garder, voire à accroître, le contrôle sur le mouvement religieux qui comble ses moindres besoins.

Les apparitions à la télévision des dirigeants du mouvement sont enregistrées puis projetées sur écran géant durant les rassemblements, alors que les reportages écrits sont transmis à tous les raëliens sur Internet par liste de messagerie. Tout cela est le fruit d'une stratégie concertée. Chaque apparition nourrit la vénération et le dévouement des disciples envers le gourou, confirmant à leurs yeux la légitimité du personnage et de ses enseignements. L'impact médiatique de l'annonce de la naissance de bébé Ève a consacré le phénomène, aidant Vorilhon à accroître son emprise sur ses fidèles.

Voilà pourquoi le gourou est prêt à tout, même aux plus grandes supercheries, afin que son mouvement reste « au top de l'actualité ».

« Pourquoi les médias m'invitent ? demandait Vorilhon à ses disciples. Parce que ça fait monter l'audimat ! Ça fait rentrer de l'argent ! Et moi, est-ce que je m'en sers ? Bien sûr ! Bien sûr ! »

Apparemment, ce ménage médias-Raël fait le bonheur des deux parties : les médias diffusent le moindre événement en provenance du mouvement, et le mouvement reprend à son compte la moindre parcelle d'intérêt accordée par les médias. Qui mettra fin à cet échange de bons procédés ? Certainement pas le mouvement raëlien !

Le canular du clonage humain démontre à quel point les grands médias d'information sont perméables à l'intoxication, aux mensonges et à la désinformation véhiculés par des personnages manipulateurs. Compétition oblige, chacun semble vouloir de la nouvelle, là, tout de suite, sans égard pour l'authenticité des sources.

Apparemment, pas un média avant le *Journal de Montréal* n'avait cru bon de prendre le temps d'infiltrer le mouvement afin de prouver l'évidence du canular, bien que la nouvelle ait fait le tour du monde. De l'intérieur, pourtant, le décalage important entre la désorganisation totale du mouvement à tous les niveaux et la prodigieuse percée scientifique qu'il ose revendiquer face au monde entier saute aux yeux.

Il est permis de souhaiter que cette enquête d'infiltration — la première et probablement la dernière au sein du mouvement — donnera l'heure juste et définitive sur Claude Vorilhon et son organisation, tout en décourageant de nombreux adhérents de venir grossir les rangs de ses victimes. Car le mouvement ne pourrait survivre sans sa base, ces quelques centaines de crédules adéquatement manipulés dont les cotisations permettent à Vorilhon de pouvoir entretenir le culte de sa personnalité et de poursuivre paisiblement ses campagnes de désinformation.

Cela dit, il restera toujours des médias qui continueront de tomber dans la facilité et se précipiteront sur ce matériel sensationnaliste bon marché que leur procure avec plaisir « le dernier des prophètes ». Espérons qu'ils seront désormais moins nombreux…

Remerciements

Un merci spécial à Guy Perras, Suzanne McKenna, Dany Doucet, Marc Pigeon, Mathieu Turbide et Dominic Fugère, qui m'ont fourni une aide précieuse pour réaliser ce livre.

Crédits photographiques

Les photographies de ce livre sont l'œuvre de Chantal Poirier, à l'exception des photographies de la page 127 (Alain Décarie), des pages 132 et 267 (André Forget), de la page 262 (gracieuseté de *Dernière Heure*), de la page 317 (Olivier Jean), de la page 326 (Claude Rivest) et de la page 338 (Luc Laforce).

Les photos des pages 143 (photo du haut), 170, 185, 233 (photo de gauche), 234, 275 (photo du haut) et 315 sont de Brigitte McCann.

Table des matières

Préface 11
Prologue 13
Première partie : l'initiation 17
Deuxième partie : le stage 129
Troisième partie : le reportage 277
Conclusion 345
Remerciements 347
Crédits photographiques 349

Achevé d'imprimer
en août deux mille quatre
sur les presses de Quebecor World Lebonfon
Val-d'Or, P.Q.
Imprimé au Canada